马克思主义政治经济学青年论丛

中国农村产业融合发展共享机制构建研究

田世野 著

中国财经出版传媒集团

经济科学出版社
Economic Science Press

党的十八大以来，习近平总书记高度重视马克思主义政治经济学的学习、研究和运用，提出一系列新理念、新思想、新战略，在理论上不断拓展新视野、作出新概括、形成新学说。2020年8月24日，习近平总书记在经济社会领域专家座谈会上强调，"面对错综复杂的国内外经济形势，面对形形色色的经济现象，学习领会马克思主义政治经济学基本原理和方法论，有利于我们掌握科学的经济分析方法，认识经济运动过程，把握经济发展规律，提高驾驭社会主义市场经济能力，准确回答我国经济发展的理论和实践问题"。把握这一重要讲话的精神实质和深刻内涵，需要深入思考领悟习近平总书记治国理政新理念、新思想、新战略，以改革发展进程中的重大问题为导向，不断进行理论观点、学科体系和研究方法的创新与发展，不断产出体现继承性和民族性、原创性和时代性、系统性和专业性的经济研究成果，不断形成充分体现中国特色、中国风格、中国气派的中国经济学理论体系。

这就需要我们坚持从中国实际出发，坚持马克思主义的基本立场、观点和方法，吸收和借鉴人类一切优秀文明成果，坚持以人民为中心的发展思想，坚持落实新发展理念，坚持和完善社会主义基本经济制度，坚持社会主义市场经济改革和对外开放基本国策，提炼和总结我国经济发展实践的规律性成果，把实践经验上升为系统化的经济学说。以新时代为逻辑起点，开展百年未有之大变局下的重大理论和实践问题研究。系统研究当代马克思主义经济学中国化的最新成果和独创性观点；系

总序

统梳理中国特色社会主义政治经济学的思想来源、理论进程和阶段特征；系统提炼中国特色社会主义政治经济学的内涵属性、逻辑主线、方法原则、理论结构，从而不断推进马克思主义政治经济学的中国化，不断书写中国特色社会主义政治经济学的新篇章，不断开拓当代中国马克思主义政治经济学新境界。

政治经济学是西南财经大学的传统优势学科。西南财经大学政治经济学团队一直瞄准国家重大需求，着力推动重大理论创新、重大决策研究、高层次人才培养、话语传播和国际交流，着力构建具有"中国气派、西部特色、西财风格"的中国特色社会主义政治经济学理论体系和话语体系。为了大力推进当代马克思主义政治经济学的发展与创新，西南财经大学全国中国特色社会主义政治经济研究中心组织了一批政治经济学青年学者聚焦研究马克思主义政治经济学的基本理论，以及城市化、农村土地问题、产融结合、贸易摩擦和新型经济全球化等重大理论问题和重大现实问题，陆续产出了一批重要研究成果，形成"马克思主义政治经济学青年学者论丛"系列丛书，由经济科学出版社陆续出版。

刘诗白

庚子年九月于光华园

农村三次产业融合发展（以下简称农村产业融合发展）是农业现代化的必然趋势和农村产业振兴的有效途径。这是一个动态演进的概念，有不同的发展阶段和表现形式，例如，之前以农工商纵向一体化为主要内容的农业产业化就是它的一个早期发展阶段，或者说孕育阶段。当前，我国农村产业融合进入了一个新的发展时期，出现了许多不同于农业产业化阶段的新特征和新要求。要使当前和今后一个时期的农村产业融合发展为全面建成小康社会和乡村振兴切实发挥推动作用，必须落实共享发展理念，保障农民主体地位，使广大农民与其他参与者共享农村产业融合发展的过程和结果。由此看，本书可以视为农村产业融合发展与共享发展这两个研究领域的交叉研究，尝试在交叉融合中对这两个研究领域的发展作出边际贡献。

根据这一研究主旨，本书以马克思关于生产与分配关系的理论、马克思的产业融合思想为基本指导，并结合农村产业融合发展相关理论、舒尔茨的改造传统农业理论、威廉姆森的交易成本理论和巴泽尔的产权理论。马克思的生产与分配关系理论强调生产对分配的决定作用，同时重视分配对生产的反作用，反对脱离生产来研究分配。在这一基本思想的指导下，本书坚持一种基于生产力视野的共享发展理念，以农村产业融合发展为逻辑起点，将农村产业发展与利益协调有机结合。本书依循马克思的产业融合思想深入分析了我国农村产业融合发展：其一，从马克思分工思想看，我国农村产业融合发展的实质在于分工基础上的结合，核心要旨在于农村一二三产业之间的紧密互动、相互促进和融合发展；其二，按照马克思的工农业融合思想——包括生产力层面的融合（技术上的融合）和生产关系层面的融合（融合于资本关系），农村产业融合发展带有资本主导的发展趋势。舒尔茨的改造传统农业理论表明，作为现代农业形态的农村产业融合发展具有物质资本和人力资本双密集的特点，对现代生产要素提出了更高要求。由于农村产业融合发展共享机制的构建需要进行大量制度分析，本书选择性地借鉴了威廉姆森的交易成本理论与巴泽尔的产权理论等新制度经济学理论，特别是威廉姆森关于纵向一体化、组织创新和交易治理机制的理论，以及巴泽尔关于"经济权利—法律权利"的二分法、产权"分割—限制—保护"的产权理论。

在上述理论基础上，本书尝试搭建起一个二维分析框架。分析框架Ⅰ：生产与分配关系，包括两个基本要点：其一，按照马克思的生产与分配关系原理，坚持"生产力首要性"原则，跳出"就分配谈分配"的机械式共享研究的窠臼；其二，农村产业融合发展共享机制构建本质上是一个生产关系范畴的问题，根本在于经济基础的重塑——从本地农民缺乏自生能力、主要依赖外部资源和主体推动发展、农民主体地位较弱的外源式发展，转变为本地农民具有较强自生能力、能够与外部主体互利合作、在发展中体现主体地位的内源式发展。分析框架Ⅱ：政府与市场关系。按照政治经济学一般原理，对属于生产关系范畴的农村产业融合发展共享问题的研究须紧密联系上层建筑，即制度环境，而政府与市场关系正是制度环境的核心。本书从规范研究视角，详细阐释我国农村产业融合发展共享机制构建需要何种政府与市场关系；同时，从个体选择视角研究形成这种政府与市场关系，需要何种政府治理结构与官员激励机制。基于上述二维分析框架所做的逻辑展开，本书将我国农村产业融合发展共享机制构建解构为三个基本目标——现代生产要素可得性、多元组织形式共生性、农民财产权利现实性。接下来，紧密结合我国实际情况，用三章（第3、第4、第5章）对这三个基本目标进行深入的理论分析。

现代生产要素的可得性，其核心要旨在于现代生产要素可得性的广泛性和公平性（第3章）。具体而言，本章将现代生产要素可得性展开为三个方面——服务可得性、收入可得性和人力资本可得性。现代生产要素服务可得性体现为农村产业融合发展中的各类经营主体,尤其是广大农民能够广泛地获取现代生产要素提供的生产性服务,其要解决的核心问题是农业社会化服务体系的构建。现代生产要素收入可得性指的是现代生产要素所有权及其收入的可得性。实现这一目标的主要途径是通过建立农民合作组织、农村集体经济组织等本地农民主导的本土性村民自治组织,使资本化的现代生产要素所有权及其产生的收入能被广大农民分享。人力资本的可得性指的是农村产业融合发展所要求的知识、技能能够被广大农民广泛获取。提升农民人力资本可得性是提升农民自生能力、实现共享发展的基础和关键。实现现代生产要素广泛的可得性,需要政府与市场的有机结合。

多元组织形式共生性(第4章)。这一机制关注的中心问题是如何在增强农民自生能力的前提条件下,引导大企业发挥对广大农民的带动作用,使多元组织形式共享农村产业融合发展的过程和结果。大企业对中小经营者的带动作用和排挤作用是同时存在的,究竟是哪种作用占主导,依赖于具体的制度环境和农民的自生能力:农民的自生能力越强、制度环境对大企业利益侵占行为的约束越有力,大企业对广大农民的带动作用就越强,排挤作用相对弱化;反之则相反。本书通过交易治理机制、利益协调机制和市场竞合机制三个方面,对这一核心观点进行了详细、反复论证。分析的基本结论是:实现多元组织形式共生性的基础在于农民自生能力的提高,包括培育适度规模的新型农业经营主体和服务主体、培养职业农民和提高农民人力资本水平,并在此基础上,大力发展各类农民合作组织、农村集体经济组织等农民主导的本土性村民自治组织,进一步增强农民的自生能力与市场地位。实现农村产业融合发展多元组织形式共生需要政府与市场有机结合:一方面,组织共生的实质是在市场竞争中形成的竞合关系,市场在共生机制构建中具有决定性作用;另一方面,政府对于扶持农户等市场竞争中的弱者、增强其自生能力和市场竞争力,从而推动市场竞合关系形成,具有不可替代的作用。

农民财产权利现实性(第5章)。根据马克思的产权思想和巴泽尔的"经济权利—法律权利"二分法理论,同时借鉴关于权利"现实性"概念的现有研究,提出"农民财产权利现实性"的理论命题。现实的财产权利反映的是能给农民带来实际的收入或服务，而不仅仅是法律名义上的权利。本书按照产权"界定—实现—保护"的逻辑链条，对我国农村产业融合发展与农民财产权利现实性建构进行了详细分析。我国农民财产权利现实性建构首先是要继续完善我国农村产权制度，其逻辑主线是通过确权赋能，实现农民财产权利的清晰界定和均分界定，解决集体产权"最终所有者缺位"的困难，并扩展、细化和落实农民的财产权利（转让权、抵押权、担保权等）。农民财产权利实现的前提条件是农民的土地、房屋、资金等财产作为生产要素投入实际生产过程。本章指出，农民财产权利实现的两种主要途径（集体统一实现和农民分散实现）需要依赖不同的经济组织——新型农村集体经济组织与产权交易平台。进一步地，本章对我国农村产业融合发展中农民财产权利保护进行了经济和法律的双重分析。前者包括三个方面：一是完善农村集体经济组织治理，发展新型农村集体经济；二是通过农村土地股份合作社等组织创新，为土地产权交易建立治理机制；三是对地方政府、企业可能存在的对农民的产权侵占行为进行了经济学分析。后者主要是完善相关法律法规，对农民以及其他经营主体的合法财产权利提供有力的法律保障。

接下来，本书选取了日本、美国、荷兰在推进农村产业融合发展和农业现代化过程中的经验做法，以及成都市道明镇"竹艺村"、湖北潜江小龙虾产业集群和安徽绩溪"聚土地"三个国内农村产业融合发展的典型案例，进行了详细的比较分析和借鉴。分析表明，虽然发达国家的农村产业融合发展取得了显著成效，但是产业发展的共享性并非尽善尽美，尤其是资本主导下的农民利益保护问题并未得到完全解决。我国农村产业融合发展共享机制构建既应当充分借鉴国内外经验，同时又不能照搬国外经验，而是必须从我国国情、农情出发，进一步完善中国特色社会主义制度体制机制，充分发挥我国自身的制度优势，才能为共享发展理念在农村产业融合发展中的落实提供制度保障。

本书得出的研究结论主要有三点：第一，我国农村产业融合发展共享机制构建的基础是增强农民自生能力、落实农民主体地位、实现内源式发展；第二，实现内源式发展的核心制度条件是政府与市场有机结合；第三，农村产业融合发展中实现政府与市场有机结合有赖于政府治理机制的改革和完善。这三个基本结论是逻辑递进的关系：产业融合发展共享机制构建→内源式发展→政府与市场有机结合→政府职能与治理机制改革。基于此，本书提出如下政策建议：第一，加大对农民的服务和支持力度，增强农民自生能力和市场竞争力，落实本地农民在农村产业融合发展中的主体地位；第二，继续推进农村产权确权赋能改革，解决农民权利缺位问题；第三，推进农村组织创新，大力发展新型农村集体经济与各类合作组织；第四，引导农业产业集群化发展，强化龙头企业对中小经营者的服务带动作用；第五，转变政府职能和治理机制，形成有利于共享发展的官员激励机制。

本书的创新点主要体现在以下三个方面：第一，研究视角创新。本书尝试将马克思的生产与分配关系原理、产权思想和产业融合思想运用于中国农村产业融合发展共享机制构建这一现实问题的分析，并将其与产业融合理论、巴泽尔的产权理论、威廉姆森的交易成本理论等西方经济学流派的理论进行比较分析和综合运用，这种研究视角具有一定的创新性。第二，分析框架创新。本书构建了一个生产与分配、政府与市场的二维分析框架，并将其展开为农村产业融合发展共享机制构建的三个基本目标——现代生产要素可得性、多元组织形式共生性和农民财产权利现实性及其分析，具有较强的创新性。第三，理论观点创新。在上述分析框架的基础上，本书得出的一些理论观点具有一定的创新性。例如，我国农村产业融合发展共享机制构建的基础是增强本地农民自生能力、实现内源式发展；农村产业融合发展中大企业对农民的扶持带动作用不仅体现在生产性服务供给上，而且体现在治理机制的构建上；提出"农民财产权利现实性"命题，并指出我国农村产权制度的完善，不仅是一个法律层面的问题，即确权赋能，而且是一个经济层面的问题，需要进行相关的组织和制度创新，建立和完善治理机制。

目　录
CONTENTS

第 *1* 章

绪　　论

1.1　选题缘由和研究意义

农村产业融合发展是农业现代化和农村产业振兴的必由之路及有效途径，其共享性对共享发展理念在"三农"领域的落实、乡村振兴战略的实施和全面建成小康社会具有极为重要的意义。因此，本书着眼于农村产业融合发展和共享发展这两个研究领域的交叉融合，深入研究我国农村产业融合发展的共享机制构建。本书在马克思的生产与分配关系理论和产业融合思想的指导下，综合运用农村产业融合发展理论、舒尔茨的改造传统农业理论、威廉姆森的交易成本理论和巴泽尔的产权理论，构建了一个系统的理论分析框架，在此基础上对我国农村产业融合发展共享机制构建这一重大问题进行了较为深入、系统的理论与实践相结合的研究。

1.1.1　问题的提出

农村三次产业融合发展是农业现代化的必然趋势，是促进农村产业振兴和农民增收的有效途径。2014 年中央农村工作会议首次提出农村产业融合的发展目标，随后的 2015 年中央"一号文件"《关于加大改革创新力度加快农业现代化建设的若干意见》明确提出，推进三次产业融合发展。2016 年 1 月，国务院下发了《国务院办公厅关于推进农村一二三产业融合发展的指导意见》，提出了推进农村产业融合发展的指导思想、基本原则和主要目标①。2017年10月，党的十九大上，习近平总书记提出实施"乡村振兴战略"的重大战略部署②，作为"七大战略"之一；2019年《中共中央 国务院关于坚持农业农村优化发展 做好"三农"工作的若干意见》（中央"一号文件"）再次强调，国家要保证农业农村优先发展。实现乡村振兴不能离开乡村产业振兴这个经济基础，农村产业融合发展正是当前条件下实现乡村产业振兴、推动农业农村发展的有效途径，具有极为重要的战略意义。农村产业融合发展作为我国农业现代化新的发展阶段和实现方式，将带来农村生产方式和产业结构的重大改变，也必将带来农村利益分配格局的重大改变。农村产业融合发展有两种目标指向和评判标准：一种是产业（生产、效率）视角，即对农业现代化、农业生产效率和地区（尤其是县域）经济增长的促进作用；另一种是社会（分配、公平）视角，即农村产业融合发展的红利是否公平分配，广大农民的收入和福祉有无显著增加。

改革开放40多年来，我国的宏观经济和社会环境发生了重大变化。改革开放前，我国经济体制的突出问题是各个领域的"大锅饭"盛行，社会的竞争、活力和效率不足。为了解放生产力、发展生产力，改革开放以来，我国着重在各个领域进行体制机制改革，发展市场经济，引进竞争机制，倡导"效率优先"。但是，由于转型期制度体制机制的缺陷和经济发展的客观规律使然，我国经济社会结构在一个很短的时间内从过度的平均主义转向过大的收入差距；改革虽然极大地释放了社会活力，造就了举世瞩目的增长奇迹，但是发展的均衡性、发展成果的共享性却不能令人满意。收入差距过大造成了一系列社会矛盾，降低了人民的获得感和幸福感。从当前来看，过大的社会贫富差距和发展的非均衡性已经成为影响改革评价、制约改革继续前进的严峻挑战。

与此同时，改革发展的顶层设计和政策导向也在潜移默化地变化着。1997年党的十五大报告中首次提到"共享"一词，明确指出"保证国民

---

① 以下将"农村一二三产业融合发展"简称为"农村产业融合发展"。
② 习近平谈治国理政（第3卷）［M］. 北京：外文出版社，2020：25.

经济持续快速健康发展，人民共享经济繁荣成果"是中国特色社会主义经济的基本目标①。此后，"共享"的表述开始频繁在党和政府相关文件中出现，2002 年党的十六大、2005 年党的十六届五中全会、2007 年党的十七大等重要会议反复强调要让全体人民共享发展成果。中央对共享发展和社会分配问题日益重视，并采取了多方举措。2015 年 10 月，党的十八届五中全会提出"创新、绿色、协调、开放、共享"五大发展理念，共享发展正式成为国家的重要发展战略。2017 年党的十九大报告明确指出："中国特色社会主义进入新时代，我国社会主要矛盾已经转化为人民日益增长的美好生活需要和不平衡不充分的发展之间的矛盾。"② 这标志着我国整体政策导向的根本性变化，共享、民生、社会公平在政策设计和发展定位中占据更加突出的地位。在国家发展理念发生根本转变的同时是实践的重大变化，最典型的表现是力度空前、规模宏大的脱贫攻坚。

从我国农业现代化本身来看，发展共享性、均衡性的缺失也是非常突出的。20 世纪 90 年代以来，农业产业化中实行的"公司＋农户"模式，并没有形成企业与农民的利益共同体，农户只得到农产品生产领域的微薄利润，农产品流通、加工领域的丰厚利润主要被公司占有。近年来，本书通过多次的农村实地调研发现③，外来工商资本与本地农民的利益联结松散，本地农民从这种外来资本推动和主导的农村产业发展中受益甚微。在此背景下，研究我国农村产业融合发展，不能仅仅着眼于产业发展本身，还必须关注生产与分配的互动。从理论上讲，在马克思主义政治经济学的理论视野中，一直存在两种对立的发展路径：一种是包含利益对立的发展，典型代表是资本主义生产方式；另一种是实现利益和谐、共享与人的自由全面发展的发展。从这一理论视角看，研究我国农村产业融合发展过

---

① 中共中央文献研究室编. 十五大以来重要文献选编（上）［M］. 北京：人民出版社，2000：19.

② 习近平谈治国理政（第 3 卷）［M］. 北京：外文出版社，2020：9.

③ 自 2016 年以来，笔者多次参加西部地区农村改革和发展的实地调研，包括四川巴中、遂宁、广元、崇州，以及贵州六盘水、云南大理等地。调研地区的经济发展水平相对落后，农村人口外流和产业空心化现象较为严重，几个产业发展较好的调研点几乎都是外来资本主导和推动的，本地农民的主体地位没有得到体现，从产业发展中所获得的收益也并不显著。这些来自实践的鲜活体验给笔者留下深刻的印象，促使笔者思考，为什么农业现代化、产业化与农民利益的普遍增进会出现某种脱节？如何促使农村产业发展的收益被尽可能广泛和公平地共享？

程中的共享问题的实质就是协调农村产业融合发展中的利益矛盾，特别是本地农民与外来资本之间的利益矛盾，促进利益和谐和共享，避免走向非均衡、不公平发展路径。

2015 年的中央"一号文件"《关于加大改革创新力度加快农业现代化建设的若干意见》和 2016 年的中央"一号文件"《关于落实发展新理念加快农业现代化 实现全面小康目标的若干意见》都重点强调增加农民收入必须推进农村产业融合发展，产业融合发展的立足点就是要让农业产业链增值的成果更好地惠及广大农民。2019 年的中央"一号文件"明确提出，"健全农村一二三产业融合发展利益联结机制，让农民更多分享产业增值收益"；"做好脱贫攻坚与乡村振兴的衔接，对摘帽后的贫困县要通过实施乡村振兴战略巩固发展成果"。当前，虽然脱贫攻坚、消除绝对贫困的历史任务已经完成，但是巩固拓展脱贫攻坚成果、全面推进乡村振兴的任务依然繁重而紧迫，实现农业农村现代化和农民农村共同富裕仍然任重道远。在这一背景下，研究我国农村产业融合发展的共享机制构建，无疑具有极为重要的现实意义。

围绕这一宏旨，本研究试图研究和解决以下三个相互关联、逻辑递进的问题：第一，如何理解"共享发展"和农村产业融合的共享发展？这是研究农村产业融合与共享发展理念的逻辑起点和首要问题。第二，决定农村产业融合发展共享性的内在逻辑是怎样的？特别是，生产力层面的农村产业融合发展质量提升和生产关系层面的共享发展有什么内在逻辑关系？第三，在尊重客观规律的基础上，如何发挥社会的能动性，通过各种制度和组织创新，重塑制度环境，在提升农村产业融合发展质量的同时，提升农村产业融合发展的共享性？这是本书所研究的"农村产业融合发展共享机制构建"的核心意蕴。上述问题构成本书的研究主题和逻辑主线。

1.1.2 理论意义

第一，本书对深化马克思生产与分配关系基本原理的理论与应用研究具有一定意义。马克思的生产与分配关系理论在整个马克思主义政治经济学理论体系中具有重要地位，对发展方式、收入分配、产权改革、农业组织形式等中国改革和发展中的重大现实问题具有极为重要的指导意义，但在相关的理论与应用研究中尚未得到应有的重视。本书在对农村产业融合发展共享机制构建这一具体经济问题的分析中，以马克思的生产与分配关系理论为基本指导，构建了一个系统的理论分析框架，并试图将农村产业融合发展相关理论、舒尔茨的改造传统农业理论、威廉姆森的交易成本理论和巴泽尔的产权理论等其他经济学理论中的有益成分整合进马克思的生产与分配关系的分析框架之内。本书在一定意义上表明，在对纷繁复杂的现实经济问题进行分析时，马克思主义政治经济学基本原理可以成为有力的分析框架，它不必是所有的理论来源，但可以成为拨开迷雾的理论指南。

第二，本研究运用内源式—外源式发展理论研究我国农村产业融合发展共享机制构建问题，将其与马克思的生产和分配关系理论紧密联系，提出和论证了一些新的理论命题，对于理清内源式—外源式发展方式的内在逻辑和运行机理，促进其进一步发展、成熟有一定意义。作为 20 世纪七八十年代出现的新概念、新思想，内源式发展和外源式发展主要是作为一种发展理念存在的，尚未成为发展经济学中的成熟理论，其理论基础与运用研究都有待深化和拓展。本书将这对范畴建立在马克思的生产与分配关系理论基础上，深入阐释其内在逻辑和机理，挖掘其对利益分配和共享发展的意义，在一定程度上深化了内源式—外源式发展理念的理论基础。本书将其运用于我国农村产业融合发展共享机制构建的研究中，不仅是其应用研究的一个拓展，而且对内源式发展—外源式发展理论的内在逻辑和机理提出一系列新命题：其一，农村产业融合发展共享机制构建的基础在于增强本地农民的自生能力和市场竞争力，落实本地农民的主体地位，实现内源式发展；其二，内源式发展和外源式发展并不是一成不变的，而是一个不断变化的动态过程，二者之间可以相互转化，并且在这二者之间存在许多中间形态；其三，内源式—外源式发展方式的形成和演化具有一定的制度依存性，政府与市场关系对其具有重要的影响作用。在对我国农村产业融合发展共享机制构建这一具体问题的研究中，本书从现代生产要素可得性、多元组织形式共生性和农民财产权利现实性三个方面对上述理论命题进行了具体展开和详细论证。

第三，本研究对新制度经济学的交易成本理论和产权理论的发展有一定意义。本书的整个研究是基于马克思主义政治经济学的分析框架，但是在一些具体问题的分析中，借鉴了新制度经济学的一些研究成果。本书对新制度经济学发展的意义主要体现在三个方面：其一，新制度经济学对交易成本的研究主要是基于效率，较少向公平方向延伸，这限制了这一理论在实践中的应用价值。本研究在一定意义上表明，只要稍作拓展和延伸，交易成本概念也可以用于公平、共享问题的研究。例如，农户和中小企业之所以很难分享农村产业融合发展的过程与成果，一个重要原因是高昂的交易成本问题；对于农村资源盘活，促进农村产业发展，增加农民收入而言，降低交易成本也是一个重要问题。其二，本书提出，降低交易成本需要市场机制和政府作用（制度创新）相结合，并对这两种机制的利弊进行了比较分析。这一分析的实质是从政府与市场关系的视角，对如何降低交易成本进行的拓展研究。其三，本书充分借鉴了巴泽尔的"经济权利—法律权利"二分法及其产权保护理论，将其与马克思的产权思想进行了比较分析，提出"农民财产权利的现实性"这一新的理论命题，并从农民财产权利的"法律界定—实现—保护"三个环节和层面对这一命题进行了详细研究和阐发。马克思和巴泽尔的产权理论虽然建立在截然不同的方法论基础上，但是有一个重要的相似点：产权不只是法律问题，其根源和基础在经济方面。这一产权理论的逻辑延伸是：要使产权的法律规定产生现实作用、收到预期效果，必须进行组织和制度的配套改革和创新，适应生产力发展的需要。西方产权理论与马克思主义产权理论的比较分析是一个重要而有挑战性的理论课题，本书基于我国农村产业融合发展共享机制构建这一现实问题，对此进行了初步尝试。

1.1.3　现实意义

第一，本研究对在我国农村产业融合发展中落实新发展理念有一定意义。对于"创新"发展理念，本书重点研究了通过产学研紧密结合加快科研成果转化，通过科技创新、产业创新、组织创新和制度创新，推动农村

产业融合发展；对于"协调"发展理念，本书对"新农民"、外来资本等
社会主体对共享机制构建影响的分析，鲜明地体现了城乡协调发展的理
念，此外，这些分析不仅是就经济层面而论的，也涉及农村文化、教育、
养老、基础设施等社会、文化层面的公共品供给，体现了农村经济发展与
社会、政治、文化、生态相协调的发展理念；对于"绿色"发展理念，本
书所研究的生态农业、休闲农业、乡村旅游等都属于新兴绿色产业，研究
这些新兴绿色产业的发展规律与要求，对落实绿色发展理念有一定现实意
义；对于"开放"发展理念，本书深入研究了城乡要素合理流动、开放的
要素和产品市场对农村产业融合发展及其共享机制构建的重要作用；对于
"共享"发展理念，这更是本书的研究主旨，本书在一个统一的理论分析
框架的基础上，对城市工商资本、创业者、"新农民"、"老农民"等社会
主体广泛参与农村产业融合发展、共享发展的过程与结果的内在逻辑与实
现机制进行了具有一定理论深度的系统研究。

　　第二，本研究对乡村振兴战略的实施有一定意义。乡村振兴的基础是
产业振兴，难点也是产业振兴。只有产业振兴了，才能为乡村聚集人气，
乡村的经济、社会、政治、文化、生态的可持续发展才有了稳固的基础和
强大的动力。实践证明，农村产业融合发展是实现乡村产业振兴的有效途
径。本书所研究的农村产业集群化、专业化、规模化发展对实现乡村产业
振兴具有一定借鉴意义。更进一步，乡村振兴不仅要求产业振兴，而且要
求相对公平的收益分配，这就必须走共享发展之路。如果乡村产业发展、
产业振兴所带来的发展机遇和成果主要被外来资本和创业者占有，本地农
民获益很少，甚至出现利益受损，农村社会、政治、文化、生态等长期可
持续发展的基础没有得到相应的改善和提升，那么这种产业发展也不符合
乡村振兴战略的需要。本书基于生产与分配相结合的分析视角，综合研究
了这两个问题，提出了通过政府与市场有机结合和制度环境的重塑，逐步
增强农民的自生能力和市场竞争力，减弱其对外部资本的依赖程度，促进
农村产业融合发展的内源式发展方式等研究结论和政策建议，对乡村振兴
具有较强的现实意义。

　　第三，本研究对如何处理好我国农村产业融合发展中的政府与市场关
系具有一定现实意义。改革开放以来，政府与市场关系一直是我国经济体

制运行中的一个关键问题。2013 年党的十八届三中全会明确提出，处理好政府与市场关系是深化经济体制改革的核心问题。政府与市场关系是本书理论分析框架的重要组成部分之一，本书对我国农村产业融合发展共享机制构建这一具体问题中的政府与市场关系进行了较为深入和系统的研究。分析表明，我国农村产业融合发展共享机制构建的关键是政府与市场的有机结合：一方面，对于市场化和营利性的经营项目，应当让市场主体和市场机制发挥决定性作用，公共投资应当对广大农民、社会资本和其他市场主体进行服务和引导，而非直接投资于经营性项目；另一方面，政府在技术研发、基础设施建设、农民人力资本投资等公共品供给和制度供给方面具有不可替代的作用，尤其是应当对广大农民进行必要扶持，构建服务于农民的完善的社会化服务体系，逐步增强其内生能力，引导我国农村产业融合发展向内源式发展方式转变；在上述引导过程中，政府也可以积极引进市场机制和市场主体，多渠道筹集公共品供给资金，并为公共品供给提供有效的经济激励。本研究进一步提出，理顺我国农村产业融合发展中的政府与市场关系必须进行政府职能和治理机制改革，为地方政府提供正确的行为激励。

1.2　国内外研究综述

国外对产业融合的研究主要集中在信息产业、工业领域中，很少针对农业中的产业融合问题进行专门研究，更鲜少研究其中的共享发展问题。但是，国外研究中关于产业融合的内涵、驱动因素、经济效应，以及关于"包容性增长"（inclusive growth）的一般性研究，对我国农村产业融合发展共享机制构建的研究也颇有启发意义。国内相关研究主要集中在农村三产融合的概念界定、发展模式、组织形式和相关政策建议等方面，专门针对农村产业融合发展共享性进行的研究也并不多见。但是，国内关于共享发展理念的一般性研究和农业现代化、农业产业化中的利益关系、利益协调机制已经形成了丰硕的研究成果，这些现有研究成果为本书对我国农村产业融合发展共享机制构建的研究奠定了扎实的基础。

1.2.1　国外相关研究

西方学者早在 20 世纪六七十年代就提出了产业融合的思想和概念，从技术、产品和市场三个角度提出和比较了产业融合的类型，对技术创新与扩散、管制放松、商业模式创新等技术和制度创新对产业融合的促进作用等基本观点达成了共识，并深入分析了产业融合产生的经济效应。

（1）关于产业融合的相关研究。

关于产业融合的最早研究可以追溯到罗森伯格（Rosenberg，1963）对美国机械设备业演化的研究。后来的学者在此基础上对产业融合的内涵、驱动因素和经济效应等进行了深入分析。

① 产业融合的内涵。融合是指事物之间明确界定的边界变得模糊的过程（Heo & Lee，2019）。融合过程包括四个不同阶段，即科学（知识）融合、技术融合、市场（应用）融合和产业融合（Curran & Leker，2011；Karvonen & Kässi，2013）。产业融合可以定义为两个或更多不同行业部门之间的界限变得模糊的过程，因为这些行业领域的科学知识、技术、市场和价值链紧密相连（Curran & Leker，2011；Curran et al.，2010；Hacklin et al.，2009；Kim et al.，2015）。行业边界模糊意味着不同的行业生产产品和服务使用的是相同或类似的知识和技术，在相同的产品或服务市场中相互竞争或补充（Heo & Lee，2019）。也就是说，产业融合的形成主要通过供给侧融合（科学融合或技术融合）和需求侧融合（市场融合或应用融合）两条路径（Bröring & Leker，2007；Kim et al.，2015；Xing et al.，2011；Heo & Lee，2019）。从供给侧来看，当以前不同的科学领域或知识领域之间存在共同进化溢出时，它们之间就会产生共同特征，从而导致技术融合（Curran et al.，2010；Hacklin et al.，2009；Karvonen & Kässi，2013），反过来，技术融合通过新的产品——市场的结合会加速市场融合的过程（Curran & Leker，2011），或者当供应方在没有充分考虑市场需求的条件下，主动生产融合技术嵌入式产品时引发了产业融合；从需求侧来看，当新的融合产品进入市场时，竞争公司会与外部行业进行不活跃的交换，以试图了解这些产品的新特性和功能，或者获得生产这些产品的能

力。跨越行业界限的这种交换最终导致了产业融合（Curran & Leker, 2011；Kim et al.，2015）。与产业融合区分为供给侧融合和需求侧融合相类似的是，布罗林和莱克（Bröring & Leker, 2007）将产业融合区分为输入端融合（主要由技术因素驱动）和输出端融合（主要由市场因素驱动），此外，有学者还按照技术的替代和互补性把产业融合分为替代型融合和互补型融合（Greenstein & Khanna, 1997），从顾客和企业角度将产业融合分为功能性融合和机构融合（Malhotra, 2001）。

② 产业融合的驱动因素。国外学者从产品的全球组装、技术的交叉应用、客户的服务需求、制度政策的变化以及商业合作的创新等方面探索产业整合的驱动因素（Hacklin et al.，2005），其中的重点包括以下三个方面。

第一，技术创新和扩散。技术创新和扩散极大地促进了行业内部和不同行业之间的融合。技术创新除了表现为某类技术本身的改进外，还可能以技术融合的形式表现出来。技术融合的特点是不同技术领域的重叠越来越多，进而出现新的技术平台（Lee et al.，2015；Karvonen & Kässi, 2013）。最近的研究，基于理论和定量分析，表明技术融合已经成为产业融合的主导驱动力（Curran & Leker, 2011；Fai & VonTunzelmann, 2001；Hacklin et al.，2009；Pennings & Puranam, 2001；Preschitschek et al.，2013；Weenen et al.，2013）。技术融合还可能导致市场融合，其特点是新的产品—市场组合（Curran, 2013；Bröring, 2010；Gambardella & Torrisi, 1998），这种情况主要发生在科学和技术驱动的产业，如电子产品和化学工业。但市场融合也有可能在没有技术融合的情况下由客户需求改变而引发（Schmidt et al.，2016）。所以，技术融合既可以通过创造出新的产品或服务，又可以通过促进市场融合来引发产业融合（Heo & Lee, 2019），但作为融合过程的最后一步，产业融合能否实现，取决于技术融合和市场融合两者一同或分别对各个企业的能力状况和竞争力的影响（Bröring & Leker, 2007；Geum et al.，2016）。

第二，商业模式创新。产业融合除了是新产品、新服务发展的直接结果外，也是新商业模式发展的直接结果，如银行业和保险业的融合是由市场融合驱动的，而不是由技术发展驱动的（Curran & Leker, 2011）。在技术融合促进市场融合的同时，市场融合似乎也在强化前面的技术融合，这一点可以在许多实证案例中发现（Bröring，2010）。很多企业本身技术能力过硬，但没有找准自己在新的价值链上的定位，导致技术融合失败（Christensen，1995），说明技术融合要以市场融合为导向（Gambardella & Torrisi，1998）。除去技术对商业模式的影响，商业模式本身的创新对产业融合的促进作用有可能超过技术创新（Chesbrough，2007）。依靠文化创意，旅游与文化产业相融合，使消费者获得更好的体验（Pine & Gilmore，1999），如迪士尼将主题公园建设与经典影视作品相结合的文化旅游产业融合模式已成为一种典型代表（Connell，2012）；根据消费者的需求变化，农业与旅游产业相结合的新模式得以发展，即休闲农业（Phillip et al.，2010），满足了消费者对休闲、农业体验的需求。因此，不管是旅游与文化产业的融合，还是农业与旅游产业的融合，主要还是由商业模式创新引发的。

第三，管制的放松。一般认为，科学融合、技术融合、市场融合、产业融合是市场主体在不同阶段进行理性选择的结果，而政府在这方面的作用主要体现在提供服务和放松管制上。雷（Lei，2000）提出，当政府降低企业进入市场的壁垒，该产业的新产品将会增多，进而促进商业模式创新。卡萨波（Csapo，2012）也表示，政府对文化产业的放松管制有利于文化产业融合的发展。

③ 产业融合的经济效应。对于产业融合，不仅要研究产业融合是如何发生的，还要研究产业融合的效应或结果。产业融合的经济效应主要有以下几点：其一，产业融合为创新和经济增长提供动力。科学、技术、市场的融合促进了产业融合，反过来，产业融合进一步促进了技术、产品、商业模式等的创新，如已知的、累积性发展技术的融合带来的创新更具有突破性（Hacklin et al.，2005），产业融合形成后出现了合并、整合的公司和联盟（Bower，2001；Wirtz，1999）。产业融合导致新的融合产业和价值链的出现，为已经与其他行业融合的现存行业以及新兴行业提供了一个充满活力的商业环境（Heo & Lee，2019）。产业融合的效应也可能是矛盾的：一方面，由于产业融合，新市场为新的商业和经济增长领域提供了大量机会；另一方面，产业融合使市场不均衡，一些企业因经营环境发生变化而破产（Pennings & Puranam，2001）。其二，产业融合使新型竞争协同关系

得以形成。融合研究不仅要研究融合的基础，如技术、市场，还要研究融合产业之间的竞争或互补关系（Stieglitz，2003；Karvonen & Kässi，2013）。产业融合的过程中，企业之间的竞争与合作关系会因技术进步和管制放松而发生改变（植草益，2001；Busby，2001）。融合产业之间存在以下关系：在竞争型融合中，融合实体分割有限的可用利润，所以竞争型融合作为一种零和游戏，可能会使融合实体衰退或瓦解；互补型融合提供了新的利润机会，从而允许融合实体共存共发展（Heo & Lee，2019）。其三，产业融合促进新产业的出现。产业融合加速现存产业结构的重组进程，并导致新的产业的出现（Kim et al.，2015）。化学产业与其他产业的边界模糊化，以及跨学科研究增加（Bröring & Leker，2007；Bierly & Chakrabarti，2001），使得化学产业部门可以利用生物技术或物理技术获得较大发展。产业环境会因为融合而发生变化，这种变化既能带来新的创新和经济增长机会，也会使企业面临新技术、新市场、新客户等诸多挑战。因此，企业需要做出一些有效的应对这些变化的措施（Heo & Lee，2019；Hacklin et al.，2010）。

（2）国外关于"包容性增长"（inclusive growth）的相关研究。

国外基于发展理念的视角，提出了"包容性增长"的概念，并对此进行了深入的研究。从内涵上看，所谓"包容性增长"与国内学术界和政策话语中的"共享发展"有很大的相似性，对共享发展和共享机制构建的研究颇有启发意义。下面，本书从"包容性增长"概念的形成、内涵和概念辨析（与"益贫式增长"和"包容性发展"）三方面进行文献梳理。

第一，"包容性增长"理念的形成。增长理念的演进与人们对增长、贫困和不平等的认识密切相关。在20世纪五六十年代，人们普遍认为一个国家的经济增长优势会有利于社会所有阶层，仅仅依靠增长，就足以使发展中国家摆脱贫困（Bakker & Messerli，2017）。虽然"涓滴效应"（trickledown effect）将会滞后一段时间，但从长期来看，总体的经济增长过程将会对全体人民产生积极影响（Aghion & Bolton，1997）。20世纪80年代，作为新自由主义典型代表的"华盛顿共识"被很多学者认为是发展中国家的前进之路（Schilcher，2007），自由市场被很多学者视为增长和发展的动力（Williamson，1993）。然而，20世纪90年代，遵循"华盛顿共识"（新自由主义）的发展中国家几乎都没有实现改革最初预期的目标，不仅增长缓慢，而且伴随着严重的不平等，特别是拉丁美洲和加勒比地区（Bakker & Messerli，2017），这说明"华盛顿共识"的"药方"对发展中国家并不总是有效的（Sharpley & Telfer，2002）。因此，新的发展思路开始关注如何在经济增长的同时，促进发展成果的共享，特别是贫困群体的福利改善。从 20 世纪 90 年代开始，许多机构和非政府组织开始实施促进"益贫式增长"（pro–poor growth）项目，旨在改善发展中国家人民的生计。在这一时期，围绕衡量增长对贫困的影响形成了一批研究成果（Bakker & Messerl，2017）。2000 年以后，一些机构、捐助者和政府开始意识到，单独依靠经济增长或再分配并不能解决贫困问题，于是它们开始探索"包容性增长"，即将减贫的工作重点转移到创造就业和创业等机制，从而将更多人纳入经济增长进程，使他们能对经济增长做贡献，同时分享经济增长成果（Ianchovichina & Lundstrom – Gable，2012）。

第二，包容性增长的内涵。目前的文献基于各种视角，对"包容性增长"进行了具有不同侧重点的研究，包括以下几个方面：其一，参与增长过程并分享增长的成果。许多学者认为，包容性增长不是简单地通过转移支付（再分配），对贫困群体进行扶持，而是为贫困群体创造更多的就业机会，使其有能力和机会对经济增长做出自己的贡献（Ianchovichina & Lundstrom，2009；Ianchovichina & Lundstrom – Gable，2012；Klasen，2010）。换言之，"包容性增长"意味着机会均等的增长，其重点在于为所有人创造参与经济增长的机会（Ali & Zhuang，2007）。克拉森（Klasen，2010）认为包容性增长是经济增长概念的一个子集，并从过程（参与增长过程的人数）和结果（增长是否有益于多数人）测量包容性增长。其二，有的学者将包容性增长和益贫式增长相联系，将"包容性增长"定义为能够使原来受到不利影响、处于竞争劣势和机会不均等地位的群体受益和减少劣势、获得平等机会的增长方式，例如，有利于那些处于区域、种族和性别劣势的人们（Klasen，2010）。其三，包容性增长所包含的维度。亚洲开发银行指出，"包容性增长"包括机会平等、社会包容和社会安全网三个维度（ADB，2008）；比斯瓦斯（Biswas，2016）总结了包容性增长所包含的经济维度和非经济维度，如经济福利、机会平等、共同参与、利益共享、福利和社会安全等，其中，"经济福利"包括增长、贫困和不平等减少、就业机会创造;"机会平等"考虑了获得社会公用事业机会;"参与"主要考虑财政参与和社会参与;"利益分享"主要指的是把社会基础设施等增长利益平等分配给民众;"福利和社会安全"考虑对贫困者的经济和社会保护。其四,包容性增长制度的关联。达龙和詹姆斯(Daron & James,2012)提出了"包容性制度"的概念,即能够创造公平的竞争环境、实现机会均等,鼓励所有人参与经济活动,使他们能够施展自己的天分和技能的制度体系,并提出与之相对的"攫取性制度"(extractive),提出了共享发展的前提是建立包容性的经济政治制度的观点。诺贝尔奖获得者阿马蒂亚·森(Amartya Sen,2002)在其著作《以自由看待发展》中提出了基于自由视角的发展观:人的实质性自由是目的与手段的统一。在森看来,致贫原因由浅到深(或者说由现象到本质)可以分为三个层次,即从最浅层次的收入贫困,到中间的能力贫困,然后到最深层的权利贫困。在这一观点的基础上,森进一步提出,阻碍共享发展的最根本的原因是各种社会性和制度性歧视,及其导致的权利贫困,因此发展的实质在于拓展人的实质性自由,而这又依赖于全体民众参与经济社会事务的机会平等和权利平等的创造①。显然,森所定义和论述的发展是非常广义的,其内涵与前述"包容性增长"是相通的。

第三,包容性增长与益贫式增长的概念辨析。学者们一般认为,包容性增长有区别于益贫式增长的独特内涵(Klasen,2010),例如,包容性增长的概念更广泛,包括收入和非收入方面的一些指标(Thorat & Dubey,2012);包容性增长的考虑更长远,因为它侧重于通过就业机会的创造改善弱势群体的福利,而不是直接以收入再分配作为改善被排斥群体财务状况的手段(Commission on Growth and Development,2008);益贫式增长通常只关注贫困线以下的人口,而包容性增长旨在通过就业和创业机会使全体劳动力受益(Ianchovichina & Lundstrom,2009;Biswas,2016);包容性增长侧重于将贫困、商业环境和其他类型的微观层面指标与宏观层面的增长分析相结合(Ianchovichina et al.,2009),而益贫式增长主要关注在微

---

① [印]阿马蒂亚·森. 以自由看待发展[M]. 任赜,等译. 北京:中国人民大学出版社,2002:47-71.

观层面创造机会，较少关注宏观层面的经济增长战略（Bakker & Messerli，2017）。

第四，包容性增长与"包容性发展"（inclusive development）的概念辨析。有的学者认为，可以将"包容性发展"与"包容性增长"等同起来（World Bank，2014；McGregor & Pouw；2016）；但是，也有一些学者将这两个概念进行了区分，认为"包容性发展"包括社会包容性、环境包容性和关系包容性，超越单纯的经济领域（Gupta & Vegelin，2016；Pouw & Gupta，2017），而"包容性增长"主要包括社会包容性和经济包容性（Chatterjee，2005；Ravallion & Datt，2002），以经济领域为主，概念内涵相对狭窄。

1.2.2 国内相关研究

围绕研究需要，这里主要梳理国内学术界关于农村产业融合发展及其利益分配相关问题和共享发展这两个领域的研究成果。

（1）关于农村产业融合发展的相关研究。

近年来，国内学界关于农村产业融合发展的研究主要包括：农村产业融合发展的概念界定、发展模式、社会功能、驱动因素、组织形式、政策建议等方面。具体而言包括以下几个方面。

第一，农村产业融合发展的概念界定、发展模式和发展动力。产业融合（industrial convergence）是指不同产业或同一产业的不同行业相互渗透、交叉，最终融合为一体，逐步形成新产业、新业态、新商业模式的动态发展过程（郑明高，2010；张建刚等，2010）。当前国内相关文献对产业融合发展的概念界定，可以归纳为以下几个方面：其一，强调农村三产融合是以农业为基础和依托；其二，强调通过技术渗透、产业联动、产业集聚、农业多功能性等方式，使产业界限模糊，产业间的合作、联动更加紧密，实现农村三次产业协调、融合发展；其三，强调创新驱动，农村产业融合发展是技术创新、制度创新、产业创新和商业模式创新的产物（姜长云，2015；郑风田，2015；马晓河，2015；宗锦耀，2017）。一些研究者将我国农村产业融合发展与我国农业产业化和日本"六次产业化"进行对比，阐述之间的联系和区别。学者们一般认为，农村产业融合发展是建立在农业产业化基础之上的，是农业产业化的再发展；在农村产业融合发展和日本"六次产业化"的比较分析中，学者们认为前者的内涵比后者更加宽泛。例如，赵海（2015）认为，我国农村产业融合发展是日本"六次产业化"的扩展版和农业产业化的升级版。与此相似，宗锦耀（2017）认为，我国农村产业融合发展既是对农业产业化的继承与发展，也是对它的超越与创新；农村产业融合发展与日本"六次产业化"都秉承跨界发展的理念，但是前者的内涵更加广阔。

在发展模式上，一般认为我国农村产业融合发展有四种模式：其一，农业内部种植业、养殖业、畜牧业等产业间的循环型融合；其二，农业产业链纵向融合，即将农业产业链的生产、加工、流动等环节向前或向后延伸；其三，农业产业与文化、旅游等其他产业横向融合，发挥农业的多功能性；其四，现代信息技术、生物技术等高新技术向农业的渗透型融合（李俊玲，2009；马晓河，2015；宗锦耀，2017）。孙学立（2018）总结了我国农村产业融合发展实践的四种具体的组织模式——农业龙头企业＋智慧农场、农业＋特色小镇、农业＋电商平台和田园综合体，并认为田园综合体是未来的发展方向。

现有研究一般都认为，我国农村产业融合发展承担的功能和目标是多元化的，概括起来，包括两个方面：其一，产业发展，即推动农业产业链延伸、农业功能拓展、农业附加值增加，实现农业产业优化升级和农村产业融合发展的质量提升；其二，实现农民增收、乡村振兴、调整城乡关系、城乡融合发展等社会目标。万宝瑞（2015）认为，"互联网＋三农"将引起我国农村经济社会的又一次重大变革，为农村经济发展、社会治理、公共服务供给提供新的渠道和发展契机。苑鹏、丁忠兵（2018）提出，我国的农业政策导向应当坚持产业型政策与社会型政策相结合，兼顾效率与公平。与这一观点类似，学术界一般认为农村产业融合发展应当同时具有产业型功能和社会型功能。

第二，我国农村产业融合发展的组织形式：微观组织形式及其聚合形态。一般认为，我国农村产业融合发展的微观组织形式主要是专业大户、家庭农场、农民专业合作社和龙头企业等新型农业经营主体，工商资本在我国农村产业融合发展中能够发挥积极作用。学者们一般从要素和组织两方面阐述工商资本在农村产业融合发展中的作用。如张义博（2015）认为，工商资本下乡能为我国农村产业融合发展带来稀缺的资金、技术、人力资本等资源要素，其在企业规模、经营管理、品牌营销等方面的优势能为农村产业融合发展提供组织保障，从而对我国农村产业融合发展有重要的推进作用。与此相似，宗锦耀（2017）认为，龙头企业在资源和组织方面的优势使得其能成为我国农村三产融合发展的主体力量，以龙头企业为主体实现我国农村产业融合发展是一种适应我国国情（包括规模化农户在内的农民经济实力薄弱、经营规模狭小、技术水平较低）的农业现代化过程中的组织创新，能够实现"真正意义上的产业融合"。有的学者强调农村产业融合发展区别于过去以工商资本为主体进行的农业产业链纵向整合，应以农民及其相关生产经营组织为主体，包括专业大户、家庭农场、农业产业化龙头企业及农民专业合作社等多元组织形式（赵霞等，2017）。

如前所述，我国农村产业融合发展是对农业产业化的继承和发展（赵海，2015；宗锦耀，2017），农村产业融合发展的微观组织形式基本继承了农业产业化的成果，提高了农业的组织化和社会化程度。作为农业产业化成果同时又为农村产业融合发展所继承的农业产业组织形式包括合同制（"公司 + 农户"）、股份制、合作制、股份合作制等（宗锦耀，2017）。学者们认为，现代农业不是"马铃薯经济"，而是嵌入于社会化网络之中的，每一个经营主体都与外界有紧密的关系（曹阳，2015）。在这种社会化大生产中，为了降低交易成本，各种经营主体之间往往不是简单的市场交易，而是形成各种介于一体化组织与完全的市场组织之间的创新型中间组织形式，如松散型、半紧密型、紧密型"公司 + 农户"（万俊毅，2008；李治、王东阳，2017）。这种农业组织化程度提高的过程也是农业产业链不断整合的过程。一般认为农业龙头企业会在这个过程中发挥主导作用，但是，也有学者认为，由龙头企业主导的农业产业链整合将导致农业产业化与农民利益保护之间的"二律背反"现象，因此应促使农民专业合作社在农业产业链整合中发挥更加重要的作用（廖祖君、郭晓鸣，2015）。随着生物技术、信息技术等现代高新技术向农业的渗透，以及对农产品质量安全提出更高要求的市场结构的形成，上述农业产业化中初步形成的微观组织形式，在农村产业融合发展中将获得进一步深化发展，农业产业化中已经初步形成的农业组织化、社会化程度会进一步提升。作为现代信息、生物技术渗透产物的工厂化的"智慧农业"，以及"互联网＋农业"产物的定制农业都表现出了这个明显的趋势。

在产业组织形式方面，农村产业融合发展相对于农业产业化阶段取得的成果，其显著不同体现在产业聚合形态上：农业产业化主要强调龙头企业的带动，突出农业产业链的纵向延伸和整合，产业主体间的单极化显著；而农村产业融合发展是关联产业的集群化布局，各个经营主体间的互相依赖、互利共生关系比农业产业化更加突出。郑风田、程郁（2005）提出，相比"农业产业化"而言，"农业产业区"更有竞争优势，并且有利于克服我国农业经营主体小而分散的弱点，形成小规模经营者与大市场的有效对接，更加适合我国国情，因此我国农业发展应走产业集群的道路。李春海等（2011）认为，农业产业集群发展能够"推动产业横向协同，沟通与其他经济活动的联系，生成产业融合性质的'大农业'"。一些研究者提出，产业集群是农村产业融合发展的本质要求，我国农村产业融合发展应当与农业产业集群发展相结合（郭晓杰，2014；张义博，2015）。郑风田（2015）指出农村三产融合要打造农业产业综合体和联合体。孙学立（2018）认为，采取产业集群组织形式的"田园综合体"模式是我国农村产业融合发展组织形式的未来发展方向。

第三，推进我国农村产业融合发展的政策建议。国内学者对推进我国农村产业融合发展提出了很多政策建议。归纳起来，包括以下几点：一是加强农业在农村产业融合发展中的基础地位，强调以农业为依托，而不是脱离农业（韩一军，2015；刘明国，2015；苏毅清等，2016）；二是培育专业大户、家庭农场、农民专业合作社、农业龙头企业等新型农业经营主体，鼓励工商资本下乡，推动农村产业融合发展（张义博，2015）；三是政府与市场相结合，在培育、扶持新型农业经营主体和服务主体等市场主体，使其成为融合主体的同时，对农村产业融合发展提供财政支持、扶持政策、完善基础设施和公共服务、加强规划引领等（刘明国，2015；张义博，2015；孔祥智等，2015）；四是重视农产品加工业、休闲农业、乡村旅游、"互联网＋农业"等新型产业、业态和商业模式对农村产业融合发

展的引领、带动和促进作用，政府应当积极扶持其发展，并充分发挥其对
农业发展的服务带动作用（韩一军，2015；宗锦耀，2017）；五是强调技
术创新对农村产业融合发展的推动作用，政府应当积极促进相关技术进步
与创新，为农村产业融合发展提供根本动力（韩一军，2015；张义博，
2015）；六是强调农业产业集群是农村产业融合发展的本质要求，政府应
当积极引导农业及其关联产业集群化布局和融合发展；七是完善农业社会
化服务体系，大力发展那些与农村产业融合发展中出现的新产业、新业态
和新商业模式相适应的新型生产性服务业，促进"农工商文旅"的融合与
协调发展（姜长云，2016；孔祥智，2015）；八是将农民增收与农村产业
融合发展有机结合起来，通过扶持综合农协发展等方式，保护和增进农民
的利益（韩一军，2015；张义博，2015）。

（2）关于共享发展的相关研究。

党的十八大以前，国内关于共享和共享发展的理论研究总体上仍处于
起步阶段，学界真正深入和系统地研究共享发展是党的十八届五中全会明
确提出共享发展理念之后。党的十八届五中全会将"共享发展"作为引领
当代中国发展全局的重大战略发展理念提出来，随后国内学界迅速掀起了
围绕共享发展的一个研究热潮，并取得了一系列研究成果。

第一，共享发展的本质是共建共享。卫兴华（2016）指出，共享发展
理念把发展和共享统一起来，共建是共享的前提。与此类似，田学斌
（2017）也认为，"共享"的核心是共建共享；所谓"共享"，不仅是对发
展结果的共享，而且是对发展过程的共享。柳礼泉、汤素娥（2016）及刘
建武（2018）也持类似的观点。实际上，早在党的十八大之前，就有学者
针对和谐社会建设提出，共建共享是和谐社会的基本主题，必须实现二者
的统一（李培林，2007）。

第二，对共享发展的政治经济学研究。国内政治经济学界对共享发展
进行了大量研究，学者们普遍认为，共享发展是马克思主义政治经济学的
核心命题和中国特色社会主义制度的本质要求（洪远朋等，2002；田鹏
颖、田书为，2016）。刘灿（2018）联系改革开放实践，指出共享发展是
马克思科学社会主义理论的核心价值和改革开放 40 多年来中国特色社会主
义实践的主线。

第三，围绕习近平新时代中国特色社会主义思想进行的相关研究。首先，学者大多将"共享发展"与习近平总书记反复强调的"以人民为中心"的发展思想联系起来，认为共享发展理念的实质和价值内核是坚持以人民为中心的发展思想，二者具有内在的逻辑一致性（蔡昉，2016；董振华，2016；卫兴华，2017）。其次，一些研究者认为，作为习近平新时代中国特色社会主义思想重要组成部分的共享发展理念是中国特色社会主义进入新时代、中国社会主要矛盾发生变化的历史性要求和必然选择，是对过去效率至上的发展主义缺陷的自觉纠正（刘伟，2017；周峰，2017；陈梓睿、彭璧玉，2018）。最后，党的十九大报告指出，当前我国经济发展阶段已从高速增长阶段转向高质量发展阶段。在这一背景下，有的学者着眼于高质量发展的要求，来研究和阐述共享发展理念。例如，林兆木（2018）认为，共享发展是高质量发展目的与手段的统一：高质量发展以充分调动最广大人民的积极性、主动性和创造性为必要条件，这就要求实现发展的共享性。

第四，关于共享发展实现机制的研究。学者们一般认为，共享发展理念并不会自然而然地实现，落实共享发展理念需要构建相应的机制，依赖于一定的制度环境。魏波（2013）提出了实现社会共享的五个基本机制——机会共享机制、财富共享机制、权力共享机制、价值共享机制和知识共享机制。根据"制度层次"的不同，国内学术界对共享机制的研究可分为两个层次：其一，在基本社会制度层面上，学者们一般认为，当前我国社会主义基本经济制度尚不完善，这构成了我国共享发展的基础性制度困境，必须继续坚持和完善以公有制为主体、多种所有制共同发展的基本经济制度（张兴华，2014；卫兴华，2016；许艳华，2016）；其二，在具体的经济社会制度和政策层面，研究者提出应当增强收入分配制度促进社会公平的职能、完善社会保障体系、实现城乡基本公共服务均等化、消除城乡二元体制、从根本上转变发展方式等（许艳华，2016；余达淮、刘沛妤，2016）。还有一些研究者指出，我国当前共享发展研究偏重抽象的理论探讨，实践指向性不足，应当更加紧密地联系社会现实，直面重要的实践问题和民生问题，针对具体问题，提出切实可行的政策建议和解决方案，进行更加富有针对性的微观研究和实证研究（齐秀强，2017；魏志奇，2018）。

（3）关于我国农业现代化中的社会整体制约与利益分配问题的研究。

在农村产业融合发展之前，关于农业产业化、农业现代化的研究中，就有一些学者注意到我国农业现代化的路径、方式选择中的社会整体制约和利益分配问题，在农业产业发展与农民利益之间关系的问题上，形成了丰富的研究文献。这些研究虽然主要是一般性地谈"农业现代化"，并未直接涉及农村一二三产业融合发展，但是对作为农业现代化的一种特殊形式的农村产业融合发展及其共享机制构建的研究，同样有重要的启示和借鉴意义。

一个观点是，我国农业现代化问题应当与农村、农民问题综合考虑，不能只考虑农业现代化和农业产业效率本身。也就是说，我国农业现代化进程不仅是一个技术效率的问题，而且要面临整体性社会制约——农业剩余劳动力转移。例如，陈锡文（2012）提出，由于我国是一个农业大国、劳动力总体过剩的人口大国，农业现代化不能仅仅考虑农业本身的经济效率，还不能不考虑实现这个经济效率需要转移的农业劳动力，考虑如何为规模庞大的农业转移劳动力创造相应的就业机会，否则将会导致更加严重的社会矛盾。与此类似，温铁军（2005）认为，我国按人口平均占有土地的均田制的最大制度收益是社会稳定，避免大量无地农民可能引发的社会失序和动荡，而其制度成本就是无法发展规模化、高效益的现代农业。温铁军（2009）认为，在我国现代化过程中，农业农村具有极为重要的社会稳定功能，在经济危机来临时，失业的农民工可以返回农村，不会演变为庞大的城市失业人口，威胁社会稳定。在城市工商资本大规模下乡后，农业生产同样被资本支配，同样要受到经济周期的影响，农业农村作为周期性经济危机"防火墙"的作用就消失了，我国经济发展和现代化的韧性和转圜余地将大大下降。基于这一研究视角的学者一般对资本下乡持保留态度，担忧将资本大量引进农业农村将影响我国整个宏观经济的稳定和经济社会的可持续发展。

在农业产业化的利益分配问题上，特别是下乡工商资本与农民利益的关系问题上，国内也积累了大量文献。这可以视为在农业现代化、资本下乡这个具体问题中的共享发展路径研究。很多学者都指出，依托资本进行的农业现代化很容易导致农民对资本的依附性和农民利益的受损，因此，政府必须主动对这一过程中的利益分配关系进行调节，保护农民利益。例如，廖祖君、郭晓鸣（2015）曾提出，农业产业化与农民利益保护之间存在互相矛盾的"二律背反"关系，政府应当扶持、规范农民专业合作社的发展，以消除、缓解这种"二律背反"。郁建兴、高翔（2009）构建了一个政府—市场—社会的分析框架，用以分析农业农村发展中的政府职能边界问题，他们得出的主要研究结论是："基于农业市场化取向，改革农村基本经营制度和农业支持保护体系；以政府为主体，构建城乡一体化的基本公共服务体系，创新农村社会管理体制；重构政府行政管理体制。"然而，正如很多学者所指出的，在农村发展现代农业的过程中，政府常常与资本、地方精英群体结盟，忽视农民利益，导致其不仅不能调整上述失衡的利益关系，甚至会加剧利益失衡和矛盾；而政府之所以出现这些失当行为，根源又在于片面的"发展主义"及其主导下形成的政府内部不当的激励机制和相应的官员利益结构的偏差（焦长权、周飞舟，2016；张良，2016）。着眼于利益分配关系的学者大多对大规模的工商资本下乡持保留态度，而主要着眼于农业现代化、农业产业转型升级的学者则积极支持工商资本下乡。温铁军（2015）还提出过整合农村自身资源，发展"在地化产业资本"和"社会企业"，代替外部资本的主导，以增进本地农民收益的设想。

在农业现代化中的利益分配和农民利益保护问题上，农民的组织化、农民合作组织和集体经济组织的发展一直是国内学术界的一个研究热点。温铁军（2009）认为，我国农村改革具有"去组织化"的特征，使得农业现代化和农村市场化面临交易成本过高的阻碍，进而他提出我国应构建综合性农民合作组织的主张。贺雪峰（2011）也指出，改革开放后，广大小农户陷入"原子化"状态，这导致农村基本生产生活秩序难以维系，农民集体行动难以形成，农村基层治理涣散，据此提出促进农村集体经济发展、保障农村公共品供给的主张。在这些研究者看来，我国农民之所以难以融入现代经济体系、与大市场有效对接并维持自身稳定发展，一个关键性的原因是组织化程度太低，而小农户的组织化程度低，又是由小农经济剩余过少、不能支付组织成本也不能克服"搭便车"行为导致的"集体行动困境"造成的，因此以本地农民为主体和主导的本土性村民自治组织的发展

（农民合作组织和农村集体经济组织）离不开政府的积极引导和扶持。

1.2.3 国内外研究评述

国外对产业融合的内涵、驱动因素和经济效应的研究，对我国农村产业融合发展及其共享机制构建的研究颇有启发意义。国外相关文献梳理了技术融合、市场融合、产业融合等概念间的逻辑关系，强调新技术对产业融合的决定性意义；另外，国外研究者也认识到市场因素和商业模式创新对产业融合的重要驱动力，指出通过商业模式创新推动产业创新，进而促进产业融合的可能性。国外关于产业融合的相关研究注意到了制度的重要性，进行了丰富、有益的制度分析，特别是强调政府放松管制对作为一系列创新（技术创新、市场创新、组织创新、产品创新等）产物的产业融合的重要性。国外关于产业融合的经济效应的研究充分肯定了产业融合对创新和经济增长的积极作用，认为产业融合能够促进新产业的出现和发展，从而培育新的经济增长点。也就是说，在国外相关研究者看来，创新是产业融合的"生命线"：一方面，产业融合本身是创新的产物；另一方面，产业融合又为创新提供了新的动力和有利条件，为新一轮的创新提供强大动力。显然，这对于经济发展进入新常态、迫切要求转换发展动能、实现创新驱动发展新时期的中国经济，以及在这一宏观背景下的农村产业融合发展及其共享机制构建具有重要的启发意义。此外，值得指出的是，国外文献大多强调产业融合有利于促进企业间竞合关系的形成，这对于共享机制构建也是有积极意义的。

国内对农村产业融合发展的研究尚处于起步阶段，主要研究视角着眼于农村三产融合的概念阐发、实践模式和政策研究，实践性、应用性和政策性较强，而理论性、系统性、规律性研究相对不足，对农村产业融合发展的内在逻辑、一般规律，以及这一问题在我国的特殊性的认识不够深入。从研究内容看，国内对农村产业融合发展的研究重点在于三产融合在产业发展模式、商业模式、组织形式上的特殊性，对这一农村产业发展方式下的利益分配关系进行针对性和系统性研究的成果相对较少。在之前关于农业产业化的研究中，对于政府、企业、农民之间利益关系的研究取得了丰硕的研究成果，理论性和现实针对性都较强。但大多是以农业产业化为背景的，不能完全体现当前农村产业融合发展的新特点、新规律、新要求。农村产业融合发展作为我国农业农村现代化的最新发展阶段和乡村产业振兴的重要途径，其在发展共享性方面的特殊规律需要得到更富有针对性和更加全面、系统、深入的研究。当然，当前国内关于农村三产融合发展模式、商业模式和组织形式的研究，以及之前关于农业产业化发展模式、组织形式和利益关系的相关研究，都为农村产业融合发展共享性的研究奠定了基础，提供了丰富的研究材料和思想启发，对进一步的研究有重要的启示和借鉴意义。

国内学术界从宏观上研究共享发展理念、共享发展道路的文献较多，而具体研究某一领域的共享发展机制的应用性研究成果相对较少。从整体制度环境和发展理念来研究"共享发展"固然是重要和必要的，但是如果缺少了对"共享发展"理念在一些重要的具体领域落实机制的应用性研究，不利于这一概念的落实与具体化。各个具体领域落实"共享发展"理念的机制有其特殊性，对此进行针对性、应用性的研究是有意义的。本书的研究目的正是揭示在"农村产业融合发展"这一特殊领域落实共享发展理念的具体机制，特别是其依赖的制度环境，以为国内"共享发展"这一研究领域增添更微观、具体的研究成果。除了应用性研究不足外，国内在"共享发展"这一研究领域的另一个问题是政策性和意识形态意味较浓，关于共享发展内在逻辑和机理的研究不足。相比而言，国外基于发展理念、发展方式转变视角对"包容性增长"的相关研究的学理性更强。这些研究大多认识到"包容性增长"不仅仅是通过转移支付增加贫困群体的收入，而是要为全体人民创造公平的竞争环境，实现机会平等、权利平等，使得全体人民都能够参与经济社会发展的过程，施展自己的才能，并分享发展的成果；基于这一基本认识，这些研究充分重视制度环境对"包容性增长"（共享发展）的重要性，提出了"包容性制度"的概念，强调后者是前者的必要条件。这些观点对研究农村产业融合发展共享机制构建都很有启示意义。

在国内，马克思主义政治经济学研究偏向于一般性理论研究的相对较多，运用马克思主义基本原理、针对具体问题进行应用研究的相对较少。

这对马克思主义政治经济学的发展是非常不利的①。农村产业融合发展共享机制构建是一个涉及生产与分配、公平与效率的问题，这正是马克思主义政治经济学一贯的研究领域，生产力—生产关系、经济基础—上层建筑分析框架、生产与分配基本关系原理等马克思主义政治经济学基本原理和方法能为这一具体问题的研究提供丰富的启示。遗憾的是，在国内相关研究中，基于马克思主义政治经济学基本原理、方法，搭建统一的分析框架的成果很少见到。这种理论视角的缺乏使得相关研究存在一些严重的局限性，如前面提到的割裂生产与分配、忽视生产力与生产关系相互依存的辩证关系等。另外，马克思主义政治经济学研究范式具有高度抽象性，而西方经济学诸流派对市场经济的客观运行规律、经济现象进行了较为系统和全面的研究。因此，在一些具体的现实经济问题的研究中，适当借鉴后者的研究成果，对增强马克思主义政治经济学的现实解释力、拓展其应用研究是非常有益的。

1.3　核心概念界定

概念清晰是逻辑清晰的前提和理论分析的基础。本书的核心概念主要有农村产业融合发展、共享发展和共享机制、内源式发展与外源式发展。下面，笔者简要阐述上述核心概念的主要内涵。

1.3.1　农村产业融合发展

本书中的"农村产业融合发展"指的是，在技术创新、渗透和市场需

---

　　① 恩格斯对黑格尔的辩证法曾经有这样一段评论："它没有受到过批判，没有被驳倒过；任何反对这位伟大的辩证论者的人都没有能够在这个方法的巍然大厦上打开缺口；它被遗忘，是因为黑格尔学派不知道可以用它干些什么。"（参见马克思，恩格斯. 马克思恩格斯选集（第二卷）［M］. 中共中央马克思恩格斯列宁斯大林著作编译局，编译. 北京：人民出版社，2012：12）。对马克思主义政治经济学在当代的发展而言，恩格斯的上述观点具有重要的启示意义：马克思主义政治经济学在当代的生命力不仅在于其基本理论和逻辑体系的继续发展与完善，同时也在于其对现实问题的解释力与应用价值的增强。从这个角度看，马克思主义政治经济学的应用研究对学科的发展是极有意义和极为重要的。

求变化的推动下，通过产业联动、产业集聚等方式，延长农业产业链条，开发农业多功能性，打破原有的一二三产业之间的明显界限，以第一产业为依托，促进农村三产联动发展，最终达到农业现代化、农村产业振兴和质量提升，以及农民增收的目的。这一界定与西方产业融合理论中的"产业融合"既有联系又有区别：从联系来看，西方产业融合理论中的产业融合现象是我国农村产业融合发展的一种具体实现方式；从区别来看，农村产业融合发展主要是一种农村产业发展理念和发展方式，即通过关联产业间的融合、互动来实现相关产业的共同发展，其内涵和外延比后者更广。根据这一定义，本研究依据的是马克思的产业融合思想，即产业融合本质上是分工基础上的结合，因此推动农村产业融合发展就是要在深化农村一二三产业分工、促进生产和服务专业化的同时，通过组织和制度创新，促进各产业间的紧密联合与互动，同时充分借鉴西方产业融合理论、农业多功能性理论等。

"农村产业融合发展"不是一个一成不变的静态概念，而是一个动态的演进过程，有不同的发展阶段，其中农业产业化就是一个早期阶段（宗锦耀，2017）。当前的农村产业融合发展与农业产业化概念紧密相关，二者既有本质区别，又有密切联系。首先，当前的农村产业融合发展是建立在农业产业化基础上的，是对后者的继承和创新①：第一，二者都属于社会化大生产和农业现代化实现方式，实现了生产经营较高程度的科技化与集约化；第二，二者都是市场经济环境的产物，产业发展模式和利益分配关系都受到市场机制的驱动、支配和调节；第三，农业产业化发展为农村产业融合发展奠定了基础——经过多年的农业产业化发展，我国农业的现代化、组织化、专业化、科技化、集约化和社会化水平得到显著提升，农业上下游产业链条初步形成，同时，还培育了一批新型农业经营主体，为农村产业融合发展奠定了主体基础、产业基础和组织基础。其次，农村产

---

① "农业产业化"概念最早产生于20世纪50年代的美国，然后迅速传入西欧、日本、加拿大等发达国家，在这些国家进行了广泛的实践。农业产业化又被称为农业一体化或农业综合经营，指的是按照现代化大生产的要求，在纵向上实行产加销一体化，实行资金、技术、人才等要素的集约经营，形成生产专业化、产品商品化、管理企业化、服务社会化的经营格局。参见宗锦耀. 农村一二三产业融合发展理论与实践［M］. 北京：中国农业出版社，2017：17.

业融合发展是对农业产业化的超越和发展。这主要体现在以下三个方面：第一，农业产业化主要是农业产业链的延伸，一二三产业之间的交叉融合并不显著，而农村产业融合发展是农业产业化发展到更高程度的产物，现代信息技术、生物技术向农业的渗透使得一二三产业边界模糊化，产业融合程度显著加深；第二，农业多功能性更加凸显，农业产业化主要强调农业的产品功能，而农村产业融合发展在进一步强化和优化农业产品功能的同时，大力开发农业的生态、文化、休闲等功能，发展出休闲农业、乡村旅游等新型产业；第三，农村产业融合发展具有鲜明的产业集聚的特点，与农业产业化强调的纵向一体化、全产业链经营显著不同，因为产业集聚区集中了大批中小企业和农户，就业和人口的吸纳能力更强，能够更加有力地带动农村产业发展和质量提升。从我国农村产业融合发展的实践看，各地都在积极探索田园综合体、特色小镇等聚集态的产业融合发展模式，实际上创造了一种新的现代农业带动服务业和地产业发展的商业模式和农村地区发展模式，有力地推动了新型城镇化建设①。

本书所研究的"农村产业融合发展"主要是针对其当前发展阶段，着力研究当前的新现象、新特点，并在必要情况下将其与之前的农业产业化进行简略的比较分析。当然，由于我国当前的农村产业融合发展是在之前的农业产业化基础上发展起来的，二者本身有着不可分割的内在联系，在很多方面难以清晰界定，因此，本书中涉及的农村产业融合发展中的许多问题，在此前的农业产业化阶段实际上也是存在的，是二者的共性问题。

大致而言，当前我国农村产业融合发展主要有四种形态：第一，农业内部产业循环型融合模式，指的是种植业、养殖业、畜牧业等农业内部产业依据物质循环原理，在相关技术的支持下，打通各产业之间的物质循环通道，形成资源循环、高效利用的循环产业链；第二，纵向产业链延伸型

---

① 2017 年中央"一号文件"《中共中央 国务院关于深入推进农业供给侧结构性改革 加快培育农业农村发展新动能的若干意见》首次提出"田园综合体"概念。它是伴随现代农业发展、新型城镇化、休闲旅游而发展起来的"农业 + 文创 + 新农村"的新模式，是在一定的地理界限和区域范围内，通过聚集现代生产要素，将现代农业生产空间、居民生活空间、游客游憩空间、生态涵养发展空间等功能进行组合，形成一个多功能、高效率的现代农业综合产业园（孙学立，2018）。

融合模式，指的是以农业为基础，依托农产品加工技术的进步，延伸农业产业链条，提升农产品附加值，并通过产业组织创新和产业链整合，打通上下游产业链，实现全产业链经营和产品质量可追溯，以保障农产品质量安全；第三，农业与文化、旅游等产业的横向交叉型融合模式，指的是依托农业的多功能性，将农业的产品功能与文化、旅游、休闲、生态等功能相结合，使得农业与休闲旅游业、文化产业、餐饮业等第三产业之间的界限模糊，同时带动农产品加工业、物流业、电子商务等关联产业发展，构建包含一二三产业，兼具生产、生活、生态和体验功能的综合性产业体系，实现各个产业的联动发展；第四，高新技术渗透型融合模式，指的是现代生物技术、信息技术、航天技术等高新科技向农业渗透，在技术融合的基础上，使得农业与工业、信息、生物、医药等产业界限日益模糊，形成智慧农业、农业电商、医药农业、太空农业，依托互联网平台的体验农业、定制农业等。

1.3.2 共享发展和共享机制

在经济学中，"共享"概念最早被运用于商业模式的创新①。近年来，在互联网经济的渗透下，这种新兴商业模式在我国如雨后春笋般涌现，如共享单车、网约车、共享农庄、共享停车位等，引起了各界的广泛关注，被称为"共享经济"。但是，本书所讲的"共享"与此并无直接关联，而是指一种特殊的发展理念——不仅重视结果共享性，更注重过程的参与性和平等性②。田学斌（2017）的观点与此类似，他指出"共享"不仅包括发展结果的共享，同时也是发展过程的共享。这是一种"过程观"和"生产力视野"的共享发展理念（李萍、田世野，2019）。本书所研究的"共享机制构建"正是基于上述兼顾过程与结果的共享发展理念，着眼于"共

---

① 费尔森（Felson，1978）在对协同消费的论述中，首次提出了"共享经济"的概念。
② 亚洲发展银行等国际机构和世界银行的经济学家在一系列研究报告中提出并系统阐释了"共享式增长"（inclusive growth）概念，强调其核心要义是人人有平等机会参与增长过程，并分享增长成果。如亚洲开发银行在"Strategy 2020"中提出共享式增长战略包含两个重点：一是增长是普遍扩展经济机会的增长；二是保证社会成员参与增长并从中获益（Klasen，2010）。

建共享"。

在本书中，这一共享发展理念是建立在马克思的生产与分配关系理论基础上的，马克思强调对分配的研究必须从生产入手，反对脱离生产来研究分配。基于上述理论基础和研究视角，本书中"共享发展机制构建"所关注的对象主要是本地农民，但也包括各种农村产业融合发展中的其他市场主体，包括科研机构和科研人员、城市创业者、"新农民"、下乡企业、新兴的农村生产性服务企业等，因为农村产业融合发展中的原住民和各类外部主体之间是一种既对立又统一的矛盾关系。从生产视角看，各类市场主体共享农村产业融合发展的过程和结果是广大农民参与和分享农村产业融合发展过程与结果的有利条件和必要条件。本书认为，在农村人口、产业空心化的资源禀赋结构和农村产业融合发展的生产力水平下，我国农村产业融合发展与农民脱贫致富、发展成果共享之间存在内在矛盾。"共享机制构建"的核心和实质是：在发现和尊重客观规律的基础上，研究一定制度环境下共享发展的实现机制；进而揭示如何通过制度和组织创新，化解或缓解这种内在矛盾，实现经济精英群体与相对弱势的本地农民的利益和谐与共享。

1.3.3 内源式发展与外源式发展

"内源式发展"与"外源式发展"并不是新概念，早在马克思对社会发展方式的阐发中就能找到这一思想的萌芽（黄秋生、万升，2013）。"内源式发展"（endogenous development）作为正式的政策概念最早是在联合国教科文组织（UNESCO）的 1977 ~ 1982 年中期规划（medium-term planning）中提出的，其核心理念是主张一个地区或国家的发展应在内部寻找发展的源泉和根本动力，强调发展最终都必须是从各自社会内部中创发出来的，而不是简单地从外部移植过来的。与之相对应的"外源式发展"（exogenous development）主要是指依靠区域外部的资源和要素推动的经济发展方式（叶建亮、黄先海，2004）。杨丽（2009）认为，"内源式发展是一个本地社会动员的过程，其最终目的是发展本地在技能和资格方面的能力，它使得发展的过程由本地控制，发展的选择由本地决定，发展的利益保留在本地"；内源式发展比外源式发展更有利于农民的利益增进。此外，孙宽平（2007）、王世福（2014）、杜书云（2016）等学者，从不同视角对这对范畴进行了应用和研究。

本书区分了农村产业融合发展的两种基本发展方式：内源式发展与外源式发展。农村产业融合的"内源式发展"指的是本地农民自生能力较强[①]，主要依靠自身的资源、资金、要素和主体实现三次产业融合发展，对外部资源要素的依赖度较低，从而主要由广大农民支配和获取产业发展利益的发展路径；"外源式发展"指的是本地农民的自生能力较弱，农村自身资源、资金、要素不足以推进一二三产业融合发展，必须依靠外部主体推动，从而使得外部主体在产业融合发展及其利益分配中占据主导地位的发展路径。内源式发展并不意味着只依靠农民和农村自身的资源要素来实现发展，不意味着城乡隔绝，恰恰相反，本书的分析表明，内源式发展同样离不开资本和"新农民"等外部市场主体的广泛参与：一方面，在现代市场经济条件下，内源式发展同样要融入开放的外部市场中，以充分利用市场机制和市场资源，实现自身的发展；另一方面，对于那些陷于人口和产业空心化、本地农民缺乏自生能力的农村地区，依托外部市场主体，经过外源式发展的过渡，逐渐实现内源式发展，是农村产业融合发展共享机制构建的一种现实选择。内源式发展的核心要旨在于，农村产业融合发展中的农村内外部主体在合作中相对平衡的力量对比和相对平等的关系，广大农民及其主导的本土性经济组织（如农民合作社、农村集体经济组织）在农村产业融合发展中居于主导地位，从而形成更加公平的分配关系[②]。可

---

① "自生能力"（viability）概念的内涵是：如果一个企业在自由、开放和竞争的市场经济中，即使没有外部扶持也能够通过正常的经营管理获得不低于社会可接受的正常利润水平，则这个企业就具有自生能力；反之，除非政府提供支持，否则就不能够在市场中存活，则这个企业就不具有自生能力（Lin et al., 1999）。林毅夫（2002）把企业的自生能力归因于良好的经营管理和对适宜产业、技术的选择。国内对"自生能力"概念的使用和研究已有不少文献（文雁兵，2014；王图展，2016）。

② 值得指出的是，对于"内源式发展"和"外源式发展"的二分法及其与共享发展之间的关系应当进行相对的、历史的、辩证的理解，而不应做机械和绝对的理解：一方面，在现实中，这二者之间往往存在很多中间地带和过渡形态，可以认为是一个"连续变量"，而非"离散变量"；另一方面，这两种发展方式并不是绝对和静态的，而是相对和动态的，随着条件的变化而处于不断的转化过程中。

见，内源式发展和外源式发展体现着两种不同的经济格局及其利益关系——前者是本地农民在生产和分配中占据支配地位，后者则是外部主体占据主导地位、农民处于从属地位。

1.4 研究内容与研究方法

本书构建了一个以马克思的生产与分配关系理论和产业融合思想为指导，适当借鉴农村产业融合发展理论、舒尔茨的改造传统农业理论、威廉姆森的交易成本理论、巴泽尔的产权理论的分析框架，综合运用整体分析与个体分析相结合、逻辑演绎法与归纳法相结合以及矛盾分析法、案例研究法等研究方法，在紧密联系实际的基础上，从现代生产要素可得性、多元组织形式共生性、农民财产权利现实性三个基本问题入手，对我国农村产业融合发展共享机制构建进行了较为系统和深入的研究。

1.4.1 研究内容

农村产业融合发展是一个动态的演进过程，有不同的发展阶段，如农业产业化就是一个早期阶段。本书所研究的"农村产业融合发展共享机制构建"主要是针对当前发展阶段，着力研究当前的新现象、新特点，并将其与农业产业化进行了必要的比较分析，以突出当前农村产业融合发展及其共享机制构建的阶段性特点。本书在相关理论基础上构建了一个统一的分析框架：生产与分配关系、政府与市场关系；并从三个方面——现代生产要素可得性、多元组织形式共生性、农民财产权利现实性对这一分析框架进行了逻辑展开。全书共分为以下七章。

第 1 章，绪论。本章简要阐述了本书的研究背景、问题导向和选题意义；概述了本书的研究对象、研究主旨、研究意义、主要内容和方法，以及主要创新与不足；对国内外相关研究进行了简要评述。

第 2 章，理论基础、分析框架与逻辑展开。本书的理论基础可以分为两部分：第一部分是分析共享机制构建的指导性理论基础——马克思的生产与分配关系理论。根据这一理论，本书对我国农村产业融合发展共享机制构建的研究始终是基于生产和分配相结合的视角，所谓"共享机制构建"既是一个生产问题也是一个分配问题，不能将二者割裂开来；第二部分是将马克思的生产与分配关系理论这一研究共享机制构建的一般分析框架用于农村产业融合发展这一具体问题时的必要理论基础，包括农村产业融合发展理论、舒尔茨的改造传统农业理论、威廉姆森的交易成本理论和巴泽尔的产权理论。本书的分析框架由两个维度构成：①分析框架Ⅰ：生产与分配关系。其核心内容是：其一，对共享机制构建的研究应当坚持"生产力首要性"原则，跳出就分配谈分配的机械式共享研究的窠臼；其二，增强农民自生能力、实现内源式发展对共享发展的基础性作用。②分析框架Ⅱ：政府与市场关系。其核心内容是：在农村产业融合发展共享机制构建中，政府与市场应当有机结合，而政府职能转型与治理机制重构又是理顺政府与市场关系的制度保障。在上述二维分析框架的基础上，本书对"我国农村产业融合发展共享机制构建"进行逻辑展开，将其解构为三个互为条件、相辅相成的基本目标——现代生产要素可得性、多元组织形式共生性、农民财产权利现实性。

第3章，农村产业融合发展共享机制构建：现代生产要素的可得性。本章将我国农村产业融合发展中现代生产要素"可得性"展开为三个方面——服务可得性、收入可得性和人力资本可得性。服务可得性指的是农村产业融合发展中的各类经营主体能够广泛地获取现代生产要素提供的生产性服务，其要解决的核心问题是农业社会化服务体系构建。这部分研究主要包括三个要点：其一，在农业科研、教育、推广体制中引进剩余索取权激励机制，让科研机构、科研人员共享农村产业融合发展；其二，推进农业技术推广系统改革，构建政府主导并适当引进市场机制和市场主体的农业技术推广服务体系；其三，推进农业产业集群发展，并在此基础上增强现代生产要素研发和供给的专用性。增强现代生产要素服务可得性除了需要在供给方面着手外，还需要提高农民的经营规模、经营能力和人力资本水平，解决现代生产要素服务的可得性提升在需求方面面临的制约。收入可得性指的是现代生产要素所有权及其收入的可得性。本书认为，增强农村产业融合发展中现代生产要素收入可得性的主要途径是发展本地农民主导的本土性经济组织，如农民专业合作社、农村合作金融、农村集体经济组织等，使得资本化的现代生产要素所有权及其产生的收入能被广大农民分享。这些本土性经济组织的产生虽然也有一定的市场内在动因，但是仅仅依靠自发的市场机制很难生存和发展，必须有政府扶持和引导。提升农民人力资本可得性对于增强农民的自生能力、实现内源式发展和共享发展具有基础性作用。农民人力资本提升可以显著增强农民的生产经营能力和财产经营能力，从而增加农民的经营性收入和财产性收入。人力资本天然具有私人的所有特点，能够增强农民务工时的劳资博弈能力和经济地位，显著增加农民的工资性收入。本书还分析了如何通过政府与市场相结合，提升我国农民的人力资本水平。

第4章，农村产业融合发展共享机制构建：多元组织形式的共生性。这一机制关心的中心问题是如何在增强农民和中小企业内生能力和市场竞争力的前提条件下，引导大企业发挥对广大农民和中小企业的带动作用，使多元组织形式共享农村产业融合发展的过程和结果。大企业对中小经营者的带动作用和排挤作用是同时存在的，究竟是哪种作用占主导，依赖于具体的制度环境和中小经营者的自生能力与市场竞争力：制度环境越有利于中小经营者、限制大企业的排挤行为，中小经营者自生能力越强，则大企业的带动作用就越强，排挤作用相对弱化；反之则相反。本章通过交易治理机制、利益协调机制和市场竞合机制三个方面，对这一核心观点进行了详细、反复论证：其一，交易治理机制。本书通过一个无限重复博弈模型和巴泽尔的产权分割—侵占—限制理论，阐述了大企业可能为中小经营者提供一种市场化交易治理机制的内在逻辑，同时指出这种市场化治理机制充分发挥作用及其内在缺陷的弥补，需要政府提供合适的制度环境。其二，利益协调机制。作为服务供求市场上的买者和卖者，大企业与中小经营者之间也存在利益对立，本章分析了协调这种利益矛盾的两种内生的市场机制——市场主体之间的无限重复博弈和触发策略及"所有者与惠顾者同一"的合作制，分析表明，这两种市场内生机制的充分发挥都依赖于农民自生能力和市场竞争力的增强。其三，市场竞合机制。阐述了在农业产业集聚区，多元组织形式间的竞合关系的三个方面——横向视角、纵向产业链关联和农户对企业的支持作用。

第5章，农村产业融合发展共享机制构建：农民财产权利的现实性。本章按照产权"界定—实现—保护"的逻辑链条，对我国农村产业融合发展与农民财产权利现实性建构进行了详细分析。我国农民财产权利现实性建构首先是要继续完善我国农村产权制度，其逻辑主线是通过确权赋能，实现农民财产权利的清晰界定和均分界定，解决集体产权"最终所有者缺位"的困难，并扩充农民的财产权利。农民财产权利的实现是农民的土地、房屋、资金等财产作为生产要素投入实际生产过程，产生收入和服务。农民财产权利的实现有两种途径——集体统一实现和农民分散实现，这两种产权实现方式需要依赖不同的经济组织：农村集体经济组织与产权交易平台。这些组织创新在降低产权交易成本的同时，也会产生新的组织成本，为了尽可能降低这种"次生交易成本"，政府应当鼓励、支持市场化产权交易平台的发展，而不是单纯依赖政府主导的行政性产权交易平台。本章对农村产业融合发展中农民财产权利保护进行了法律和经济的双重分析。前者主要是完善相关法律法规，为农民和其他经营主体的合法财产权利提供有力的法律保障。后者则包括三个方面：其一，完善农村集体经济组织治理，发展股份合作制的新型农村集体经济；其二，通过农村土地股份合作社等组织创新，为土地产权交易建立治理机制；其三，对地方政府、企业对农民可能发生的产权侵占行为进行了经济学分析。分析表明，农民财产权利保护的有效性和成本在很大程度上取决于农民的自生能力和发展方式：农民的自生能力越强，发展的内源性越强，农民财产权利就能得到越充分的保护，保护成本也越低，财产权利的实现及其生产性努力越多，农民增收能力越强；反之则相反。

第6章，农村产业融合发展共享机制构建：国内外经验比较分析。本章概略性地阐述了日本、美国和荷兰在推进农村产业融合发展和农业现代化过程中的经验，同时选取了成都市道明镇"竹艺村"、湖北潜江小龙虾产业集群和安徽绩溪"聚土地"三个案例，作为我国近年来农村产业融合发展的典型代表。根据本书的分析框架和理论分析，结合我国实际情况，对上述国内外经验进行了比较分析。

第7章，研究结论与政策建议。本书的主要结论是：第一，我国农村产业融合发展共享机制构建的基础是增强农民自生能力，实现内源式发展；第二，实现内源式发展有赖于政府与市场有机结合的制度环境；第三，农村产业融合发展中实现政府与市场有机结合的关键是政府职能转型和政府治理机制的改革和完善。这三个基本结论是逻辑递进的关系：产业融合发展共享机制构建→内源式发展→政府与市场有机结合→政府职能转型与治理机制改革。在上述研究结论的基础上，本书提出下列政策建议：第一，加大对农民的服务和支持力度，增强农民自生能力和市场竞争力；第二，继续推进农村产权确权赋能改革，消除农民的权利贫困；第三，推进农村组织创新，大力发展新型农村集体经济与各类合作组织；第四，引导农业产业集群化发展，强化龙头企业对中小经营者的服务带动作用；第五，转变政府职能和治理机制，形成有利于共享发展的官员激励机制。

本书的结构安排如图 1 - 1 所示。

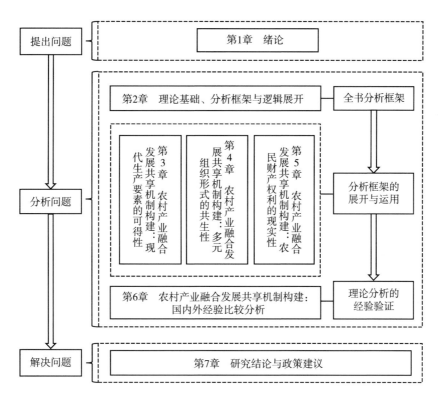

图 1 - 1　全书结构安排

1.4.2　研究方法

根据研究的需要，本书综合运用了以下几种研究方法。

第一，整体分析法与个体分析法相结合。整体分析方法是马克思主义政治经济学的基本分析方法。本书构建的二维分析框架——生产与分配关系、政府与市场关系都是着眼于整体的分析视角，即在一定的生产力水平、生产关系和上层建筑（制度环境）条件下，着重分析不以个人意志为转移的客观经济关系的形成机理。例如，在现代生产要素对农业生产日益重要的情况下，现代生产要素的所有者在分配中占据更加有利的地位，缺乏现代生产要素使用权和所有权的经营者在分配中占有不利地位；农村产业融合发展中，大中小经营主体在客观上具有互利共生的经济关系；新的农业生产方式、农村经济结构要求农村土地、房屋的占有和使用形成一定的集中和合理的流动等。在强调社会经济关系的客观性和整体制约性的同时，也应当认识到个人的主观能动性，本书适当借鉴个体分析方法①，特别是在具体分析分配对生产的反作用时，较多地运用了个体分析方法。例如，第 3 章对科研机构和科研人员激励的分析、第 4 章对中小经营者和大企业维护产品质量安全行为的分析、第 5 章对农村集体经济组织治理机制的分析等。

第二，演绎法与归纳法相结合。本书对共享发展机制构建的内涵界定和二维分析框架的构建是通过运用逻辑演绎法和理论推理建立起来的；在分析框架的基础上，提出的我国农村产业融合发展共享机制构建的三个基本目标及其展开分析，也主要是运用逻辑演绎法进行的，例如，对现代生产要素可得性的分析从服务可得性、收入可得性、人力资本可得性的逻辑链条展开，对多元组织形式共生性的分析从交易治理、利益协调、市场竞合三方面进行逻辑展开，对农民财产权现实性的分析从产权"界定—实现—保护"的逻辑链条展开等。本书对"农村产业融合发展"概念的界

---

① 马克思主义政治经济学虽然强调社会经济关系的客观性，侧重于整体分析法，但是并不否认个体理性选择的重要性和个人活动的自由性、创造性，也不反对在对一些具体问题的分析中适当借鉴个体分析方法（林岗、刘元春，2000，2001）。

定、对我国实践中的农村产业融合发展的四种基本模式和"公司 + 农户"等各种组织形式的分析，则主要是运用归纳法，通过对我国农村产业融合发展实践进行归纳、总结、概括得出的。本书分析的公共服务供给中的劳动激励、经营者的机会主义行为、农村集体经济组织治理中的产权虚置和农民利益受损等诸多现实问题，既是逻辑演绎的产物，又是从客观经济现象中归纳总结出的一般性命题。

第三，矛盾分析法。本书使用了多对具有对立统一关系的范畴，如生产与分配、政府与市场、效率与公平、客观规律性与主观能动性等，对我国农村产业融合发展的共享机制构建进行分析。本书的研究结论也充分体现了唯物辩证法的基本观点：农村产业融合发展应该着眼于生产，分析生产层面的特殊规律，探讨其对分配的影响，从而研究发展过程和发展结果的共享机制；受到一定生产方式和分配方式的约束，农村产业融合发展的共享性有其客观规律，但是也可以发挥社会的主观能动性，通过制度环境的塑造，促进共享发展；农村产业融合发展共享机制构建的核心是政府与市场有机结合。

第四，案例研究法。案例研究法是本书运用的主要方法之一。本书对现代生产要素可得性、多元组织形式共生性、农民财产权利现实性所进行的理论分析，得出了一些符合逻辑的结论，但是这些结论尚未得到现实的检验。第 6 章的国内外经验和案例分析，对前述理论分析得出的结果进行了经验验证。例如，成都市道明镇"竹艺村"、湖北潜江小龙虾产业集群、安徽绩溪"聚土地"（"互联网 + 农业"）都是政府、企业、城市创业者（"新农民"）和本地农民共同参与的产物，鲜明地体现和证明了本书着力论证和研究的"共建共享"。这些实践中的案例以鲜活的现实证明了理论分析得出的基本观点：我国农村产业融合发展共享机制构建的关键是实现政府与市场的有机结合。

1.5 创新与不足

本书的主要创新体现在研究视角、分析框架和观点三个方面，特别是生产与分配、政府与市场的二维分析框架，以及本书所提出的我国农村产业融合发展共享机制构建的三个基本目标（现代生产要素可得性、多元组织形式共生性和农民财产权利现实性），具有较强的创新性。本研究的不足主要体现在定量研究的不足和第一手案例资料的缺乏两个方面。

1.5.1 创新

第一，研究视角创新。这种创新体现在三个方面：①本书所研究的"共享"不仅是产品的共享，同时也是发展过程的共享，即田学斌（2017）所说的"共建共享"。基于这一视角，本书提出的"共享机制构建"采取的是一种开放、包容的理念，其关注对象不仅包括广大农民，而且包括农民和农村外部的城市工商资本、城市创业者和"新农民"，从目前国内研究来看，这种研究视角具有一定的创新性。②本书在马克思的生产与分配关系基本原理和产业融合思想的基础上，尝试将其与农村产业融合发展理论、舒尔茨的改造传统农业理论、威廉姆森的交易成本理论和巴泽尔的产权理论等其他经济学理论进行有机结合，共同运用于我国农村产业融合发展共享机制构建问题的研究。这种综合性、包容性的理论视角具有一定的创新性[①]。③本研究尝试将马克思的生产与分配关系原理、产权思想和产业融合思想等抽象理论运用于具体现实问题的分析，以增强马克思主义政治经济学现实的解释力和应用价值，这种理论研究视角在目前国内的相关研究中尚不多见。

第二，分析框架创新。本书所建立的二维分析框架及其逻辑展开具有较强的创新性。现有对农村产业融合发展及其利益分配问题的相关研究中，很少有基于马克思主义政治经济学基本原理、在统一的分析框架基础上进行的系统研究。本研究努力进行了这一尝试，构建了一个生产与分配、政府与市场的二维分析框架，并将其展开为农村产业融合发展共享机制构建的三个基本目标——现代生产要素可得性、多元组织形式共生性和

---

① 正如林岗、张宇（2000）所指出的，"马克思主义之所以是科学的，很重要的一点就是它是一种开放的体系。马克思主义经济学曾经把资产阶级古典政治经济学作为自己形成的重要来源，因此，没有理由把现代西方经济理论包括产权理论排斥在自己的视野之外"。

农民财产权利现实性，这同时也是我国农村产业融合发展共享性的三个基本实现机制，具有较强的创新性。本书对这三个问题展开的分析，即：①将生产要素的可得性分为服务可得性、收入可得性和人力资本可得性三个方面；②从交易治理、利益协调和市场竞合三方面对多元组织形式的共生性进行详细解构；③提出"农民财产权利的现实性"命题，以及从产权"界定—实现—保护"的逻辑链条进行的详细分析等，都是在分析框架上的创新。

第三，理论观点创新。在上述分析框架的基础上，本书所得出的一些理论观点，具有一定的创新性：①本书将内源式发展和外源式发展理念用于我国农村产业融合发展共享机制构建的研究之中，并通过生产与分配、政府与市场的分析框架，从现代生产要素可得性、多元组织形式共生性和农民财产权利现实性三方面对其进行详细分析和论证，得出我国农村产业融合发展共享机制构建的基础是增强本地农民自生能力、实现内源式发展的基本结论；②提出政府应当在与市场的有机结合中，通过加大对农民的扶持力度、完善农业社会化服务体系、发展新型农村集体经济和农民股份合作组织、进行财政支农资金股权量化改革等方式，逐步增强农民的自生能力和农村产业融合发展的内源性；③提出大企业对广大农民等中小经营者的扶持带动作用不仅体现在资金、技术等要素输入上，而且体现在为其提供交易治理机制、提供社会化服务、发挥产业集聚效应等方面，提出多元组织形式的共生性有其内在的经济机制，但这种内在经济机制的充分发挥离不开政府的必要引导；④基于"农民财产权利现实性"建构的视角，提出我国农村产权制度的完善不仅是一个法律层面的问题（确权赋能），而且是一个经济层面的问题，需要进行相关的组织和制度创新，降低农民的产权交易和保护成本，才能使农民的财产权利真正变为"现实"的权利，即能带来实际的收入和服务的权利。

1.5.2 不足

本研究的不足主要体现在以下两个方面。

第一，由于选题、研究目的和客观条件局限等原因，本书以定性研究为主，定量研究相对薄弱。本书的研究目的主要在于探索我国农村产业融合发展共享机制构建的内在逻辑，因果关系是本研究主要关心的问题，各个解释变量间的数量关系并非本研究直接关注的问题。当然，精确的定量研究是定性研究的深化，是很有意义的研究方向，但是，对我国农村产业融合发展共享机制构建进行详细的定量分析面临诸多现实困难：首先，需要建立对农村产业融合发展共享性的衡量指标、解释变量和模型构建，由于本书所研究的"共享性"内涵的宽泛性、所涉及因素和问题的复杂性，这显然具有一定的困难；其次，我国农村产业融合尚处于发展初期，数据收集困难，更加大了定量研究的难度，这一研究只能留待将来进一步完善。

第二，由于条件所限，对本书所讨论的三个案例，没能全部做到实地调研并掌握一手资料。对于成都市道明镇"竹艺村"项目，本研究通过实地调研和走访，获取了第一手资料，同时大量搜集了网络、报刊、公开发表论文等渠道的相关资料；但是，由于条件所限，对于湖北潜江小龙虾产业集群和安徽绩溪"聚土地"两个案例，本研究没能进行实地调研，所使用的材料主要来源于网络、报刊、论文等渠道。虽然这些资料尽量做到了客观、权威和翔实，但是第一手资料的缺乏仍然会对这两个案例分析的深度和说服力产生一定的影响，这也是本书有待进一步完善的地方。

第 **2** 章

理论基础、分析框架与逻辑展开

本书以马克思关于生产与分配关系的理论和产业融合思想为基本指导，并结合农村产业融合发展相关理论、舒尔茨的改造传统农业理论、威廉姆森的交易成本理论和巴泽尔的产权理论，尝试搭建起一个二维分析框架：（Ⅰ）生产与分配关系；（Ⅱ）政府与市场关系。作为分析框架的逻辑展开和运用，本书提出我国农村产业融合发展共享机制构建的三个基本目标——现代生产要素可得性、多元组织形式共生性、农民财产权利现实性。

2.1　理论基础

根据研究的需要，本书选择了马克思主义政治经济学和其他现代经济学研究成果作为理论基础。这些理论大致可以分为两部分：其一，对共享机制构建起指导性作用的理论——马克思的生产和分配关系理论；其二，为了对我国农村产业融合发展这一具体领域和研究对象的共享机制进行针对性的分析而选择的必要理论，包括农村产业融合发展理论、舒尔茨的改造传统农业理论、威廉姆森的交易成本理论和巴泽尔的产权理论。

2.1.1　马克思的生产与分配关系理论

在经济思想史上，亚当·斯密之前的重商主义将经济学的研究重点放在流通领域，亚当·斯密在经济学上的一个革命性的突破是率先将研究重点从流通转移到生产；而后，作为英国古典经济学集大成者的李嘉图又将经济研究的重点从生产转移到分配①。马克思在批判性地吸收和借鉴英法古典政治经济学的过程中，科学地阐释了社会再生产的生产、流通、分配和消费四个环节及其相互关系。其中，就生产与分配的关系而言，马克思肯定了生产的第一性和决定性作用，强调生产决定分配，分配反作用于生产。马克思的这一生产与分配关系理论是唯物史观方法论的一个重要的运用与证明。

第一，马克思的生产与分配关系理论：生产决定分配。马克思在《〈政治经济学批判〉导言》中深刻地指出了生产决定分配的一般原理："分配关系和分配方式只是表现为生产要素的背面。个人以雇佣劳动的形式参与生产，就以工资形式参与产品、生产成果的分配。分配的结构完全取决于生产的结构。分配本身是生产的产物，不仅就对象说是如此，而且就形式说也是如此。就对象说，能分配的只是生产的结果，就形式说，参与生产的一定方式决定分配的特殊形式，决定参与分配的形式"②。在马克思的生产决定分配的原理中，生产方式对产品分配的决定作用是通过生产方式为中介实现的。"照最浅薄的理解，分配表现为产品的分配，因此它离开生产很远，似乎对生产是独立的。但是，在分配是产品的分配之前，它是（1）生产工具的分配，（2）社会成员在各类生产之间的分配……这种分配包含在生产过程本身中并且决定生产的结构，产品的分配显然只是这种分配的结果"③。

在此基础上，马克思进一步分析，"如果有人说，既然生产必须从生产工具一定的分配出发，至少在这个意义上分配先于生产，成为生产的前提，那么就应该答复他说，生产实际上有它的条件和前提，这些条件和前提构成生产的要素。这些要素最初可能表现为自然发生的东西。通过生产

① 但是，李嘉图对分配的分析又以生产为目的，"所以，马克思说，李嘉图并没有割裂分配和生产，他仍然是一个生产经济学家"（陈岱孙，2014）。
② 马克思，恩格斯. 马克思恩格斯选集（第二卷）[M]. 中共中央编译局，编译. 北京：人民出版社，2012：695.
③ 马克思，恩格斯. 马克思恩格斯选集（第二卷）[M]. 中共中央编译局，编译. 北京：人民出版社，2012：696.

过程本身，它们就从自然发生的东西变成历史的东西，并且对于这一个时期表现为生产的自然前提，对于前一个时期就是生产的历史结果。它们在生产本身内部被不断地改变。例如，机器的应用既改变了生产工具的分配，也改变了产品的分配。现代大地产本身既是现代商业和现代工业的结果，也是现代工业在农业上应用的结果"①；"在所有的情况下，生产方式，不论是征服民族的，被征服民族的，还是两者混合形成的，总是决定新出现的分配"②。随着生产方式的改变，生产资料、生产要素的分配改变了，产品的分配也就改变了。例如，机器大工业的出现使得手工生产者使用的手工工具和积累的手工技能被高效率的现代机器和科学技术所替代，手工业者便失去了自己的生产资料和独立劳动者的地位，成为雇佣工人，于是产品的分配方式也就发生了根本改变。马克思认为，生产的科学化将加重劳动对资本的依附性，确立资本雇佣劳动的生产关系，使得资本主义生产方式取代个体小生产。在论述农业资本主义化的时候，马克思认为，农业的科学化是农业的资本主义化的前提条件，"只有大工业才用机器为资本主义农业提供了劳动的基础"③。

马克思在强调生产决定分配的同时，也强调上层建筑对分配的重要作用。例如，马克思指出，资本原始积累并不是一个生产力发展而自然导致的过程，其中充满了国家政权、国家暴力的作用。在马克思看来，资本具有两重性——一重是在生产力发展方面的优越性，另一重是其利益对立的特殊形式，要对资本进行根本的"扬弃"，关键在于无产阶级从资产阶级手中夺取国家政权，在继承资本主义的社会化生产方式（"内核"）的同时，抛弃其利益对立和剥削的特殊形式（"外壳"）。"生产资料的集中和劳动的社会化，达到了同它们的资本主义外壳不能相容的地步。这个外壳就要炸毁了。资本主义私有制的丧钟就要响了。剥夺者就要被剥夺了"④，"从资本主义生产方式产生的资本主义占有方式，从而资本主义的私有制，

①② 马克思，恩格斯. 马克思恩格斯选集（第二卷）［M］. 中共中央编译局，编译. 北京：人民出版社，2012：697.

③ 马克思，恩格斯. 马克思恩格斯选集（第二卷）［M］. 中共中央编译局，编译. 北京：人民出版社，2012：295.

④ 马克思，恩格斯. 马克思恩格斯选集（第二卷）［M］. 中共中央编译局，编译. 北京：人民出版社，2012：299.

是对个人的、以自己劳动为基础的私有制的第一个否定。但资本主义生产由于生产过程的必然性,造成了对自身的否定。这是否定的否定。这种否定不是重新建立私有制,而是在资本主义时代的成就的基础上,也就是说,在协作和对土地及靠劳动本身生产的生产资料的共同占有的基础上,重新建立个人所有制"①。因此,我们要全面、正确地理解马克思的生产决定分配原理,在强调生产对分配的决定性影响的同时,重视上层建筑的能动作用,重视制度的作用,不能机械和片面地理解,不能落入庸俗"经济决定论"的"陷阱"。

第二,马克思的生产与分配关系理论:分配反作用于生产。马克思的生产与分配关系理论是辩证的,不仅强调生产对分配的决定作用,也重视分配对生产的反作用,承认和重视制度的能动作用。马克思关于分配对生产反作用的思想,可以从整体视角和个体视角两方面进行阐发。

从整体视角来看,马克思指出,资本主义私有制导致财富分配两极分化,必定导致周期性生产过剩,严重时引发经济危机。这是马克思所阐述的资本主义基本矛盾的一个基本表现形式。在马克思看来,资本主义生产方式内含着一个不可调和的深刻矛盾:资本主义生产扩张以消费的扩张为条件,但是资本主义生产方式造成的两极分化、处于人口绝大多数的工人阶级收入低下、消费能力不足,必然造成生产过剩和资本过剩,从而限制生产的持续扩张。从后来资本主义的发展来看,正是因为重视了马克思所揭示的资本主义私有制下的劳资矛盾问题,并通过福利社会建设,在一定程度上缓解了劳资矛盾、促进了收入公平分配,才使得当代资本主义仍然能够容纳现代生产力的发展要求,仍然能显现出较强的生机活力。

从个体行为选择的视角看,马克思在他的工资理论中,具体讨论了计时工资和计件工资不同的利益分配方式对劳动者的激励效果②。马克思指

---

① 马克思,恩格斯.马克思恩格斯选集(第二卷)[M].中共中央编译局,编译.北京:人民出版社,2012:300.

② 在现代激励理论中,计时工资和计件工资是两种不同的工资合约,其中计件工资是一种"强激励"(high-power incentive)方式,因为工人的所得与其劳动努力程度和劳动结果直接挂钩,因此就有动力努力工作;而计时工资则是一种弱激励方式,因为工人的所得与其劳动的努力程度和劳动结果无关。马克思在分析计件工资时,也指出了这种激励机制,只不过他没有使用"激励"这一术语。

出，"既然劳动的质量和强度在这里是由工资形式本身来控制的，那么对劳动的监督大部分就成为多余的了"①，"实行了计件工资，很自然，工人的个人利益就会使他尽可能紧张地发挥自己的劳动力，而这使资本家容易提高劳动强度的正常程度。同样，延长工作日也是工人的个人利益之所在，因为这样可以提高他的日工资或周工资"②。按照现代激励理论的术语，马克思这里所阐述的原理，就是计件工资这种强激励机制有利于实现代理人与委托人之间的利益兼容。马克思对激励问题的独到见解在于深入到生产资料资本主义私有制及由此决定的劳资利益分配的本质层面：在马克思看来，在劳资对立的资本主义制度下，所有的激励机制都不过是资本更巧妙和对资本更有利的剥削方式。马克思对资本主义计件工资的评价是："计件工资是克扣工资和进行资本主义欺诈的最丰富的源泉。"③ 马克思深刻指出，"资本发展为一种强制关系，迫使工人阶级超出自身生活需要的狭隘范围而从事更多的劳动。作为他人辛勤劳动的制造者，作为剩余劳动的榨取者和劳动力的剥削者，资本在精力、贪婪和效率方面，远远超过了一切以直接强制劳动为基础的生产制度"④。命令和强迫的超经济强制，例如奴隶劳动没办法解决劳动监督的问题，不能解决奴隶偷懒的问题，因此强制的效率并不高⑤。资本强制工人劳动、剥削工人的剩余劳动，不是采用挥舞皮鞭这种直接的超经济强制，而是采用一种间接的、"软性"的经济强制，能够更加有效地解决这一问题。

---

① 马克思，恩格斯. 马克思恩格斯选集（第二卷）［M］. 中共中央编译局，编译. 北京：人民出版社，2012：249.

② 马克思，恩格斯. 马克思恩格斯选集（第二卷）［M］. 中共中央编译局，编译. 北京：人民出版社，2012：249 – 250.

③ 马克思，恩格斯. 马克思恩格斯选集（第二卷）［M］. 中共中央编译局，编译. 北京：人民出版社，2012：248.

④ 马克思，恩格斯. 马克思恩格斯选集（第二卷）［M］. 中共中央编译局，编译. 北京：人民出版社，2012：198.

⑤ 巴泽尔就认为，没有办法解决奴隶的偷懒和逃亡，是奴隶制解体的重要原因。并且，为了"激励"奴隶，降低监督奴隶劳动和奴隶"偷懒"所带来的成本，甚至连奴隶主也会采用一点激励机制。参见［以］约拉姆·巴泽尔. 产权的经济分析［M］. 费方域，等译. 上海：格致出版社，上海人民出版社，2017：114 – 116.

2.1.2 农村产业融合发展理论

农村产业融合发展的直接理论基础是 20 世纪 70 年代以来发展起来的产业融合理论，但是农村产业融合发展也与"六次产业"理论、农业多功能理论密切相关，其思想渊源我们可以追溯到马克思的产业融合思想。

第一，马克思的产业融合思想。马克思基于分工这一源于古典经济学的分析工具，深刻阐明了产业融合的内在逻辑与基本原理——产业融合是分工基础上的结合生产。马克思认为分工"是政治经济学的一切范畴的范畴"①，他在对古典经济学分工理论进行批判性继承的基础上，创立了更为科学、系统的马克思主义分工理论。"马克思指出了分工在一定的条件下将趋于收敛，出现分工基础上的结合生产，这实际上就是产业融合思想的发端。"② 在对工场手工业的分析中，马克思指出"一方面工场手工业在生产过程中引进了分工，或者进一步发展了分工，另一方面它又把过去分开的手工业结合在一起"③，清晰地表达了分工基础上的结合这一思想。按照马克思的这一思想，促进社会分工以及分工基础上的合作能起到推动产业融合发展的作用。这对于我们今天研究农村产业融合发展问题仍然具有重要的启示意义。

进一步看，马克思的产业融合思想中还包含着工农业融合的思想。在《〈政治经济学批判〉导言》中明确提出："农业越来越变成仅仅是一个工业部门，完全由资本支配。"④ 马克思在这里明确表述了农业与工业融合的思想。这种融合首先是生产技术的融合。马克思预言，未来科学化的农业生产将如工业生产一样，摆脱对自然的依赖，不再是一个生物的自然生长过程，而是完全可以按照人类的需要而进行主动的干

---

① 马克思，恩格斯. 马克思恩格斯全集（第 47 卷）［M］. 中共中央编译局，编译. 北京：人民出版社，1979：304.

② 胡永佳. 产业融合的思想源流：马克思与马歇尔［J］. 中共中央党校学报，2008（2）：70－73.

③ 马克思. 资本论（第一卷）［M］. 中共中央编译局，编译. 北京：人民出版社，2004：392.

④ 马克思，恩格斯. 马克思恩格斯选集（第二卷）［M］. 中共中央编译局，编译. 北京：人民出版社，2012：707.

预和调节。① 在《政治经济学批判（1857~1858 年手稿）》中，马克思指出："农业将不过成为一种物质变换的科学的应用，这种物质变换能加以最有利的调节以造福于整个社会体。"② 按照唯物史观方法论，科学技术在马克思的工农业融合思想中具有逻辑起点的地位，科学技术的进步会带来农业与工业在生产技术上的相似和融合。按照生产力决定生产关系的基本原理，工农业之间生产技术上的融合同时引发了生产关系层面的融合，即工业中所采用的雇佣劳动关系向农业中扩展渗透，发展出资本主义农业。马克思认为，正如现代科学技术在工业中的广泛运用使得资本在工业生产中站稳脚跟一样，农业生产中对科学的广泛运用也将导致农业的资本主义化。在马克思看来，随着社会生产力的日益发展，资本将向各个领域扩展，成为"资产阶级社会的支配一切的经济权力"③。

第二，今村奈良臣的"六次产业"理论。1996 年，日本东京大学名誉教授今村奈良臣提出"第六产业"理论。所谓"第六产业"，指的是一种现代农业经营方式，即通过鼓励农户从事多种经营，以获得更多的增值价值，为农业增效、农民增收开辟新的空间。其中，多种经营不仅限种植农作物，而且从事农产品加工、销售或服务业。按照行业分类，农林水产业属于第一产业，加工制造业属于第二产业，销售、服务等为第三产业。无论是相加还是相乘，都是六，所以今村奈良臣将这种一二三产业融合发展的新型产业取名为"第六产业"。"第六产业"的本质是产业融合的深化，目标是促进农民增产增收。发展"第六产业"需要农产品原产地、农产品加工企业、产品销售单位等多方的相互配合。"第六产业"打破了一二三产业并列且分割的现状，突破了原有的产业边界，力求实现三个产业的一

---

① 从当前农业现代化水平来看，当年马克思的预言今天已经获得了证明。借助于现代信息技术、生物技术，在很多工厂化农业、智慧农业中，农作物的品种培育、生长过程都已经得到了科学的、精细的调节，人们能够主动地调节农作物的光热条件、培养条件、营养成分、生长进程等，以适合人类的需要。虽然，当前的很多农业生产仍然带有动植物自然生长的特点，仍然远未做到如工业生产那样可以精密控制和调节，但是，这显然是一个发展趋势，是农业科学化不断推进的一个必然结果。

② 马克思，恩格斯. 马克思恩格斯选集（第二卷）［M］. 中共中央编译局，编译. 北京：人民出版社，2012：783.

③ 马克思，恩格斯. 马克思恩格斯选集（第二卷）［M］. 中共中央编译局，编译. 北京：人民出版社，2012：707.

体化，以建立更大程度上的产业融合组织。

第三，农业多功能性理论。2000 年日本经济学家祖田修在《农学原论》中，将农业的价值分为"生产的农学"与经济价值、"生命和环境的农学"与生态环境价值、"生活的农学、社会农学"与生活价值、"空间的农学"与综合价值等几方面，加深了学术界对农业多功能内涵的理解。1998 年 3 月，联合国经济合作与发展组织（OECD）在农业部长会议公报中指出，农业除了提供农产品之外还具有其他更广泛的功能，并对农业的多功能性给出了一个指导性的定义："农业活动要超越提供食物和纤维这一基本功能，形成一种景观，为国土保护以及可再生自然资源的可持续管理、生物多样化保护等提供有利的环境。"[①] 2007 年，《中共中央 国务院关于积极发展现代农业 扎实推进社会主义新农村建设的若干意见》指出："农业不仅具有食品保障功能，而且具有原料供给、就业增收、生态保护、观光休闲、文化传承等功能。"农业的多功能性是农村一二三产业融合发展的内在动力之一[②]。随着工业化和城市化的发展，农业多功能性日益重要和凸显，农业生活、生态、文化的经济价值日益提升。在市场需求的刺激下，农业的文化、生态、生活功能不断被开发出来，衍生出多种新产业、新业态和新商业模式。

2.1.3 舒尔茨的改造传统农业理论

农村产业融合发展是农业现代化的一种特殊形式，因此对农村产业融合发展的研究有必要借鉴农业现代化的一般规律。美国著名经济学家、1979 年诺贝尔经济学奖获得者舒尔茨的改造传统农业理论对当代农业经济理论的发展具有里程碑意义，根据研究的需要，这里主要梳理舒尔茨的这一理论。

舒尔茨既是一个农业经济学家，也是一个发展经济学家，他是在这两者的结合中来研究农业和经济增长的。舒尔茨反对轻视农业的观点，认为

---

① 曹阳. 当代中国农业生产组织现代化研究 [M]. 北京：中国社会科学出版社，2015：22.
② 另一个主要动力是科技创新与进步。但是，这两种动力都是潜在的动力，要转变为现实的动力，需要经过市场主体的逐利动机和逐利行为，特别是资本的逐利行为。

农业与工业、商业一样可以成为经济增长的"引擎","并不存在使任何一个国家的农业部门不能对经济增长作出重大贡献的基本原因"①。但是，这种能够成为经济增长源泉的农业是现代农业，而非传统农业。在舒尔茨看来，现代农业与传统农业最根本的区别就是使用要素的不同：现代农业使用的是科技含量更高的新要素，这是舒尔茨改造传统农业理论的核心思想。在新要素中，舒尔茨特别强调人力资本的作用，主张国家应当加强对农民的人力资本投资。"各种历史资料都证明，农民的技能和知识水平与其耕作的生产率之间存在着密切的正相关关系"②，"丹麦农业的现代化典型地说明了这一事实：新农业技能和关于农业的新知识可以成为农业增长的主要源泉"③。对于采用先进生产要素，舒尔茨认为农场规模并不是决定性的，大农场可以采取，小农场也可以采取。相反，舒尔茨认为，"作出生产决策的个人与机构的所在地是决定农业生产效率的一个重要因素"④，"撇开这些例外，农场不再是私人所有制是一种低效率的安排"⑤。舒尔茨提纲挈领地指出，"无论对生产决策的控制是属于居住在农场的个人还是属于脱离了农场经营的个人，无论农场是大还是小，关键问题是各个组成部分与作出生产决策所根据的经济信息状况，以及与对作出有效决策的经济刺激和奖励状况的关系"⑥。

通过引进新要素来改造传统农业、发展现代农业，是舒尔茨改造传统农业的分析框架。他对这一分析框架从新要素的供给和需求两方面进行了展开。舒尔茨指出，"穷国农业部门的经济增长主要取决于现代（非传统的）农业要素的可得到性和价格。在这种意义上说，这些要素的供给者掌握了这种增长的关键"⑦；"但是，这些供给者很少受到注意。人们认为，他们许多人似乎完全在经济学的范围之外。他们是隐蔽在'技术变化'中的生产要素的生产者。他们中的某些人从事研究，而某些人从事发展活

① [美] 舒尔茨. 改造传统农业 [M]. 梁小民，译. 北京：商务印书馆，2013：5.
② [美] 舒尔茨. 改造传统农业 [M]. 梁小民，译. 北京：商务印书馆，2013：155.
③ [美] 舒尔茨. 改造传统农业 [M]. 梁小民，译. 北京：商务印书馆，2013：162.
④⑥ [美] 舒尔茨. 改造传统农业 [M]. 梁小民，译. 北京：商务印书馆，2013：96.
⑤ [美] 舒尔茨. 改造传统农业 [M]. 梁小民，译. 北京：商务印书馆，2013：104.
⑦ [美] 舒尔茨. 改造传统农业 [M]. 梁小民，译. 北京：商务印书馆，2013：125.

动。某些人仅仅生产信息"①。在对新要素的供给的研究中，舒尔茨又区分了新要素的生产和分配两个方面。在舒尔茨看来，新要素的生产者主要是科学家和科研机构。舒尔茨主张政府应当对相关基础研究提供必要资助，"必须使大部分基础研究和部分应用或开发研究'社会化'。如果基础研究完全依靠营利的私人企业，那么对这种研究的投资必然会很少，因为这类企业不能占有一个科学机构所生产的全部有价值的产品"②。对供给新要素的农业科学研究，舒尔茨强调因为生物条件差别而带来的特殊性和适用性问题，因此各个地方必须进行针对本地情况的研究。对已经生产出来的新要素的分配，舒尔茨详细研究了营利性企业和非营利性机构的作用。舒尔茨强调使农民成为新要素需求者的一个必要条件是农民具有较强的人力资本水平，因为"典型的情况是传统农业中的农民并不寻求这些新要素"③，新要素的使用也要求农民掌握必要的知识和技能，这就需要对农民进行人力资本投资。由于农民人力资本投资的正外部性，舒尔茨主张政府应当积极推动农民人力资本投资。

舒尔茨的改造传统农业理论中包含很多制度分析的元素，其核心是政府与市场的关系。如前所述，在新要素（包括人力资本）的生产和供给上，舒尔茨特别强调政府应当进行公共投资。对于新要素的需求，舒尔茨主要强调的则是市场所提供的经济刺激机制，尽可能让农民获取由新要素使用而增加的全部额外收益，反对政府自上而下的强制推广，认为农民在受到新要素所带来的"有利性"的吸引下，主动、自发地采用新要素代替传统要素，比自上而下的行政强制和推动更加有效。正是在这个意义上，新要素的快速推广需要进行必要的制度创新，特别是理顺政府与市场的关系。

2.1.4 威廉姆森的交易成本理论

威廉姆森秉承科斯开创的分析视角，把交易作为分析的基本单位，以"交易成本"为基本分析工具。威廉姆森明确提出，"资本主义的各种经济

① ［美］舒尔茨. 改造传统农业 ［M］. 梁小民，译. 北京：商务印书馆，2013：125.
② ［美］舒尔茨. 改造传统农业 ［M］. 梁小民，译. 北京：商务印书馆，2013：129.
③ ［美］舒尔茨. 改造传统农业 ［M］. 梁小民，译. 北京：商务印书馆，2013：151.

制度的主要目标和作用都在于节省交易成本"。① 他考察的核心问题，是什么因素决定交易费用的大小，进而决定一笔交易是在市场上完成还是在企业内部完成？威廉姆森认为，交易费用由三个维度的因素决定：一是有限理性。人们对未来可能发生的状况所知有限，这决定了人们不可能在签订契约时把未来所有可能发生的状况都写入契约，签订一个完备契约（complete contract）是不可能的。二是机会主义倾向，即人们不仅自私自利，还不信守承诺，借助于不正当手段谋取不当利益。三是资产专用性，即资产专用于某个特定目的的程度，投资的专用性越强，被另一方"敲竹杠"（hold - up）的可能性越大。

有限理性和资产专用性对交易费用的影响取决于具体交易的物品和交易环境。如果交易的产品属于比较标准的商品，资产专用性小，市场上的替代性产品供应充足，那么交易内容就很容易被写入契约，即使交易对方违约，也可转向一般市场购买，因而交易费用比较低，这一类的交易在市场上完成的可能性较大。反过来，如果交易商品技术上比较复杂，完成此项交易还需花费一笔客观的专用性投入，此时有限理性和资产专用性问题的威胁就显得较为严重了，被对方"敲竹杠"的风险较大。这类交易如果交给市场去完成，交易费用就可能很高，因此某种区别于市场的组织安排或者治理结构（governance structure），如长期契约、企业联盟或纵向一体化就会出现，代替单纯的现货交易（spot - market transaction）。这些非市场的治理结构可以对专用性投资进行事后保护，防止专用性行为对事前投资的不利影响。

威廉姆森强调将企业视为一种治理结构，而不是一个生产函数。② 威廉姆森认为，任何一种经济组织的治理结构都是为了实现节约交易费用的目的③。他反对将技术作为决定组织形式的唯一因素，"正确的说法应该

---

① ［美］奥利弗·E. 威廉姆森. 资本主义经济制度 ［M］. 段毅才，等译. 北京：商务印书馆，2003：33.

② ［美］奥利弗·E. 威廉姆森. 资本主义经济制度 ［M］. 段毅才，等译. 北京：商务印书馆，2003：31.

③ 现在大家所熟悉的"治理"一词就来自威廉姆森的交易费用理论，其基本内涵是使交易费用最小化的组织设计和制度安排。参见周黎安. 转型中的地方政府：官员激励与治理 ［M］. 上海：格致出版社，上海人民出版社，2017：402.

是：只有当满足以下两个条件时，经济组织才完全是由技术决定的。第一，拥有一种唯一的、绝对优于其他技术的技术；第二，这种技术要求建立独一无二的组织形式。我认为，这种唯一的技术不仅极为罕见，而且能满足这种技术要求的组织形式更是绝无仅有"①。在阐述纵向一体化理论时，他指出："促使人们作出一体化决策的原因并不是什么技术决定论，而是实行一体化才能节省交易成本这一事实。"威廉姆森认为，组织创新的目的是降低交易成本，交易的特性与交易的治理结构之间存在一种严格的对应关系，"如果用某种简单的结构来治理复杂的交易，就可以断言，那非把事情搞乱不可……但如果想用某种复杂的结构来治理简单的交易，就要付出过高的成本"②。

威廉姆森将组织形式分为三种：市场、一体化组织和中间形式。威廉姆森认为，市场的优点是降低生产成本（因为强激励机制和规模经济），缺点是提高了治理成本；一体化组织的优点是能够建立各种治理机制，降低交易成本，缺点则是激励失效和官僚主义。在实践中，究竟采用市场形式还是一体化组织形式，资产专用性起着很大的作用。简言之，资产专用性不强时，市场形式的效率更高；资产专用性较强时，一体化组织的效率更高。③ 因此，威廉姆森并不认为纵向一体化程度越高越好，恰恰相反，他明确指出缺乏交易成本作为基础或毫无战略目的的一体化是错误的。因为一体化组织存在这些缺点，企业最优规模也就有一个边界。在威廉姆森看来，各种中间形式的组织则是为了兼具市场和一体化组织的优点、克服相应的局限性的"过渡性结构"，"使之既有市场上那种单个合同的特点，又有等级制组织的长处，从而减少前述激励机制及规模经济和范围经济所受到的重大牺牲"④。威廉姆森提出的解决办法是交易双方达成一种可靠的

---

① ［美］奥利弗·E. 威廉姆森. 资本主义经济制度［M］. 段毅才，等译. 北京：商务印书馆，2003：131.

② ［美］奥利弗·E. 威廉姆森. 资本主义经济制度［M］. 段毅才，等译. 北京：商务印书馆，2003：355－356.

③ ［美］奥利弗·E. 威廉姆森. 资本主义经济制度［M］. 段毅才，等译. 北京：商务印书馆，2003：137.

④ ［美］奥利弗·E. 威廉姆森. 资本主义经济制度［M］. 段毅才，等译. 北京：商务印书馆，2003：241.

承诺，"以使每一方在与对方进行交易时，都能有信心"①。为了提供"可靠的承诺"，交易者有必要提供抵押，"各种经济抵押方式不仅已被广泛用于实现可靠的承诺，而且政策上屡屡出错也是由于没有认识到抵押对经济的服务功能"②。

2.1.5　巴泽尔的产权理论

在西方产权理论中，巴泽尔的产权理论独树一帜（武建奇、张润锋，2014；程民选，2014）。根据研究的需要，本书主要梳理巴泽尔的"经济权利—法律权利"二分法、产权限制、分割与保护理论和经济组织理论。

第一，"经济权利—法律权利"二分法。巴泽尔明确区分了"法律权利"与"经济权利"，"经济权利是（人们追求的）最终目标，而法律权利则是达到最终目标的手段和途径"③，"法律权利就是政府承认和执行的那部分权利。一般来说，法律权利会增强经济权利，但是，法律权利不是经济权利存在的充分必要条件。法律权利的主要作用是第三方的裁决和执行。若没有法律权利的保障，我们也可以估计产权的价值，但是在那个时候资产及其交易必须是自实施的"④。并且，巴泽尔认为，在法律权利的界定中，国家也不是唯一的主体，"由国家来明确界定的产权只占法律权利中的一小部分，其余大部分都是在其所有者交易过程中由合同界定的"⑤。在巴泽尔看来，经济权利的确定是个人的理性选择，遵循内生产权的逻辑；法律权利的确定是国家行为，不是个人的主动选择，遵循外生产权的

---

① ［美］奥利弗·E. 威廉姆森. 资本主义经济制度［M］. 段毅才，等译. 北京：商务印书馆，2003：241.

② ［美］奥利弗·E. 威廉姆森. 资本主义经济制度［M］. 段毅才，等译. 北京：商务印书馆，2003：248.

③ ［以］约拉姆·巴泽尔. 产权的经济分析［M］. 费方域，等译. 上海：格致出版社，上海人民出版社，2017：3.

④ ［以］约拉姆·巴泽尔. 产权的经济分析［M］. 费方域，等译. 上海：格致出版社，上海人民出版社，2017：4.

⑤ ［以］约拉姆·巴泽尔. 产权的经济分析［M］. 费方域，等译. 上海：格致出版社，上海人民出版社，2017：95.

逻辑①；国家界定的法律权利会经过个人的理性选择、通过私人间的交易再次界定，或者放弃（部分）法律权利，或者行使一些法律没有授予的"权利"，如黑市上的交易行为。

第二，产权分割、限制与保护理论。巴泽尔认为，商品是多种属性的组合，各种属性统归一人所有并不一定最有效率，因此，有时人们会把同一商品的不同属性分配给不同的人。巴泽尔还认为，只转让部分权利，常常更有利于所有者。"如果商品的初始所有者只转让商品的一部分属性而保留其余部分，常常就能增加来自交换的净得益"②。研究产权的经济学家通常都不赞成对产权施加约束，认为任何约束都会"稀释"产权（attenuation of rights）。巴泽尔反对这种观点，认为一些"看似稀释产权的限制实际上帮助我们更清晰地界定产权"③。巴泽尔的主要根据是以下两点：一是产权分割与对所有者的约束。产权分割后，就可能发生某些属性的所有者利用条件的便利，侵占其他所有者权利的行为，避免这一问题的"方法之一是对所有者运用其所有权的方式施加限制"④。二是降低国家对个人产权保护的成本。"国家为减少过多的保护支出，可对个人行为加以限制"⑤。

第三，经济组织理论。巴泽尔既不认可将企业界定为生产函数的传统企业模型，也不认可科斯提出的市场与企业二分法。在巴泽尔的经济组织理论中，"合同"而不是"企业"占据核心地位。巴泽尔认为，组织的主要作用在于对交易者施加限制，对交易者没有任何约束的市场交易的交易

---

① 内生产权与外生产权是西方产权理论的两种基本范式。在西方产权理论中，除了巴泽尔外，阿尔钦、德姆塞茨等著名产权经济学家提出的产权理论也主要是内生产权，即无须第三方保障、可以自我实施的产权。科斯的产权分析虽然重视法律对产权的初始界定，但同时也强调了初始的产权界定会经过产权主体间的自愿交易进行重新配置，如排污权交易市场，因此带有外生产权和内生产权综合的特点。外生产权理论的典型代表是阿姆拜克在加州黄金案例研究中提出的"强力创造产权"（might makes rights）理论。参见卢现祥. 新制度经济学（第2版）[M]. 武汉：武汉大学出版社，2011：71.

② [以]约拉姆·巴泽尔. 产权的经济分析 [M]. 费方域，等译. 上海：格致出版社，上海人民出版社，2017：6.

③ [以]约拉姆·巴泽尔. 产权的经济分析 [M]. 费方域，等译. 上海：格致出版社，上海人民出版社，2017：122.

④ [以]约拉姆·巴泽尔. 产权的经济分析 [M]. 费方域，等译. 上海：格致出版社，上海人民出版社，2017：123.

⑤ [以]约拉姆·巴泽尔. 产权的经济分析 [M]. 费方域，等译. 上海：格致出版社，上海人民出版社，2017：126.

成本是非常高昂的。对交易者施加约束的主要办法是剩余索取权，而剩余索取权的配置又与交易者行为对资产收入的"变化性"密切相关。巴泽尔提出，"变化性的配置是组织的核心。作为组织基础的中心原则是，一个交易者影响平均结果的意愿越大，配置给该交易者的剩余索取权也就越大"①。之所以要如此分配剩余索取权，主要是为了约束交易者可能的机会主义行为，建立有效的激励约束机制，"各方在其影响产出的可能性上升时承担更多的变化性，就对其行为的更大部分作出了担保，否则，这部分行为可能是损害性的。当各方为其行为担保时，他们占交易对手便宜的激励就得到了抑制"②。

巴泽尔非常强调剩余索取权的激励作用。他明确指出："在经济生活中允许剩余索取者发挥作用，其好处是很明显的。"③ 他在多个问题的分析中，贯彻了这一思想。例如，他在分析纵向一体化时，认为纵向一体化组织实现的雇佣合同这种交易约束办法的激励效果不如有约束的服务外包。"由于雇员的工资并不是一个严格的关于绩效的函数，对经理的激励就不如前述改装企业作为剩余所有者的激励那么强烈。奖金或股票期权之类的激励可能有点效果，但并不能完全解决经理的激励问题"④；因此只要能解决外包服务的质量检测问题，以市场代替组织的外包服务的效率就胜于纵向一体化⑤。同样基于这一思想，巴泽尔认为由于公务员不能得到其工作的全部产出，经济激励不足，所以公务员的工作效率常常低于市场中的私人劳动者⑥。

---

① ［以］约拉姆·巴泽尔. 产权的经济分析［M］. 费方域，等译. 上海：格致出版社，上海人民出版社，2017：88.

② ［以］约拉姆·巴泽尔. 产权的经济分析［M］. 费方域，等译. 上海：格致出版社，上海人民出版社，2017：82.

③ ［以］约拉姆·巴泽尔. 产权的经济分析［M］. 费方域，等译. 上海：格致出版社，上海人民出版社，2017：145.

④ ［以］约拉姆·巴泽尔. 产权的经济分析［M］. 费方域，等译. 上海：格致出版社，上海人民出版社，2017：131.

⑤ 这与威廉姆森的观点是一致的。威廉姆森同样认为，一体化组织的激励效果不如市场，市场中的强激励机制不能无成本地移植到一体化组织中。

⑥ ［以］约拉姆·巴泽尔. 产权的经济分析［M］. 费方域，等译. 上海：格致出版社，上海人民出版社，2017：145.

2.2　分析框架

　　本书以马克思的生产与分配关系理论及其产业融合思想为基本指导，并结合农村产业融合发展理论、舒尔茨的改造传统农业理论、威廉姆森的交易成本理论和巴泽尔的产权理论，尝试搭建起一个分析我国农村产业融合发展共享机制构建的二维分析框架。分析框架Ⅰ：生产与分配的关系。包括两大要点：其一，按照生产决定分配的基本原理，从生产出发，即从动态的农村产业融合发展的阶段性要求（如历史的生产方式、产业组织形式等）出发，研究相应的分配规律，并探索如何通过制度环境的塑造，增强发展的共享性①；其二，农村产业融合发展共享机制构建的基础在于增强广大农民的自生能力，进而实现内源式发展。分析框架Ⅱ：政府与市场的关系。核心要点是：农村产业融合发展共享机制构建要求政府与市场有机结合，而理顺政府与市场关系，要求进行政府职能转型与治理机制改革，重塑官员激励机制（见图2－1）。

2.2.1　分析框架Ⅰ：生产与分配的关系

　　马克思的生产与分配关系原理为研究农村产业融合发展共享机制构建提供了总体分析框架。按照这一原理，生产与分配是紧密相关、不可分割的关系，只有从生产与分配互动作用的视角，才能深刻理解这二者本身。按照这一研究思路，农村产业融合发展共享机制构建首先应当紧扣"发展"二字，共享是建立在发展的基础上的。本书认为，基于生产与分配关系的分析框架，研究农村产业融合发展共享机制构建，有以下两点核心要旨。

---

　　①　因此，研究我国当前农村产业融合发展共享机制构建，主要是瞄准我国当前农村产业融合发展在生产方式、产业组织形式方面的阶段性特点，并在此基础上研究其分配方式和共享机制构建的内在逻辑。同时，笔者也将对当前农村产业融合发展与其早期阶段进行必要的比较分析。

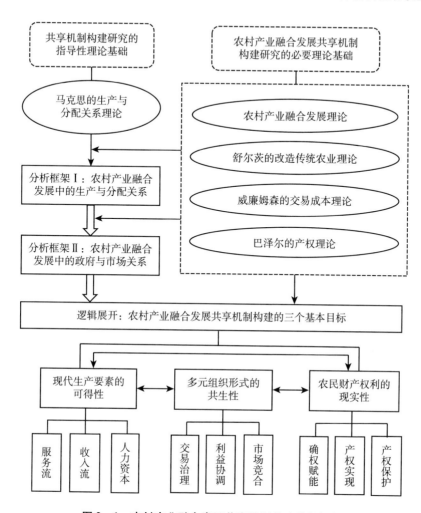

图 2 – 1　农村产业融合发展共享机制构建分析框架

　　第一，对共享机制构建的研究应当坚持"生产力首要性"原则，跳出就分配谈分配的机械式共享研究的窠臼。农村产业融合发展的共享性本身是一个生产关系的范畴，按照唯物史观方法论，必须从生产力出发。马克思的生产与分配关系理论认为，在生产与分配二者中，逻辑的起点是生产，而不是分配；农村产业融合发展在生产与技术层面的特点决定了生产资料性质及其占有和使用方式，从而对产品的分配产生决定性影响。这是农村产业融合发展共享机制构建的"发展视野"的规律性原因。从目的性来看，分配的前提是必须有可供分配之物，共享的前提是有可供共享的财富。因此，农村产业融合发展共享机制构建首先要解决的是发展问题，特别是发展质量问题，促进农村产业振兴。进一步看，如前所述，农村产业融合发展并非一个一成不变的静态概念，而是一个动态的发展历程。农村产业融合发展的两大驱动因素——技术与市场，都是历史的，这使农村产业融合可持续发展的特点、规律也具有历史性，包括生产资料的数量和质量、生产资料占有结构、生产组织形式等，都必然发生变化，从而对利益分配、利益共享的要求产生影响。例如，农业产业化时期的农村产业融合发展阶段与互联网、休闲农业驱动的农村产业融合发展阶段，从生产方式、产业组织形式到分配结构都有极大的不同。按照生产决定分配、分配反作用于生产的一般原理，研究我国农村产业融合发展共享机制构建就是首先基于农村产业融合发展在生产层面的阶段性特点，研究相应的分配规律，进而研究如何通过制度环境的重塑，增进利益分配的和谐性和发展的共享性。本书主要研究的是我国当前及未来一个时期农村产业融合发展的共享机制构建，因此主要针对的是当前农村产业融合发展的特点（如生产方式、组织形式），同时也将对当前发展阶段与其早期阶段（尤其是农业产业化）进行必要的比较分析。

第二，农村产业融合发展共享机制构建的基础在于增强广大农民的自生能力，进而实现内源式发展。"内源式发展"和"外源式发展"并非新概念，但是鲜有学者将其运用于共享发展的研究，更鲜少将其与马克思的生产和分配关系原理联系起来。本书认为，马克思的生产与分配关系原理可以作为"内源式—外源式"发展理论的理论支撑：区域经济发展中所使用的生产要素的来源、整个经济运行和发展过程的主导权在内外部主体之间的分配是否均衡，自然对发展结果分配的均衡性、共享性产生基础性的影响。遵循这一原理，结合已有的"内源式发展—外源式发展"理论，本书将农村产业融合发展大致划分为两种发展方式：其一，内源式发展，即农村主要依靠自身的资源、资金、要素和主体实现一二三产业融合发展，对外部资源要素的依赖度较低，广大农民得以充分参与发展过程、分享产业发展利益的发展方式；其二，外源式发展，即农村产业融合发展的资源、资金、要素主要来自外部主体，从而使外部主体在产业融合发展及其利益分配中占据主导地位，大多数本地农民在生产和分配过程中被边缘化的发展方式。内源式发展并不意味着只依靠农民自身的资源要素和市场来实现发展，在现代市场经济条件下，市场的开放度不断提高，开放式发展必然构成内源式发展的题中之义。在本书中，内源式发展的核心要旨在于，农村产业融合发展中的内外部主体在合作中有着相对平衡的力量对比和相对平等的关系，广大农民及其主导的本土性自治组织（如各类农民合作社、农村集体经济组织等）在农村产业融合发展中有较强的话语权和博弈能力，从而形成更加公平的分配关系和互利共生的利益关系。"内源式发展"和"外源式发展"体现着两种不同的经济格局及其利益关系——前者是本地农民在生产和分配中占据支配地位，后者则是外部主体占据主导地位、农民处于从属地位。由此看来，农村产业融合发展共享机制构建的基础和根本保障是提升广大农民的自生能力和市场竞争力，使其有能力参与和主导产业融合发展过程，逐渐增强发展的内源性。

前面已经指出，对于"内源式发展"和"外源式发展"的二分法及其与共享发展之间的关系应当进行相对的、历史的、辩证的理解，而不应做机械和绝对的理解：一方面，在现实中，这二者之间往往存在很多中间地带和过渡形态，可以认为是一个"连续变量"，而非"离散变量"；另一方面，这两种发展方式并不是绝对和静态的，而是相对和动态的，随着条件的变化而处于不断的转化过程中。更明确地说，农村产业融合发展的内源式发展方式依赖于一定的初始条件，那就是本地农民有较强的自生能力，能够推动本地农村产业融合发展。但是，这一条件并不是在所有地区和一切发展阶段都存在：在那些具有传统优势产业、农业商品化和产业化水平较高、农民自生能力较强的农村地区，内源式发展所依赖的上述条件是存在的；而在那些陷于人口和产业空心化、本地农民自生能力非常薄弱的农村地区，就不具备实现内源式发展的客观条件。在这种客观条件约束下，通过外源式发展驱动，在发展过程中，依托一定的制度环境，逐渐增强本地农民的自生能力和发展的内源性，逐步实现内源式发展，就成为欠发达农村地区的现实选择。也就是说，依照初始条件的不同，有的地方农村产业融合发展可以直接采取内源式发展，有的地方则只能通过外源式发展过渡。但是，不论采取何种实现路径，按照马克思的生产与分配关系原理，从长远和根本来看，要实现农村产业融合发展巩固的、可持续的共享性，必须建立在内源式发展的基础上，外源式发展只能作为一定的客观条件约束下的过渡性选择。

"生产力视野—提高发展质量"与"增强农民自生能力—内源式发展—共享机制构建"具有内在的逻辑一致性，都可从马克思的生产和分配关系原理中找到理论支撑：只有增强本地农民的自生能力和市场竞争力，使其成为农村产业融合发展中合格的市场主体与经营主体，才可能在保证和提升农村产业融合发展质量的同时，实现农村产业融合的内源式发展方式。换言之，分析框架 I 的两个组成部分的内在逻辑关系是：生产力首要性和提高发展质量→增强农民自生能力→内源式发展→共享机制构建。

2.2.2 分析框架 II：政府与市场的关系

研究我国农村产业融合发展共享机制构建的实质是揭示一定制度环境下共享发展的实现机制，而政府与市场关系正是制度环境的核心[1]。本书基于政府与市场关系视角，对农村产业融合发展共享机制构建的分析主要从应然性和实然性两个视角展开：应然性视角指的是农村产业融合发展共享机制构建中政府与市场应当是何种关系，这又包括效率和公平两个目标；实然性视角则是基于政府官员个人利益结构行为选择，研究政府与市场关系本身的内在机制，即实然性关系[2]，并通过探讨政府职能转型、治理机制改革和官员个人激励机制重塑，探寻如何实现前述政府与市场的应然性关系。

第一，农村产业融合发展共享机制构建中的政府与市场关系：效率

---

[1]　2013 年中国共产党十八届三中全会通过的《中共中央关于全面深化改革若干重大问题的决定》明确提出："经济体制改革是全面深化改革的重点，核心问题是处理好政府和市场的关系。"

[2]　应然性与实然性是经济学的两种基本的研究视角，但是经济学一般更强调后者。杨瑞龙、杨其静（2001）指出："我们认为经济学作为一门以经济人理性选择为核心思想的社会科学，其特殊魅力也许并非在于证明现实社会应该怎样——虽然这也很重要——而在于揭示现实社会经济现象为什么是这样，即个体主义的成本收益分析是其精髓，这种研究能帮助我们比较全面而真实地理解现实中的企业或其他制度的实际意义，并且这也是立法或改革能够切合实际的保证。"

目标。按照以生产与分配关系原理搭建的、着眼于生产力视野的分析框架Ⅰ，农村产业融合发展共享机制构建首先要解决的是产业发展本身的需要，即效率问题。农村产业融合发展是各种新技术、新产业、新商业模式推动的，技术创新、组织创新、产品创新等各类创新是农村产业融合发展的根本动力和生命线。在捕捉新的市场机遇、进行适合市场需求的技术创新、组织创新和产品创新时，市场才是最有效的机制（李义平，2013）。马克思深刻地指出，资本自身追求相对剩余价值的动力，会使得其具有极强的技术创新动机，极大地推动技术创新与进步。舒尔茨也强调，具有强大的经济刺激的市场机制是推动新要素需求的有效制度。而政府存在信息、激励、专业知识等方面的局限性，在适应社会需求，进行产品、技术、商业模式创新方面的能力较弱，因此一般不宜直接投资经营农村产业融合发展项目，替代市场主体进行资源配置。但是，即使从效率视角看，政府的作用也是离不开的，那就是提供基础设施和公共服务，尤其是技术研发。如前所述，舒尔茨反复强调，现代生产要素的研发和供给离不开政府的公共投入。但是，由于行政组织内部的信息和激励困境，政府直接供给公共服务时常常出现效率不足的问题，因此有必要借鉴"新公共管理"运动的理念①，在一些公共服务供给中，适当引进市场机制，以提高公共服务供给的效率。综上所述，从效率目标看，农村产业融合发展共享机制构建中的政府与市场关系的基本原则应当是：让市场在资源配置中发挥决定性作用，政府的主要作用是提供公共产品和服务。

第二，农村产业融合发展共享机制构建中的政府与市场关系：公平目标。农村产业融合发展共享机制构建是共享发展理念的具体落实，因此不仅仅是生产力和效率层面的问题，同时还是生产关系和社会公平层面的问

---

① 从 20 世纪 90 年代开始，西方掀起了一场所谓的"新公共管理"运动，旨在为传统的官僚制注入类似于市场机制的因素，提高公共部门的效率和服务质量。"新公共管理"运动的核心理念和做法主要是以下两方面：其一，改变政府雇员的激励方式，把传统的弱激励尽可能转换成强激励，加强绩效评估和可问责性；其二，突破传统的政府治理的边界，选择更为灵活的发包形式替代低效率的政府直接供应。这使得新的政府治理更接近于市场上的企业治理方式。"新公共管理"运动在新西兰、澳大利亚、美国等发达国家影响很大，成为改造政府治理结构、重新塑造政府形象的指导思想。参见周黎安. 转型中的地方政府：官员激励与治理 [M]. 上海：格致出版社，上海人民出版社，2017：413.

题。市场机制和市场主体的本质属性是逐利性和竞争性，在逐利性的市场竞争中，强者获胜而更强，弱者落败而愈弱，具有两极分化的内在趋势，所谓"涓滴效应"实际上是很难在单纯的市场机制下发生的，政府必须发挥必要作用（斯蒂格利茨，2013）。如前所述，政府促进社会公平和发展共享性的一般政策取向应当是扶持市场竞争中的弱者，增强其内生发展能力和市场竞争力，走内源式发展之路，而不是保护落后，唯有如此才能兼顾公平与效率。换言之，政府对收入分配的调节并不是取消市场竞争机制在收入分配中的决定性作用，而是要在市场竞争机制的基础上，通过政府公共服务和政策引导，调节市场竞争的初始条件，促进机会均等和公平竞争，增强发展的包容性。对农村产业融合发展共享机制构建而言，上述一般性原则的具体内涵就是通过财政补贴、人力资本投资、技术指导、基础设施建设、普惠金融、促进农民合作社发展等社会化服务体系和制度、政策供给，扶持广大农民和中小企业，提升其自生能力和市场竞争力，增强广大农民与大资本的博弈能力，形成大中小经营组织间的竞合关系和互利共生关系。

第三，农村产业融合发展共享机制构建中的政府与市场关系：政府治理与官员激励机制（实然性视角）。正如市场可能失灵一样，政府也可能失灵。"做好事的权力几乎永远与做相反的事的可能性相伴随"（阿马蒂亚·森，2012）。政府在农村产业融合发展中能发挥重要作用，同时也可能对共享机制构建起到消极作用。前面所述政府在信息、激励、专业知识（理性程度）等方面的局限性还是在不考虑政府（官员）自身利益和机会主义行为的前提下，如果考虑到政府（官员）本身也是有独立利益的利益主体，会按照自身利益而不完全是根据社会公共利益做出选择，那么政府行为模式、政府与市场关系问题就更加复杂，政府行为偏离社会公共利益需要的可能性就更大。新制度经济学家的观点（尤其是其中的公共选择学派）一般假设政府也是利益主体，也会根据自身利益进行行为选择①。沿

---

① 巴泽尔在论及个人权利和经济组织关系时，曾深刻地指出："个人最大化的含义：不论何时个人察觉到某种行动能增加他们权利的价值，他们就会采取这种行动。不论个人是在市场、企业、家族、部落、政府还是在其他组织中活动，这个道理总是普遍适用的。"参见［以］约拉姆·巴泽尔. 产权的经济分析［M］. 费方域，等译. 上海：格致出版社，上海人民出版社，2017：10.

着这一逻辑，要让政府官员的行为符合社会公共利益，进而形成理想的政府与市场关系，关键是"把政府官员的激励搞对"（周黎安，2017），而这主要是一个政府职能和治理机制的问题①。从实证视角看，构建农村产业融合发展共享机制的重点在于通过政府职能转型和治理体制改革，形成地方官员关心社会公平和公共利益的激励，有效抑制官员寻租、腐败、官商勾结、扭曲市场等机会主义行为，构建"亲清"新型政商关系。

2.3　共享机制构建的逻辑展开：三个基本目标

在分析框架Ⅰ和框架Ⅱ的基础上，对我国农村产业融合发展共享机制构建进行进一步解构，可将其细分为互为条件的三个基本目标：现代生产要素②的可得性、多元组织形式的共生性、农民财产权利的现实性。

2.3.1　现代生产要素的可得性

农村产业融合发展是农业现代化过程中的必由之路，是发展现代化的生产力，使用现代生产要素，而非传统生产要素，因此，农村产业融合发展共享机制构建首先要解决的是现代生产要素的可得性问题。农村产业融合发展具有物质资本和人力资本双密集的特点，对资金、技术、设备等现代生产要素的依赖性更强，这就决定了各种掌握特殊人力资本的专业人才和具有雄厚经济实力的资本在农村产业融合发展成果的分配中占有更加有利的地位。按照马克思生产与分配关系的基本原理，这对农村产业融合发展共享机制构建有三个方面的意蕴：①广大农民要参与农村产业融合发

---

① 国内学术界围绕我国政府治理、政府激励机制和行为模式与经济发展绩效之间的关系，进行了大量研究，其中的代表性研究有：周飞舟（2006）、周黎安（2007）、沈立人和戴园晨（1990）等。

② 这里的"现代生产要素"基本上采用的是舒尔茨的观点：第一，现代生产要素的核心是现代化的生产技术；第二，现代生产要素包括新技术的物质载体和人力载体（即人力资本）。现代生产要素的对立概念是农村传统生产要素，即农村的土地、房屋及缺少教育和培训的简单劳动力。这些生产要素是"传统"的，根本是因为其中渗透的生产技术是传统的。

展，必须依靠专业技术服务，否则很难保持独立的经营地位；②现代生产要素的分配状况对农村产业融合发展成果的分配有重要影响，共享发展有赖于现代生产要素的公平分配；③基于人力资本差距产生的收入差距是农村产业融合发展中收入差距的一个重要来源，必须对农民进行人力资本投资，以缩小这种收入差距①。

根据上述思路，我国农村产业融合发展中现代生产要素可得性包括三个方面——服务可得性、收入可得性和人力资本可得性。现代生产要素服务可得性指的是农村产业融合发展中的各类经营主体能够广泛地获取现代生产要素提供的生产性服务，其要解决的核心问题是农业社会化服务体系构建。现代生产要素收入可得性指的是现代生产要素所有权及其收入的可得性，实现这一目标的主要途径是大力发展农民合作社、农村集体经济组织等农民主导的本土性自治组织，使得资本化的现代生产要素所有权及其产生的收入能被广大农民分享。提升农民人力资本可得性是提升农民自生能力、实现共享发展的关键：农民人力资本提升可以增强农民的生产经营能力和财产经营能力，从而增加农民的经营性收入和财产性收入；人力资本能够增强农民务工时的劳资博弈能力和经济地位，显著增加农民的工资性收入。

2.3.2 多元组织形式的共生性

在马克思对分配问题的研究中，经营组织形式具有极为重要的意义。按照生产决定分配的基本原理，马克思对生产资料的集中、大多数人的小财产转变为少数人的大财产，从而出现两极分化的分析，是通过随着生产

---

① 马克思主义政治经济学历来强调人的发展是最根本的发展，缩小社会差距的根本在于缩小人的差距。马克思在《哥达纲领批判》中指出："这种平等的权利（指生产者的权利同他们提供的劳动成比例——作者注），对不同等的劳动来说是不平等的权利。它不承认任何阶级差别，因为每个人都像其他人一样只是劳动者；但是它默认，劳动者的不同等的个人天赋，从而不同等的工作能力，是天然特权。所以就它的内容来讲，它像一切权利一样是一种不平等的权利……权利决不能超出社会的经济结构以及由经济结构制约的社会的文化发展。"接着，马克思指出，只有在个人实现全面发展，生产力增长起来，集体财富的一切源泉都充分涌流后，才能完全超出"资产阶级权利"的狭隘眼界，实现"各尽所能，按需分配"。参见马克思，恩格斯. 马克思恩格斯选集（第三卷）[M]. 中共中央编译局，编译. 北京：人民出版社，2012：364 – 365.

力的发展出现的社会化大生产对个体小生产的排挤和淘汰，个体小生产破产、沦为雇佣工人的分析实现的。马克思曾深刻阐述农业资本主义化、小农户破产对农民利益的严重损害。家庭农业和中小企业能够创造大量就业机会，有效增加广大农民在农村产业融合发展收益分配中得到的份额，对提高农村产业融合发展的共享性是非常重要和有利的。因此，通过政府与市场有机结合，弥补广大农户和中小企业的内在缺陷，增强其自生能力和市场竞争力，帮助它们融入现代农业产业体系、生产体系和经营体系之中，是农村产业融合发展共享机制构建的重要内容，具有重要的理论和现实意义。

这一问题的实质是，如何形成一个大中小组织互利"共生"的组织体系，使得大企业对农村产业融合发展中的中小经营者形成有效的带动、扶持和服务作用，而不是排挤和替代。"共生"（symbiosis）一词来源于希腊语，其概念最早由德国真菌学家德贝里（Anton de Bary）于 1879 年提出。据生物学家的研究，"共生"是生物界中的一个普遍现象，它表明有着长期性物质联系的某些生物体共同生活在一个给定的生物圈内。将"共生"理念引入经济学和管理学始于 20 世纪 70 年代。1976 年，联合国欧洲经济委员会提出了"工业共生"的最初构想，即为实现废物利用而开展的一种企业间的合作。此后，工业生态、区域经济、循环经济、环境管理、企业集群等极为广泛的领域都开始应用共生理念①。经济学中的"共生"理论与"合作竞争理论"（cooperation – competition theory）具有逻辑上的一致性。"合作竞争理论"源于对竞争对抗性本身固有的缺点的认识，是一种可以实现双赢的非零和博弈。这里所说的"多元组织形式的共生性"，主要指的是各类经营组织之间形成优势互补、互利互惠、共同发展、共享收益的竞合关系。

为了实现对作为市场弱势群体的中小经营者特别是广大农民的扶持，仅仅依靠市场主体和市场机制不一定能保证，需要依靠一些具有一定公平偏好的组织形式，如农民合作社和农村集体经济组织等农民主导的本土性

---

① 李萍. 统筹城乡发展中的政府与市场关系研究 [M]. 北京：经济科学出版社，2011：76；曹阳. 当代中国农业生产组织现代化研究 [M]. 北京：中国社会科学出版社，2015：154 – 157.

自治组织。可见，所谓农村产业融合发展共享机制构建中的多元组织形式的共生性包括两个方面的含义：一方面，是各类经营规模的组织形式的互利共生；另一方面，是各种所有制和治理结构的组织形式的互利共生。

2.3.3 农民财产权利的现实性

广大农民如何共享农村产业融合发展的过程和结果是本书关注与研究的核心问题。根据马克思主义政治经济学的基本原理，生产资料所有权在产品分配中起着基础性和关键性的作用。在此基础上，本书进一步提出农民财产权利的"现实性"问题。权利的"现实性"这一概念，已经有不少学者在各种情况下使用和探讨过（韩金山，2006；黄微，2012）。在本书中，所谓农民财产权利的"现实性"就是指这种财产权利能够为农民带来实际的收入和服务[①]。如果农民不能从中获取实际的收入和服务，那么这种财产权利就不是"现实"的权利；如果这种权利的实现和保护成本过高，从而如巴泽尔所说，不能不置于"公共领域"，那么这种权利也不能说是"现实"的权利。

虽然马克思没有明确提出财产权利"现实性"和"非现实性"的命题，但是他在多部著作中深刻阐述了相关思想。马克思根据经济基础决定上层建筑的唯物史观基本原理，指出作为经济范畴的所有制对法律范畴的所有权有决定性作用。在《哲学的贫困》中，马克思说，"在每个历史时代中所有权是以各种不同的方式、在完全不同的社会关系下面发展起来的。因此，给资产阶级的所有权下定义不外是把资产阶级生产的全部社会关系描述一番。要想把所有权作为一种独立的关系、一种特殊的范畴、一种抽象的和永恒的观念来下定义，这只能是形而上学或法学的幻想。"[②] 在《哥达纲领批判》中，马克思指出"权利决不能超出社会的经济结构以及

---

① 农民财产权带来的收入指的是出让财产使用权为农民直接带来的货币收入（财产性收入）；农民财产权带来的服务则指的是这种财产权为农民带来的不是直接的货币收入，而是其他获益方式，如农村生产和生活的公共产品（基础设施、环境保护等）、集体福利（教育、医疗、养老、卫生等）和农业生产性服务（如农资购买、产品销售、技术支持、贷款担保等）。

② 马克思，恩格斯. 马克思恩格斯选集（第一卷）［M］. 中共中央编译局，编译. 北京：人民出版社，2012：258.

由经济结构制约的社会的文化发展"①，同样是强调经济关系对权利的决定性作用。在《德意志意识形态》中，马克思关于产权"现实性"的思想得到了更加清晰的阐发："这种把权利归结为纯粹意志的法律上的错觉，在所有制关系进一步发展的情况下，必然会造成这样的现象：某人在法律上可以对某物享有权利，但实际上并不拥有某物。例如，假定由于竞争，某一块土地不再提供地租，虽然这块土地的所有者在法律上享有权利，包括享有使用和滥用的权利。但是，这种权利对他毫无用处，只要他还未占有足够的资本来经营自己的土地，他作为土地所有者就一无所有。"② 从这些论述中可以看出，马克思实际上认为，与生产关系、经济关系不相适应的所有权是很难成为有用的实际权利的。相比于马克思产权思想所使用的整体主义分析方法，巴泽尔的产权理论使用的是着眼于个人行为选择的个体主义分析方法，但是同样得出法律权利与其现实状态之间脱离的可能性的结论。巴泽尔提出法律权利与经济权利的二分法，指出即使是法律明确规定的权利，如果获取和保护的成本过高，也会被产权主体置于公共领域，不能转变为实际享有的经济权利，从而成为一种名义上的权利。

本书以马克思的产权思想为指导，同时借鉴巴泽尔的产权理论，提出我国农村产业融合发展中"农民财产权利的现实性"命题。遵循马克思的上述产权思想，在本书中，农民财产权利现实性建构的核心内涵是强化法律层面的所有权与现实的生产关系、经济关系之间的适应性。这一要旨可展开为三个方面：其一，完善相关法律法规，使农民的财产权利与农村产业融合发展这一全新的产业结构、经济结构和生产方式相适应；其二，调整农村产业融合发展的生产关系、经济关系，提升广大农民在其中的经济地位和自生能力，推动形成农村产业融合发展的内源式发展方式；其三，充分发挥上层建筑对经济基础的反作用，促进农民财产权利在经济关系不利情况下尽可能地实现。从分析路径来看，本书对农村产业融合发展中农民"财产权利现实性"的命题主要从产权"界定—实现—保护"三个层面

---

① 马克思，恩格斯. 马克思恩格斯选集（第三卷）［M］. 中共中央编译局，编译. 北京：人民出版社，2012：364－365.

② 马克思，恩格斯. 马克思恩格斯选集（第一卷）［M］. 中共中央编译局，编译. 北京：人民出版社，2012：213－214.

展开：首先，是农民财产权利的法律界定问题，以解决农民在法定财产权利上的贫困，保证农村产权与新兴生产关系的适应性；其次，是将农民的财产转变为与新兴生产关系和产业结构相适应的实际的生产要素，产生现实的收入和服务，这是所谓农民财产权利"实现"问题的实质和核心，需要通过组织和制度创新；最后，是农民财产权利的保护，包括产权保护的法律分析与经济分析两方面。

2.3.4　三个基本目标的内在逻辑关系

农村产业融合发展共享机制构建的三个基本目标（可得性、共生性、现实性）之间是一种互为条件、相辅相成的关系。

第一，现代生产要素可得性与多元组织形式共生性之间的逻辑关系。一方面，现代生产要素的共享性是多元组织形式共生性的前提条件。多元组织形式并存是增强现代生产要素可得性的重要手段：因为如果具有较强技术水平的大企业或专业化服务企业不提供生产性服务，分散的小农户很难获取和学会使用新要素，即很难获得现代生产要素的服务。另一方面，现代生产要素可得性是多元组织形式共生性的前提条件：因为如果广大农户难以获得现代生产要素的服务，就很难成为农村产业融合发展中的合格经营主体，从而包括农民在内的多元组织形式的共生性也就无法实现。

第二，现代生产要素可得性与农民财产权利现实性之间的逻辑关系。一方面，现代生产要素可得性是农民财产权利现实性的必要条件：农村的土地、房屋如果不能与现代生产要素相结合，获取后者提供的服务，其要素生产率就不能提高，甚至被闲置下来，不能进入现代生产过程，从而也就不能为农民带来收入和服务，从而这种财产权利也就不能成为现实的财产权利。另一方面，农民财产权利现实性也是现代生产要素可得性的必要条件：农村土地、房屋的使用权是外来者下乡经营的必要条件，如果没有农民土地、房屋的流动，城市的投资者、经营者也就无法进入农村经营农村产业融合的相关项目，而如果没有外来的投资者和经营者，尤其是具备较强的资本实力和科技实力的企业，农民就很难获得足够的现代生产要素。

　　第三，多元组织形式共生性与农民财产权利现实性之间的逻辑关系。一方面，多元组织形式共生性是农民财产权利现实性的必要条件：多元组织共生发展使得农村的土地、房屋有充分的生产性用途，形成土地、房屋租赁市场的充分竞争，从而使农民能够通过财产性收入的方式分享产业发展成果。另一方面，农民财产权利现实性也是多元组织形式共生性的必要条件：农民土地房屋流动起来，使外来的大企业和中小投资经营者具备了经营农村产业融合项目的前提条件，从而也就为多元组织形式共生创造了前提条件。

第3章

农村产业融合发展共享机制构建：
现代生产要素的可得性

现代生产要素的可得性是我国农村产业融合发展共享机制构建的物质基础。按照第 2 章构建的分析框架，本章将从现代生产要素服务可得性、收入可得性和人力资本可得性三方面，对我国农村产业融合发展中相关现代生产要素的可得性及其对共享性的影响机制进行详细分析。

3.1 农村产业融合发展中现代生产要素服务可得性构建

农村产业融合发展中现代生产要素服务的可得性在本质上是一个社会化服务体系构建的问题。本节对这一问题从三个方面展开：第一，现代生产要素服务的需求状况分析，包括现代生产要素服务的需求动力、需求特点与需求主体；第二，现代生产要素服务可得性构建中的政府作用机制分析；第三，现代生产要素服务可得性建构中的市场作用机制分析。

3.1.1 现代生产要素服务可得性建构的需求分析

（1）现代生产要素服务需求的经济刺激：市场机制与适度规模。

如前所述，舒尔茨指出，市场机制能为现代生产要素的需求提供强大的经济刺激，因为这是对"有利性"的寻求：农民也是理性经济人，能对正常的经济刺激做出反应；现代生产要素作为廉价的收入来源，能够引发农民的需求。相反，舒尔茨反对那种命令制下的要素推广机制，认为这种缺乏经济刺激的体制不能为现代生产要素培育足够的需求。经过家庭联产承包责任制的改革，农村的市场化程度不断提高，农民已经成为独立的市场经营主体，因此现代生产要素服务的需求市场化问题已经基本解决。但是，对于那些把农业当"副业"的兼业小农而言，对农业科技的需求确实不强烈。因为其经营规模小，而一些现代生产要素的采用需要付出一定成本，面临一定风险，并且需要花费时间精力学习相关知识，从而对他们缺乏吸引力。因此，大量兼业小农户不适于成为我国农村产业融合发展的主体，应当通过土地流转、发展专业性社会化服务等方式，加快发展我国的农业适度规模经营主体与服务主体①。

（2）现代生产要素服务的需求特点分析：产业集群化与服务专用性。

产业的集群化发展是现代产业发展的一般趋势②。产业的集群化发展使一个地方形成一个围绕主导产业的产业集群，这对技术创新和现代生产要素服务产生了极为重要的影响。服务于产业集群的发展，需要大量专用性的知识和技能，包括两方面的原因：其一，随着人类知识存量的快速增加，每一个细小的研究领域都积累了大量的知识存量，以科研人员个人有限的时间和精力，只有集中于一个相对狭窄的研究领域深耕，才能有所突破和创新。其二，产业发展所需要的技术却是全面的，这就决定了，只有通过各个专业领域科研人员的团队分工和密切合作，才能推动科学技术的不断发展。也就是说，舒尔茨所强调的科学研究的"不可分性"特点愈益突出。另外，农业生产对自然环境有很强的依赖性，各个地方的自然条件不同，就需要进行针对性、专用性的科学研究和现代生产要素服务。

---

① 随着土地流转的推进，我国逐渐形成一批规模化的新型农业经营主体。截至 2012 年底，我国经营面积在 6.67 公顷以上的种养大户 270 万户，占全国 2.6156 亿农户的 1.03%，总经营耕地面积约 1800 万公顷，占全国耕地面积的 14.8%；截至 2013 年，全国共有家庭农场 87.7 万个，经营耕地面积 1.76 亿亩，占全国承包耕地面积的 13.4%。资料来源：农业部经管司 2013 年家庭农场简报。

② "集群"（cluster）原本是生态学概念。迈克尔·波特（Michael E. Porter）于 1990 年首次将"产业集群"（industrial cluster）一词引入经济管理领域（万幼清、王云云，2014）。

从新制度经济学的交易成本理论看，产业集群化发展具有自我强化的内在逻辑。如前所述，为了适应产业集群化发展和现代科技发展的要求，必须提高技术研发和现代生产要素的专用性。而按照威廉姆森的交易成本理论，只有形成长期稳定的合作，降低被"敲竹杠"的风险，才能鼓励专用性投资。因此，为了鼓励专用性技术研发，有必要在科研机构（人员）与产业界之间形成长期合作关系。显然，设立形成包括科研机构和企业在内的产业园区，实行集群化发展，是促成这种长期合作关系的一种有效途径。从这个意义上讲，产业集群化对科研成果转化和农村产业融合发展是一种重要的组织创新，其独特意义在于能鼓励专用性技术研发，充分满足农村产业融合发展对高新技术的需求，从而促进产业不断更新换代，保持市场竞争力。[①] 这种产业发展的需要在科学研究上得到了越来越多的体现。例如，四川理工大学在中国著名的"酒城"四川宜宾设立了"白酒学院"，以服务于当地的支柱产业——白酒产业；陕西杨凌的西北农林科技大学设有"葡萄酒学院"，专门研究葡萄酒产业群的相关技术。

总之，整个逻辑链是：现代生产技术的复杂性及专业知识越来越多→科技的专业化分工越来越细→人力资本专用性提高→产业园区→专用性更强的科研机构与人员。促进"产学研一体化"、提高技术研发的针对性和专用性、更好地服务于农村产业融合发展需要的一个有效办法是走集群化发展道路，建立一个集科研、产业于一体的产业园区。这是美国、荷兰等农业发达国家的普遍经验。

3.1.2 现代生产要素服务可得性构建的供给分析：市场作用机制

现代生产要素服务可得性构建的市场机制可以从两个方面进行分析：其一，政府与市场关系的视角：为什么采用市场的方式来提供现代生产要素，而不是完全通过政府来供给；其二，企业与市场关系的视角：为什么

[①] 这能解释为什么全球经济都在采用集群化发展的模式。例如，美国的"硅谷"、好莱坞，中国的中关村、横店，荷兰的花卉产业集群等。这就是波特（Porter）最先阐述的产业集群竞争力理论。

通过他人生产并由市场来供给，而不是由要素服务的需求者自己生产。

政府与市场关系的视角。除了行政机制内含的效率问题①外，政府自身的力量也是有限的，并不能满足所有现代生产要素服务的需求，市场的人力、物力更为广泛、创造活力也更强。对于那些具有一定盈利能力和市场吸引力的现代生产要素服务供给，应当积极利用市场组织、市场力量，对各类社会资本、专业户开放。在现代经济中，社会分工日益深化，生产新服务业成为现代服务业的重要组成部分和重要的新兴增长点。尤其是科技服务业的发展具有极强的发展带动作用，对于提高发展质量和创新活力具有非常重要的作用。姜长云（2016）认为，农业生产性服务业的发展对农村产业融合发展至关重要。因此，政府应该鼓励生产性服务业的发展，向各类社会资本开放这一市场，形成一个现代生产要素服务的充分竞争市场；政府的作用是供给那些正外部性强、市场化的生产性服务业不能有效供给的服务，并通过政府购买服务等方式扶持市场化服务主体的发展。经济学的基本原理是，垄断带来短缺和高价，只有开放市场，增强市场竞争性，才能有效增加现代生产要素服务的供给并降低供给价格，从而提升服务供给的可得性。

企业与市场关系的视角。现代生产要素的服务可以采取一体化生产和社会化供给两种方式，而社会化供给又有政府供给和市场化供给两种方式。如前所述，威廉姆森认为，纵向一体化虽然能节省交易成本，但是会损失规模经济效应和专业化带来的好处，并且会带来新的治理成本，因此他反对单纯的一体化，认为应当积极利用市场机制；巴泽尔也认为，在解决了外包服务的质量检测问题之后，有限制条件的服务外包比完全的纵向一体化的效率更高。总之，有效的激励机制、规模经济和专业化分工的好处是大量生产性服务独立出来成为独立产业的三大基本原因。这是从效率方面考虑。从公平方面考虑，采用社会化方式（市场供给或公共品供给）来供给现代生产要素，对增强现代生产要素服务可得性具有重要作用。因为龙头企业经济实力强、规模大，能够进行程度较高的一体化，很多现代

---

① 政府作为一种特殊的等级制组织，威廉姆森所说的等级制企业组织所存在的激励难题政府都有；政府所具有的多目标性和服务公众的特点，则是一般的企业组织所没有的，这使政府的激励问题比企业组织的激励问题更复杂、更棘手。

生产要素的服务可以自己生产；而广大农户和中小企业的经营规模小、经济实力薄弱，如果没有完善的社会化供给机制，这些中小经营者就不能获得现代生产要素服务，从而也就不能成为农村产业融合发展的合格经营主体。因此，更多的农业龙头企业从直接的生产经营转为提供生产性服务，对农户和中小企业的带动能力更强，对发展的共享性和包容性的积极作用也更强。按照威廉姆森的观点，服务外包的主要阻碍是交易成本过高，只有降低交易成本，才能促进生产性服务业的发展，其中特别重要的是降低与小农户交易的成本。这需要进行相应的组织和制度创新，如农民组织化、新型经营主体培育等。

经过长期发展，当前我国农业经营性服务体系已经初具规模。据统计，2015 年包括病虫害防治专业合作社、畜牧合作社、农机经销店、专业市场和农业产业化龙头企业，以及各类农产品市场、信息服务平台等农业经营主体，总数超过 428 万个，从业人员总计约 2338 万人。开展的服务主要包括病虫害统防统治、农作物机械化收获、配方施肥和增施有机肥、病死禽畜和不合格农业投入品无害化处理、水产养殖病害防治等。同时，农村产业融合发展中的新产业、新业态、新商业模式也催生了一批新型的生产性服务业，如文化创意、咨询、设计、物流、互联网交易平台等。政府对于现代生产要素服务的公共投资和市场化生产性服务业的发展极大地增强了我国农村产业融合发展中现代生产要素服务的可得性，为广大农户和中小企业参与农村产业融合发展创造了有利条件。当然，当前的农业生产性服务业还仅仅处于发展的初期，远远不能适应农村产业融合发展的需要，距离发达国家的农业生产性服务业发展水平也有相当的差距。其中一个重要原因是产业经营组织缺陷导致交易成本过高，第 4 章将对这一问题展开进一步分析。

3.1.3 现代生产要素服务可得性构建的供给分析：政府作用机制

政府主导的现代农业生产要素服务体系构建是现代生产要素服务可得性的重要保障。从效率方面看，政府主导的现代生产要素研发有规模经济的效率优势，并且是保证具有准公共品性质的一些产品和服务充分供给的必要措施；从公平方面看，政府主导的现代生产要素服务供给是提升服务可得性的重要保障，具有市场化的服务供给机制所不能替代的作用。但是，政府主导现代生产要素服务供给却不意味着要采取行政化的运行机制，为了提升效率，政府主导的现代生产要素服务供给应当更多地引进市场机制，一些具备条件的事业单位可以"转企改制"，进行企业化和市场化运营。

第一，现代生产要素的研发：科研投资、体制改革与产学研结合。当前，我国的科研投入力度已经得到了很大加强，我国已经成为仅次于美国的第二大科技经费投入大国①，资金约束大大缓解。但是，我国仍然存在科研成果转化率低、科技对经济增长的贡献率低等突出问题②。解决这些问题，不能仅靠加大资金投入，还必须进行体制机制改革，形成正确的激励机制。

从现代激励理论的视角看，解决大部分经济问题的关键在于"把激励搞对"，很多经济问题都源于激励的扭曲，而"把激励搞对"的精要在于实现激励相容。当前，我国科研评价考核体制中存在严重的"唯论文"倾向，科研机构、科研人员与产业发展的利益联结不够紧密，而与论文发表数量的关联紧密。众所周知，21 世纪的产业竞争归根结底是科技的竞争，能否在最短的时间内得到最新、最好的技术，是产业是否具有竞争力的关键所在。在这种时代背景下，产业界与科学界的联系和合作"梗阻"对产业转型升级、发展质量提升、获得和保持国际竞争力的阻碍是致命性的。正如美国哈佛大学教授、著名的"竞争战略之父"迈克尔·波特（Michael E. Porter，2012）所指出的，"不论研究机构如何发展它的研究，它最好都能时时觉察产业的需要，并与产业界保持联系"。根据巴泽尔产权理论，提升农业科研成果转化率的关键是使得对这一过程具有最大、最直接影响

---

① 根据国家统计局、科学技术部、财政部 2015 年联合发布的《2014 年全国科技经费投入统计公报》，2014 年我国研发经费投入总量为 13015.6 亿元，比上年增长 9.9%，标志着我国已经成为仅次于美国的第二大科技经费投入大国（参见《国内科研成果转化率低 大量农业科研成果闲置》，央广网，2015 – 12 – 07，http：//country. cnr. cn/focus/20151207/t20151207_520710083. shtml）。当前，我国有科技人员 3000 万人，从事科技研发的人员 106 万人，分别为世界第一、第二，我国的研发投入每年都以两位数的增速快速增长，已占到 GDP 的 1.98%，同中等发达国家的科技投入基本相当（任玉岭，2014）。

② 我国科技成果的转化率仅有 10%，比美国的 80% 转化率低 70 个百分点。在农业领域，2017年，我国农业科技贡献率达到 57.5%，而发达国家一般在 70% 以上。

的科研机构、科研人员能从中获益，分享科研成果转化、产业技术升级的剩余索取权，以实现科研机构、科研人员与企业之间的激励相容、合作共赢。在这样的利益结构下，科研机构、科研人员和企业才能产生进行长期、密切合作的内在动力。这种利益关系调整是我国科研体制改革的关键。

第二，农技推广系统和供销社系统改革：政府与市场关系的重塑。我国政府组建与主管的农技推广系统的主干是以 1995 年成立的全国农业技术推广服务中心为龙头、覆盖全国的五级农业技术推广服务体系，采用的技术推广方式是自上而下的命令式，组织运行机制具有鲜明的行政化色彩。这种农技推广组织最主要的问题是不能激励农技推广机构和职员积极改善服务质量。改革开放后，政府大大削减了对农业技术推广系统的财政拨款，基层农技推广系统面临严重生存危机，即所谓"网破、线断、人散"。为了应对危机，一些基层农技部门纷纷进行市场化改革，"强化公益性职能，放活经营性服务"。从运营模式上看，这些地方实践的基本模式是将营利能力较强的农资销售与营利能力较弱的技术咨询、服务和农民培训紧密结合，进行"捆绑销售"。例如，早在 20 世纪 90 年代，四川省射洪县的棉花协会改组为实体性的股份合作制组织，为当地的棉花生产有偿提供农资和技术服务（张晓山等，2001）；2004 年，吉林省延吉市农机局在国家农机发展专项资金的支持下，加上部分自筹资金，建立了股份制性质的农机租赁服务有限公司；在湖南各地，基层的农技站、植保部门也积极开展服务承包（曹阳，2015）。同样地，为农民提供农资购买、农产品销售等流通服务的供销社系统也经历了类似的经营困难和市场化转制过程（肖俊彦，1988；张晓山，2001；徐建明，2017）。

实际上，我国农技推广系统和供销社系统的市场化改制仅仅是我国诸多国有企事业单位"转企改制"、引进市场机制的一个缩影。为了减轻财政负担、提高服务质量，改革开放以来，我国科研机构、医疗系统、文化系统、国有农场等都进行了大规模的"转企改制"。从更广的范围看，这也是 20 世纪 90 年代以来西方兴起的"新公共管理运动"理念的一种本土实践。这种市场化改制虽然基本实现了上述改革目标，但是也出现了一些新的问题，集中表现为经济效益和社会效益的矛盾。从现代激励理论来看，市场机制是一种强激励机制（high-power incentive），对于具有多重目标的公共服务组织来说，这种强激励机制几乎必然带来激励偏差（王永钦、丁菊红，2007）。在进行市场化改制后，原来的事业单位开始转向一般市场主体共同的逐利性，偏离公共服务机构所应有的公益性目标。对农技推广和供销社系统而言，这种弊端主要体现在：其一，偏重有盈利空间的现代生产要素的推广，而忽视盈利空间较小但是对农业的集约发展、绿色发展有益的要素的推广；其二，偏重服务家庭农场、专业大户、农民专业合作社、农业企业等"大客户"，而忽视对小农户的服务，公益性显著减弱。

解决这些问题的办法不是回到行政化的老路，而是要进一步深化改革，解决这些市场化改革所带来的问题。行政化→市场化→市场机制的完善，这是一个"否定之否定"的辩证过程。深化改革的一个重要方向是进行配套制度改革。对前述农技推广系统改革而言，一个可能的方向是在农民组织化程度提高的基础上，将政府下拨的技术服务财政资金拨付给农民组织，由其向农技推广组织（或其他市场化服务组织）购买服务，形成一个技术服务的竞争性市场，而不是直接把财政资金拨给农技推广组织，以解决分散小农户获取技术服务的困难。这种模式被称为"公共契约模式"（顾昕，2013）。当然，这种改革要发挥切实的效果，真正起到服务带动小农户的作用，必须完善农民组织的治理机制，解决好代理问题。

第三，配套基础设施建设的公共投资：政府与市场相结合。农村产业融合发展中应用现代生产要素往往需要相应的配套基础设施。例如，"互联网+农业"的发展离不开宽带、4G/5G 等信息基础设施建设；物流、储藏、包装等方面的技术进步需要建设冷库等物流基础设施等。公共投资进行的基础设施建设对增强现代生产要素服务的可得性和农村产业融合发展的共享性具有重要作用。部分配套基础设施具有较强的排他性和竞争性，具备进行市场化供给的必要条件；部分基础设施的排他性较弱，不适合由私人投资，必须由政府投资完成。当前，相关公共投资有所加强①，但是仍然不能满足产业发展的需要。这不仅严重制约我国的农村产业融合发展，也会阻碍发展的共享性：经济实力较强的龙头企业有能力自己供给所

---

① 例如，2015 年商务部等 19 部门联合制定了《关于加快发展农村电子商务的意见》，提出要"加强农村电子商务基础设施建设"，加快农村信息基础设施建设和宽带普及，推进"宽带中国"建设，促进宽带网络提速降费，积极推动 4G 和移动互联网技术应用。

需要的部分配套设施，获得现代生产要素的服务，但是广大农民和中小企业由于自身经济实力薄弱，无力提供配套设施，很难享受到现代生产要素的服务，从而也就无法参与到农村产业融合发展中来。当然，现代生产要素配套设施的政府主导也并不一定完全是政府自己投资，可以通过 PPP 等方式，充分利用市场机制和经济杠杆，以有限的财政资金撬动社会资本参与。

第四，农村集体经济改革与新型农村集体经济的发展。农村集体经济是公有制性质的，一头连着国家，一头连着农户，一头连着市场，是沟通国家、农户与市场间关系的"桥梁"。我国农村集体经济组织脱胎于人民公社时期，与计划经济体制相适应，随着农村家庭联产承包责任制和农产品流通等体制的改革，一段时期以来，农村集体经济组织因为旧有的组织运行机制不能适应新的市场经济环境，而陷入生存和发展困境。近年来，在我国苏南等农村经济发达地区兴起的一批适应市场经济环境的、以股份合作制为基本运行机制、实现村企分开和产权明晰、由农民自己主导的"新集体经济"（王海平，2014；刘志彪，2016），焕发出新的生机活力。对于现代生产要素服务的可得性而言，农村集体经济组织相对于农民专业合作社、企业、专业大户等市场主体，其最大的优势是公平偏向，对扶持小农户发展能起到前者不能起到的作用，从而最大程度地促进农村产业融合发展的共享性。例如，农村集体经济投资建设的大棚在承包上，可以优先或者重点照顾贫困户和小农户，进行针对性扶持，这样经营能力、资金实力都较弱小的小农户也能获得大棚等现代生产要素的服务。市场是讲究竞争的，市场的法则是"价高者得"，资源流向能最有效地利用的人手中。但是，这却是不利于社会公平和平等的，市场竞争导致生产资料占有和财富占有的集中，势将造成收入分配和社会的鸿沟。如此，市场竞争能力薄弱的小农户就很难获得现代生产要素的服务，从而很难成为农村产业融合的独立经营主体。

3.2 农村产业融合发展中现代生产要素收入可得性构建

按照分析框架，本节分析农村产业融合发展中现代生产要素收入的可得性问题，即研发和生产出来的现代生产要素的产权分配问题。本节首先分析了现代生产要素研发中的产权分配问题，重点是科研机构/人员的激励机制；其次，对自发市场机制下广大农户分享现代生产要素收入的两种基本组织形式——股份制和合作制进行了比较分析；最后，由于自发的市场机制在效率和公平方面存在的局限性，现代生产要素收入可得性构建需要政府发挥积极的引导和调节作用，其中，新型集体经济、政府的财政支农资金产权分配、农村金融体制的普惠性和包容性是本书考虑的重点。

3.2.1 现代生产要素研发中的产权分配：经济激励与技术市场

在现代经济体系和市场体系中，科研机构和科研人员绝不是"局外人"，而是极为重要、必不可少的参与者。农村产业融合发展的实质是一个农业和农村经济现代化的过程，科研机构和科研人员在这个过程中占有极其重要的地位。按照生产决定分配、分配反作用于生产的一般原理，有必要赋予科研机构、科研人员足够的剩余索取权，使之承担自己科研活动的经济价值的相当部分结果。进一步，要研究的问题是，科研机构/人员参与现代生产要素研发的合约选择，其核心是政府与市场、市场与组织的关系问题。

政府与市场关系的视角。如前所述，我国科研体制改革的一个重要内容就是赋予科研机构/人员以市场主体地位，使科研机构、科研人员更紧密地与市场联系。从经济学视角看，从行政主体转变为市场主体的核心就是享有技术研发的剩余索取权，参与技术市场，进行技术交易。剩余索取权的纽带使科研机构/人员与企业之间形成紧密的利益连接关系，成为真正的利益共同体，提升科研部门和产业部门之间的合作效果①。

企业和市场关系的视角。舒尔茨指出，现代科学技术研究具有明显的

---

① 威廉姆森将合作分为"敷衍的（perfunctory）合作"与"圆满的（consummate）合作"。"圆满的合作"需要的是以积极的态度对待工作，以有效的方式作出决断；而"敷衍的合作"则是公事公办，对本职工作以外的事情能拖就拖，能推就推。参见 ［美］奥利弗・E. 威廉姆森. 资本主义经济制度 ［M］. 段毅才，等译. 北京：商务印书馆，2003：387.

"不可分性"①。按照威廉姆森的观点，纵向一体化总会损失规模经济效应，造成激励困境，因此如果没有显著的专用性，就没有必要进行纵向一体化；更好的选择是建立一种介于市场和等级制组织之间的中间形式。在国内农村产业融合发展和农业产业化实践中，企业与科研机构之间形成中间组织形式的例子比比皆是。例如，早在1992年，华南农业大学动物科学系就以技术入股的形式获得了广东温氏食品有限（"温氏集团"）10%的股权，成为当时集团最大的股东（曹阳，2015）。除了与科研机构合作外，大企业也可以通过与创新型、科技型中小企业合作，获取所需的技术。大企业与创新型、科技型中小企业通过股权连接等方式进行合作，形成一种介于市场与企业之间的中间形式，能充分获取专业化、规模经济和市场激励的好处，比大企业将中小企业兼并形成完全的一体化组织，更有效率②。

3.2.2　广大农民的现代生产要素收入可得性构建：市场机制

马克思在《政治经济学批判（1857～1858年手稿）》中详细阐述机器生产体系建立后劳动与资本之间关系的时候，曾深刻指出，"知识和技能的积累，社会智力的一般生产力的积累，就同劳动相对立而被吸收在资本当中"③。也就是说，在资本主义生产方式下，现代生产要素所代表的社会生产力都被资本占有，而与劳动相对立，成为剥削劳动的手段。一般而言，经济实力雄厚的企业对现代生产要素的吸纳能力比小农户强得多，特别是一些资本密集型、具有明显规模经济的先进技术，只能以大资本为承载对象。在现代生产力条件下，农民自发组建合作社，将分散资金联合起来，购买现代生产要素，并投入生产，使得分散资金成为生产性资本，从而分享现代生产要素的所有权及其收入，更多地占有农产品流通、加工领

---

① ［美］舒尔茨. 改造传统农业［M］. 梁小民，译. 北京：商务印书馆，2013：129－130.

② 如通用汽车公司为了获取一项专业技术，选择与一家专门的科技服务公司合作，购买其11%的股份，而不是将其完全兼并。该公司的负责人这样说："如果我们把这家公司整个买下来，就等于杀死了会下金蛋的鹅。"参见［美］奥利弗·E. 威廉姆森. 资本主义经济制度［M］. 段毅才，等译. 北京：商务印书馆，2003：237.

③ 马克思，恩格斯. 马克思恩格斯选集（第二卷）［M］. 中共中央编译局，编译. 北京：人民出版社，2012：775.

域的附加价值。从政治经济学视角看，这本质上是一个分散资金资本化的过程。马克思早就指出"资本最低额"的问题，分散资金只有集合起来，达到资本的最低门槛，才能购买生产资料，成为现实的资本①。通过这种联合，本来无法拥有现代生产要素所有权的也能拥有，从而就提高了现代生产要素所有权和收入的可得性。

从马克思主义政治经济学的视角看，这种农民主导的本土性、自治性经济组织类同于一定程度的"资本社会化"过程。从理论上讲，这是一个对"资本二重性"进行局部"扬弃"的过程：一方面，保留和利用资本的一般性，如增值性、运动性、垫支性，继续利用这种适应社会化大生产的生产方式和组织形式，促进社会生产力的发展；另一方面，抑制资本的剥削性，克服其内在的利益对立（杨志，1999；杨继瑞，2004；靳风林，2014），促进发展过程和利益分配的公平性、共享性。从实践来看，西方19世纪后期开始的合作主义运动和遍及欧美发达国家的农民合作社是这一思想的重要实践，20世纪50年代后期逐渐发展起来的西班牙蒙德拉贡合作企业也是值得重视的案例（蔡昉、费思兰，1999；解安、朱慧勇，2016）。以市场为纽带、自发形成的、农民主导的本土性企业组织可以分为合作制和股份制两种基本形式。

在本书看来，对于现代生产要素收入的可得性问题而言，合作制和股份制有以下两点重要区别②：① 是否承认"市场权力"③：合作制不承认物质资本、人力资本、货币等"市场权力"，追求社员的人人平等，一人一票；而股份制承认市场权力，实行股份平等，一股一票。② 激励机制的不同：合作制的本质特征是"所有者与惠顾者同一"（邓衡山、王文烂，2014），按惠顾额分配盈余，限制资本报酬，具有鼓励惠顾的作用（国鲁

---

① 马克思指出，货币的资本化存在达到一个最低额度的要求，低于这一额度的货币不能成为现实的资本。马克思还认为，随着劳动生产率和资本主义生产的发展，这个最低的资本额度有不断提高的趋势。参见马克思，恩格斯. 马克思恩格斯选集（第二卷）[M]. 中共中央马克思恩格斯列宁斯大林著作编译局，编译. 北京：人民出版社，2012：840-841.

② 股份制与合作制的区别并不只有这两种。这里集中谈这两点，是因为它们与现代生产要素产权及其收入流的分配直接相关。另外，还要比较分析这两者在为农民提供社会化服务中的差异。

③ 马克思在《资本论》中曾经多次提到"市场权力"的范畴，认为资本、货币都是市场权力。鲁品越将当代市场经济体系中的"市场权力"概念从货币、资本扩展到"人力资本"。在本书中，"市场权力"也包括物质资本、人力资本、货币等（鲁品越，2006，2013）。

来，2001）；股份制实行按股份分配盈余，鼓励投入。从公平来讲，显然合作制比股份制更加符合人人平等的公平观，也更加有利于发展的共享性；但是，从效率来讲，却是股份制更加符合经济效率，从而更有竞争优势。首先，合作制不承认市场权力，过于强调公平，这就使经典合作制必须以高度的同质性为条件，导致其对社员异质性的容纳能力很弱，不能实现最广泛的合作，特别是不能实现强势者与弱势者之间的合作；反之，股份制的灵活性要强得多，能够容纳高度社员异质性的合作，从而有利于实现广泛的合作。其次，合作制激励惠顾，而不是激励投入。在现代生产方式中，资本有机构成越来越高，对物质资本和人力资本的依赖度越来越高，在这种生产方式下，资本投入的重要性日益增强，这就决定了激励投入的股份制要比激励惠顾的合作制更适合当代生产力的发展方向。因此，国内外的合作社都有向股份制转变的趋势（徐旭初，2005；聂志红、周建波，2018）。

一般认为，合作社善于引导小规模分散农户进行市场对接，然而，目前大部分专业合作社都是有规模和资金门槛的，并不对小规模农户开放（张晓山，2005；曹阳，2015）。随着社会生产力的发展、市场经济的开放度和自由度提高，合作制有向股份制转化的一般趋势，而股份制也会在适宜条件下（社员的同质性程度较高）吸取合作制的部分因素。在市场经济环境下，无论是股份制还是合作制，都是建立在既定的"市场权力"基础上的，因此，仅仅依靠市场机制，无论是股份制还是合作制的组织创新，主要是起到促进农村中等收入群体（专业大户、家庭农场等规模经营农户）对现代生产要素产权和收入的可得性的作用；小农户由于资金、技术和人力资本拥有量很少，从而在集中起来的"股份资本""合作资本"中所占有的份额和分享的收入是非常有限的。这是现代生产要素收入可得性建构中市场机制的局限性所在，也是有必要进行政府调节的原因。

3.2.3 广大农民的现代生产要素收入可得性构建：政府调节

如前所述，无论是大企业主导的市场化组织创新，还是农民之间的市场化组织创新，都内在地有一种排斥小农户的倾向，小农户很难被纳入这些市场化的组织创新行为之中，并从中获益。这是我国农村产业融合发展共享机制构建中，单一的市场主导的组织创新的局限性所在。因此，增强我国现代生产要素收入的可得性仅靠自发的市场机制还不够，还必须依靠政府的必要调节和引导，构造适宜的制度环境。正如有的研究者所指出的，农民合作社的益贫功能在很大程度上取决于整体的制度环境（李萍、田世野，2019）。在我国特殊的制度环境下，政府增进广大农民现代生产要素收入可得性的重要内容包括：新型集体经济的改革和发展、财政支农资金股权量化改革及其与合作社治理结构调整的结合、农村金融的普惠性。

第一，农村集体经济的改革和发展：借鉴股份制与股份合作制。相比于农户，农村集体经济组织有较强的资金实力，有能力进行一些资金、技术密集度较高的固定资产投资、引进现代生产要素，如前述集体出资修建大棚的例子。农村集体经济组织是全体农民共同所有的，因此集体经济组织所有的现代生产要素是全体村民的共同财产。我国传统的集体经济组织不能与市场经济环境和现代农业发展要求相适应而日渐式微；新发展起来的新型农村集体经济组织采取股份制和股份合作制方式，实现了广泛的合作，契合了市场经济和现代农业发展的要求，显示出了巨大的生机活力。农村产业融合发展的物质资本和人力资本密集度比传统农业高得多，需要广泛的合作；股份制能实现资金、技术、人才的广泛合作，契合生产力和现代生产方式的发展需要。农村集体经济组织对现代生产要素的所有权是一种集体所有权，其对农民收入和福利的增进是通过集体经济组织这个中介实现的，从本质上讲，这是一个农村集体所有制和农民财产权利的实现问题。

第二，农民合作社治理结构调整：财政支农资金股权配置的视角。如前所述，完全市场化的农民合作组织也是偏向市场权力更强大的企业、大户等精英社员，大部分小农户的利益很难得到保证和实现。农民合作组织的"规范化"治理和民主、平等价值追求的实现，是以社员的相对同质性为前提条件的，因此促进合作社规范化治理的治本之策是提升合作社的成员同质性，实现"所有者与惠顾者同一"这一合作社的本质规定。对此，财政支农资金、财政对农民合作社的专项补贴资金可以起到一定的作用。

具体而言，就是不应将国家各种扶贫资金、支农资金直接分配给企业，而是借助于农民合作组织的中介，以股权量化的形式分配到每一个农民社员的个人账户中，以改变当前我国农民合作组织大多股份分布极不均衡、严重偏离"所有者与惠顾者同一"的基本原则从而造成小农户被边缘化的问题①。

从生产力发展，或者说从单纯的效率原则看，将财政支农资金的所有权直接分配给资源利用能力更强的企业和大户更合理，但是从生产关系，或者说从社会公平角度看，这种财政支农资金资本化的分配机制必将进一步扩大资本、大农户与小农户之间的财富鸿沟、力量鸿沟和社会鸿沟，不利于社会公平和共同富裕的实现。正如苑鹏、丁忠兵（2018）所指出的，我国农业政策应当兼顾产业型政策与社会型政策的双重职能，而不仅仅是产业型政策。如果将财政支农资金、对合作社的扶持基金的所有权和使用权完全配置给企业，那就仅仅体现了产业型政策的属性，而缺失了社会型政策的职能。为了兼顾财政支农资金分配的公平与效率，制度设计的基本思路应当是经营权的集中与收益权的共享，即财政支农资金使用权的配置应当遵循效率原则，但是资金的所有权和资产性收益的分配应当兼顾小农户的利益。

第三，农村金融的普惠性②。现代生产要素收入的可得性问题在很大程度上是一个产业发展资金的可得性问题，农民股份制、合作制、股份合作制等种种组织形式都是为了将分散资金集中起来，转化为现代生产要素，获取其收入。从这个视角看，现代生产要素收入的可得性问题也是一个金融资源的可得性问题，从而是农村金融普惠性的问题。当前，我国农村金融供给不足，农村金融资源长期以来向城市外流，广大农民贷款难、

---

① 现在很多地方的产业扶贫都在采用这一办法。贫困户获得了政府发放的产业扶贫基金，但是缺乏有效利用的能力，为了解决这个问题，有的地方政府（如四川省巴中市）想出一个办法，将贫困户手中的扶贫资金入股企业，然后从企业的产业利润中获取相当于股息和利息的分红，取得了不错的运行效果。从这个意义上说，财政支农资金也不一定只是入股合作社，也可以入股其他经济组织。

② 所谓"普惠的农村金融体系"，就是能有效、全方位地为农村地区所有阶层和群体提供服务的金融体系。参见戴宏伟，隋志宽. 中国普惠金融体系的构建与最新进展［J］. 理论学刊，2014（5）.

贷款贵的问题非常突出（曹阳，2015），金融普惠性较弱，而这背后的主要原因则是制度性的"金融抑制"（麦金农，1988）。由于特殊的发展阶段和制度环境，我国农村金融领域存在的金融抑制有着多方面的原因和表现形式。

首先，农村金融供给结构对农村金融普惠性和包容性的不利影响。我国农村金融机构以国有大银行为主，村镇银行、合作金融、民间金融机构等本土性金融机构因为得不到国家的承认和保证，发展缓慢，导致农村正规金融机构无法满足需求。据有关部门统计，每年经由农村国有商业银行、邮政储蓄银行和农信社流入城市的农村资金达数千亿元之多。在这种状况下，广大农民，特别是专业大户、家庭农场等规模化、专业化农户的融资需求只能通过民间借贷、地下钱庄和典当行等非正规金融渠道得到解决。但是，政府对农村金融市场的准入进行了严格的限制，民间金融机构的发展受到压抑。除了"贷款难"外，非正规金融渠道的贷款利率一般明显高于正规金融机构，从而产生农民"贷款贵"的问题。从理论上讲，最有动力和能力向农民、中小企业贷款的金融机构是本土性的中小金融机构，特别是合作金融，而不是大银行在农村的分支机构。我国现行农村金融体制与农村金融需求和生产方式存在深刻矛盾，有利于从农村抽走金融资源，而不利于向农村注入金融资源，构成现代生产要素可得性和农村产业融合发展共享性的制度障碍。

其次，我国农村土地产权制度对农村金融普惠性的不利影响。按照我国现行的《土地管理法》《农村土地承包法》等法律规定，农民的承包地和宅基地都不能用于抵押贷款，这使得农民最值钱的两大资产——土地和房屋——都无法作为抵押物，从而大大降低了农民的融资能力。

最后，我国农村金融的普惠性还存在需求层面的问题。广大小农户的经营能力不足、经营规模狭小，这使得其对现代生产要素的需求不足，从而也就不能获得现代生产要素的服务和收入，即使农村金融市场放开、农村金融供给侧结构调整和农村产权制度改革解决了上述问题，仍然不能解决小农户的现代生产要素收入的可得性问题。因此，普惠性金融的建设应当将新型农业经营主体的贷款条件与其对小农户、贫困户的扶持带动作用挂钩，以推动企业、专业大户所享有的金融资源及其转化而来的现代生产要素的服务和收入可以间接地被小农户和贫困户享有。例如，四川省巴中市规定，通过产业直接覆盖、园区优先用工、贫困户小额信贷入股分红等方式，带动贫困户脱贫致富的农业龙头企业、农民专业合作社、家庭农场、专业大户等新型农业经营主体，依据带动数量的不同，可以享受不同额度的全额贴息贷款①。这一制度的实质是，企业、专业大户等资源利用能力较强的经营主体可以获取金融资源的使用权和收益权，但是要将部分收益与贫困户和小农户分享，其思路与前述财政支农资金股权量化改革和农民合作社治理结构引导如出一辙。但是，按照本书的分析框架，这种发展方式仍然属于外源式发展，农民财产权利的保护是一个难题。

3.3　人力资本的可得性建构及其对共享性的影响机制分析

按照舒尔茨的观点，人力资本是现代生产要素的重要组成部分，增强农民的人力资本可得性是现代生产要素可得性建构不可或缺的组成部分。人力资本可得性对农民的经营性收入、财产性收入和工资性收入都有重要影响。提高人力资本的可得性需要政府与市场有机结合。

3.3.1　农民人力资本水平影响农民的经营性收入和财产性收入

农村产业融合发展是农村生产方式和产业结构、经济结构的重大重塑，对参与者的知识和技能水平提出了全新的要求。当前，我国农村产业融合发展达到新的发展阶段，出现很多新的特点，对农业信息化、生态

---

① 具体规定是：农业龙头企业带动 200~300 户贫困户增收的，可享受 3~5 年的全额贴息贷款 500 万元；一般企业和农民专业合作社带动 70~100 户贫困户增收的，可享受 3~5 年的全额贴息贷款 200 万元；家庭农场带动 20~30 户贫困户增收的，可享受全额贴息贷款 100 万元；专业大户带动 5~10 户贫困户增收的，可享受全额贴息贷款 50 万元。数据来源为笔者 2017 年 7 月对巴中精准扶贫脱贫实践的实地调研。

化、智能化、多功能的要求比农业产业化时期显著提高，从而对农民的人力资本水平提出更高的要求。例如，"互联网＋农业"的新型产业需要从业者具备互联网操作的基本知识、能够大致理解电子商务的基本商业模式和农村电商的基本特点、运营机制；乡村旅游、休闲农业、创意农业发展中涌现出的"农家乐"项目，需要经营者有经营才能和技艺，能为游客提供丰富多彩的休闲体验；生态农业、绿色农业的技术特点、操作模式与传统的过度依赖农药、化肥、严重污染环境的"石油农业"有着诸多重大不同，要求农民具备相关的基本知识和技能，理解这一生产方式的基本要求和规律。

农村产业融合对于人力资本水平和经营能力的高要求构成了一个天然的进入门槛或者说"壁垒"。如果没有这些基本的知识和技能，国家即使将扶贫资源发放到农民手中，农民也不能将这些资源有效利用起来，实现持续稳定的脱贫致富，并且也会制约我国农村产业融合发展的质量升级和可持续性。在这种情况下，农民就很难维持独立经营地位，只能依靠专业大户和企业的带动，从而失去实现自身利益的主动性。如果传统农民不能掌握必要的技术，要发展生态农业、绿色农业，适应当前农村产业融合发展的阶段性需要，就只有大量吸引和培养掌握专业技能的"新农民"，或者由专业服务组织来经营，如此一来"老农民"被"新农民"排挤就是不可避免的。即使发展出了高度发达的社会化服务体系，现代生产要素服务具有相当的可得性，农民作为独立经营者也需要有基本的知识和技能，才能做出正确的经营决策。即使小农户不自己经营拥有的土地、房屋、资金（包括扶贫资金），而是将这些要素让渡出去，获取财产性收入，也需要基本的知识和技能，才能最有效地实现和保护自己的财产权利。例如，农民掌握关于资产经营的知识和技能，就会在要素交易的谈判中占有更有利的地位，争取到更有利的交换条件，获得更多的财产性收入；农民具有监督集体财产、维护集体权益的意识和能力，就能更好地保护自己的财产性权利，增加财产性收入①。

---

① 这涉及本书所提出的农民财产权利的现实性问题，第 5 章将对此进行详细讨论，此处仅限于指出这一问题与农民人力资本水平的相关性，不对更多的体制机制问题展开分析。

目前，我国农民人力资本水平较低，知识和技能结构陈旧，不能适应农村产业融合发展对人力资本的新要求。除了受教育程度不足外，现在留在农村的农民大多是"386199部队"，缺少知识和技能更新、学习能力更强的青壮年。这种人力资本水平显然不能与农村产业融合发展的要求相适应，农民很难共享农村产业融合发展的机遇和成果。所以，人力资本分布的不平衡是我国农村产业融合发展共享性构建的一大难题，甚至比物质资本方面的困难更加严峻，因为人力资本缺乏会导致农民的内生能力不足，使得国家投入的物质资源很难由农民自己掌握；将国家扶植资金分配给企业和大户，寄希望于它们来带动贫困农户脱贫致富，小农户则处于被动地位，很容易出现利益得不到实现的问题。并且，这种经过"能人"带动的增收方式（如扶贫资金入股分红），即使是在最理想的情况下，往往也只能实现农民对产业"发展结果的共享"，而不能实现对"发展过程的共享"（田学斌，2017）。在这种情况下，农民仍然不能从根本上改变其在农村产业融合发展中的边缘地位，仍然不能成为农村产业融合发展的参与主体，无法实现"共享机制构建"的目标。

3.3.2　人力资本对农民工资性收入的影响机制：劳资博弈视角

农村产业融合发展会在农村大量发展出雇佣劳动关系，为农村产业融合发展共享性的增强提供了一条新的途径。人力资本是内在于劳动者的劳动能力，天然地归属于劳动者个人所有（周其仁，1996），劳动者的人力资本可以成为其与用工方博弈的重要手段。这种经济地位和权利的改善有两种基本途径：其一，通过物质资本的所有权，这在第3.2.2节和第3.2.3节中已经作过分析；其二，通过提升劳动者的人力资本，这正是这一部分要研究的。

农民人力资本水平的提高具有提高劳动者地位、改善劳资关系、增加农民工资性收入和改善农民工待遇的作用。最早深刻认识和阐述这一原理的是马克思。马克思指出，生产决定分配，工人之所以遭受剥削，有深刻的经济基础，那就是资本积累、资本相对过剩，形成劳动力的相对过剩和庞大的"产业后备军"，这些后备劳动力的竞争压低了市场工资，并且作为在位工人的潜在竞争者，成为资本家约束工人、与工人博弈的最有力手段。从马克思的这一论述推出的结论就是，只有减少"产业后备军"，才能增强劳动者的谈判能力和经济地位；而在既定的生产资料所有制下，减少"产业后备军"的根本办法是提高劳动技能的专用性，从而使得资本家不能随便从劳动力市场上找到合格的劳动者。约一个世纪后，格伦·波特（Glenn Porter，1973）在对劳动工会早期历史的考察中指出，"就像 1880 年代很多手工业者建立了美国劳联那样，铁路兄弟会也从他们的成员掌握着稀缺的、难以替代的技能这一事实中，看到了自己的经济实力。这种工会发动的罢工是对雇主的一种真正威胁，因为雇主很难从外面另招一批工人……来代替他们，破坏这种罢工"①。威廉姆森也认同这一观点，并指出专用性人力资本大大增强了工人对雇主的谈判能力，是建立更稳定的劳动合约治理结构的基础；依靠专用性的人力资本，工人可以通过声誉效应、降低工作质量等机制来改善自身的待遇②。巴泽尔的奴隶理论也深刻指出，奴隶所掌握的技能（人力资本）是其与奴隶主博弈、争取自身权利的有力工具。在当前条件下，提升人力资本是改善农民经济待遇、增强农民共享农村产业融合发展能力的治本之策。加强对农民工的法律保护固然非常重要，但是在劳动力市场绝对过剩的情况下，保护劳动者权益的法律法规实际上很难得到严格执行（温铁军，2015）。按照巴泽尔的经济权利—法律权利二分法，完善劳动者权益保护的相关法律法规只能解决法律问题，要使这些法律规定落到实处，成为实实在在的经济权利，必须构建相应的经济机制，提高农民的经济地位及其与雇主的谈判能力。

从这个意义上讲，如果企业制度的形成不考虑制度和国家的作用，仅仅考虑企业自身的理性选择，基于劳动者人力资本激励和劳资博弈的机制，对企业制度也有重要影响，是形成职工持股制、合作制、股份合作制等劳动者参与分红、对资本关系进行局部扬弃的新型企业制度的经济原因——按照巴泽尔的观点，这是产权的经济分析，是私人契约在确定产

---

① ［美］奥利弗·E. 威廉姆森. 资本主义经济制度［M］. 段毅才，等译. 北京：商务印书馆，2003：373.

② ［美］奥利弗·E. 威廉姆森. 资本主义经济制度［M］. 段毅才，等译. 北京：商务印书馆，2003：367－387.

权，而不是国家在制定产权。在现代经济学中，劳动者的激励问题正是企业制度选择的一个重要因素，也是影响企业制度效率的重要因素。为了解决激励问题而衍生出效率工资、股票期权、职工持股、管理层收购（MBO）等一系列企业制度。这就是所谓人力资本参与企业所有权分配（彭正银，2003；方世建，2006；黄载曦，2007）。农村产业融合发展大大提高了农业生产的技术复杂性和人力资本水平的重要性，那些富有专门技术的劳动者的博弈能力显著提高，这对改善农民经济地位、增加工资性收入有重要的积极作用。

3.3.3　农民的人力资本投资：政府与市场相结合

按照分析框架，本书从政府与市场关系的视角对农民人力资本投资、增强农民人力资本可得性进行分析。其中，政府供给主要是通过政府投资主办的教育、培训和购买服务进行的[①]；市场供给主要是通过提供市场化教育培训机构、"捆绑销售"的营销模式和"公司＋农户"中的技能培训进行的。

第一，农民人力资本投资：政府供给机制。从经济性质上看，农民的人力资本投资属于"准公共产品"。农民的人力资本投资不仅对产业发展产生重要影响，而且对收入分配、社会公平也极为重要。人力资本的可得性是现代生产要素可得性和农村产业融合发展共享性建构的基础和关键。一般而言，教育公平是社会公平最基本的条件。正如约翰逊（Johnson，2004）所指出的，"如果家庭必须支付全部或者大部分的教育成本，那么，一般来说，贫困家庭在教育上的投资将少于富有家庭，从而导致收入、政治和社会上更大的不平等"。因此，政府对农民进行人力资本投资，不仅要解决人力资本投资正外部性所导致的供给不足问题，而且要缩小人力资本投资差距、提升贫困群体的人力资本可得性，进而增强其自生能力。

在农村产业融合发展中，地方政府的促进政策往往是投资于"田园综

---

① 一般而言，广义的人力资本投资还包括卫生和保健。这里重点关注的是农民的教育、培训，对卫生、保健等不做专门讨论。

合体"、特色小镇建设，热衷于通过大量财政资金的投入，打造少数三产融合发展和乡村振兴的"样板"，对农村教育和农民培训的重视程度和投入力度严重不足。除了教育投入总量不足外，我国教育资源分配还存在明显的城乡二元结构问题，城市的生均教育经费远远超过农村。有学者认为，教育、医疗的产业化改革和国家对农村教育、医疗事业的"财政甩包袱"成为农村稀缺资源流向城市的"抽水机"（董筱丹、温铁军，2009）。

此外，我国农民人力资本投资结构的分布还存在高等教育、基础教育、职业教育和技能培训之间的不平衡，政府对高等教育的重视程度超过中小学基础教育和职业教育、技能培训。按照舒尔茨的观点，基础教育的投资收益率是最高的，比高等教育更高。较高质量的农村中小学教育能让农民具有学习能力，对农民进行人力资本投资的成本会大大降低。农村基础教育、职业教育和技能培训的不足构成我国农民人力资本投资的短板。

第二，农民人力资本投资：市场供给机制。政府对农民教育、培训的投资和政府购买服务的推行扩大了农民教育培训市场，培育出一批市场化的农民教育培训主体。因为农民的收入较低，由农民自己进行的教育服务购买限制了这一市场的发展，而政府的注资大大缓解了这一问题。随着这一市场的兴旺，一些农业龙头企业、农民专业协会等逐渐参与到农业职业教育培训行列中来，一些民办职业教育培训机构获得新的发展；新媒体网络平台在农业职业教育培训中发挥着越来越重要的作用。目前，在我国农业职业教育培训市场中，不同类型的教育培训机构分工协作的系统已初步形成。

除了单纯的技能培训外，还有一种市场化技能培训是以销售农业生产资料为目的、以技能培训为手段运作的。大部分销售农业生产资料的企业会对农民进行培训，以使农民更好地掌握新技术、新要素的使用方法，从而更好地销售农资产品。企业这种行为的主要动机是"以技术换销量"（周娟，2017）。这实质上是农资销售企业的一种营销行为，带有"捆绑销售"的性质①。这是在直接的市场交易中发生的行为，在介于市场与等级

---

① 这种"捆绑销售"最典型的例子是医院。医院本来的职能是提供医疗服务，但是医院能凭借这种便利，通过药品销售获利。在我国现行医疗体制下，药品收入已经成为医院最重要的收入来源。

制组织之间的各种中间型组织类型"公司＋农户"中，这种商业模式还有一些变种。在我国各种"公司＋农户"模式中，企业往往会要求统一生产技术和农资供应，企业实际上成为农民的农资供应商，农民则成为企业的客户。这不仅有利于控制农产品的质量、降低交易成本，还是龙头企业的一种经营业务与获利方式。在这种模式中，农民与企业之间的关系是多重的，是一种长期合作关系，企业也会对农民进行一定的技术培训。例如，据报道，我国知名民营企业新希望集团计划在5年内，联合其他涉农企业，培养10万名新型职业农民和农技员。[①] 这种技术培训就不仅是农资销售企业获取销售市场的营销行为，还是为了更好地控制和提升农产品质量安全、维护企业声誉。在这种"公司＋农户"组织形式中，农民除了是企业的客户外，还是企业的合作伙伴和"准员工"，那些有着长远考虑、在农村进行了大量专用性投资、希望与农民建立长期合作关系的企业，会有积极性对农民进行专用性人力资本投资。[②]

3.4　本章小结

现代生产要素可得性是整个农村产业融合发展共享性构建的基础和必要条件，无论是多元组织形式的共生性，还是农民财产权利的现实性都要建立在现代生产要素可得性的基础上。现代生产要素可得性的建构需要制度和组织创新，核心是调节政府与市场关系。概言之，政府要履行在现代生产要素研发、基础设施建设和农民人力资本投资等方面的主体责任，但应当适当引入市场机制，同时广泛动员市场力量，培育和完善相关市场体系，如技术市场、农业生产性服务市场、农民职业技能培训市场等，市场化的生产性服务业和企业组织创新大大增强了现代生产要素服务和收入的

[①] 王晓易. 刘永好谈新型职业农民培养：企业把捐款变成培训，或许价值更大 ［EB/OL］. ［2018－03－04］. http://news.163.com/18/0304/10/DC23H39D000187VE.html.

[②] 当然，不排除一些从事职业农民培养的企业也有承担社会责任、提升企业社会形象的考虑。这实际上是一种出于赢得市场竞争的"非市场行为"（田志龙等，2007；田志龙、樊帅，2010）。

可得性；政府对小农户、中小企业等弱势群体的扶持是重要而必要的，应当将政府对产业发展的扶持和对生产关系的引导调整结合起来，促进收入分配的公平性和共享性。在现代生产要素共享性建构的过程中，基础和关键是农民的人力资本可得性，增强农民的自生能力和市场竞争力，否则，即使国家投入充足的扶持资金，小农户也不具备有效运用的能力；农民人力资本的不足往往还会进一步衍生出正当权益被大农户和企业侵占的问题。本书的核心观点是，我国农村产业融合发展共享机制构建的物质基础在于实现内源式发展方式，而提升农民的人力资本、增强其自生能力则是基础的基础。

当前，我国市场经济体制还不够健全和完善，还存在一些不利于共享发展的体制、机制、观念上的障碍，现代生产要素可得性的广泛性和均衡性还比较薄弱。特别是地方政府对效率的偏好远远超过公平，共享发展理念尚未建立起来；在体制上，地方政府与农民的利益连接远不如与企业、大户等精英群体的利益连接紧密，这使得地方政府在促进现代生产要素的可得性时可能偏向精英群体，而相对忽略小农户的可得性，从而导致这种现代生产要素可得性的不均衡性，是少数人的可得性，而不是大多数人的可得性。现代生产要素的可得性建构应当是政府主导，同时合理、充分地利用市场机制，不能借"市场化"之名推卸本应由政府承担的责任。在现代生产要素可得性建构中，市场能发挥一些政府所不能发挥的作用，如专业性、充分的激励、供给更切合需求，但市场同时也存在一些"失灵"的情况，如对正外部性产品和服务的供给不足、无法对小农户进行有力扶持等。现代生产要素可得性建构离不开市场化的企业组织创新，如股份制、合作制、各种介于企业和市场之间的中间形式等，但是这些市场化的微观组织创新要充分发挥作用，都离不开良好的制度环境和政府的善治。不论是农民专业合作组织，还是农村集体经济组织，要建立健全其治理机制，真正发挥带动广大农民增收、促进共同富裕的作用，都需要制度环境的合意性。下面对多元组织形式共生性和农民财产权利现实性的分析还将继续证明这一点。

第4章

农村产业融合发展共享机制构建：
多元组织形式的共生性

按照第 2 章构建的二维分析框架及其逻辑展开，我国农村产业融合发展共享机制构建的一个基本目标是实现多元组织形式的共生性。这种共生性的实现虽然有市场化的内生机制，但同时也离不开政府的必要引导和调节。本章将从交易治理机制、利益协调机制和市场竞合机制三方面分析市场化共生机制的内在机理及其局限性，以及针对其进行的制度和组织创新。

4.1 多元组织形式共生性构建：交易治理机制

从治理视角来看，中小经营者面临的困难不仅在于生产上无法利用分工协作机制，同时也在于进入市场时的高交易成本。基于这一视角，大企业是一种将分散农户组织起来的市场化组织资源，依靠这种组织资源，能大大降低其进入市场的交易成本。从这一视角看，我国农村产业融合发展中的多元组织形式互利共生具有内生的市场化机制。但是，为了使这一机制运行更加有效、运行成本更低，仍然离不开政府的引导作用。

4.1.1 逆向选择与中小经营者面临的治理困境

当前，随着我国城镇化进程进入新的阶段，依托农业的生态、文化、旅游功能，在休闲农业、乡村旅游等新产业、新业态和新商业模式带动下的农村产业融合发展培育了大量适合农民经营的项目，这些项目的就业创造能力和对农民的带动作用远远超过以农工商纵向一体化为主要内容的农业产业化。休闲农业和乡村旅游业中出现的"农家乐"、"采摘游"、特色餐饮等，都是适合农民家庭经营的小型服务项目，具有一定经营能力的农户仍然能作为独立经营者从事现代化的种养殖业，发展高附加值的生态农业、绿色农业、定制农业等新产业、新业态、新商业模式。但是，中小经营者面临交易成本的难题。科斯首先提出市场面临的主要问题是交易成本这一新思想，威廉姆森在此基础上进一步提出，交易成本的根源是有限理性和人的机会主义行为，为了应对机会主义行为，就需要建立治理机制，如等级制组织、抵押、质量保证承诺等。这种交易成本包括两个方面：其一，与消费者之间的机会主义行为和交易成本，生产者可能有利用信息优势，以次充好、偷工减料等机会主义行为，损害消费者权益；其二，生产者之间基于产品和服务交易，而发生的机会主义行为和交易成本，如以次充好、偷工减料、蓄意违约等。

近年来，我国食品安全问题已经引发社会广泛关注。与此同时，我国已经形成一个具有较强消费能力和消费需求的城市中产阶层，他们对产品质量安全的要求更高。为了适应市场的变化，农村产业融合发展需要保障产品的质量安全。这不仅是一个技术问题（现代生产要素的生产和供给），同时是一个经济问题——为生产者的这一行为选择提供经济激励。因此，基于消费者权益保护、促进产品质量安全，会对组织形式选择产生重要影响——这也就是本节所选择的治理视角。当然，无论对大企业还是中小企业，都存在信息不对称下的机会主义行为，但关键的差别是是否存在有效的治理机制，对此加以抑制。美国经济学家乔治·阿克洛夫（George A. Akerlof, 1970）最先提出的"柠檬市场原理"[1] 表明，这种信息不对称如果不能得到有效抑制，将产生"劣币驱逐良币"的"逆向选择"问题，构成制约产品质量提升和生产力发展的制度困境，是市场不完善的重要

---

① ［美］乔治·阿克洛夫. 柠檬市场：质量不确定性与市场机制，载于阿克洛夫·斯彭斯和斯蒂格利茨论文精选［M］. 谢康，乌家培，编. 北京：商务印书馆，2010：1-18.

表现。

按照前述信息经济学和博弈论理论，解决逆向选择问题的基本机制是建立信息披露机制和相应的激励约束机制：激励生产者之间的质量竞争，抑制生产者通过降低产品质量、粗制滥造的方式获利。反之，如果不能建立有效的信息披露机制、对不同质量产品的差别奖惩机制，实现"优质优价"，就可能出现"劣币驱逐良币"的问题，严重阻碍有效供给能力和发展质量的提高。正如前面反复指出的，只有"把激励搞对"，才能为各类经营主体共享农村产业融合发展提供良好的制度环境。商品品牌是一种重要的、市场化的信息披露机制，是一种产品质量信号。品牌的建立要花费大量成本，品牌所带来的收益也巨大。对大企业来说，品牌是一个具有重大经济价值的属性，因此大企业有建立和维护自己品牌的内在激励。但是，无法建立品牌的中小企业很难解决这个激励困境。在一个流动性很强的社会中，分散的中小经营者的品牌很难建立起来：其一，中小经营者的品牌意识和品牌建立能力有限；其二，中小经营者的专用性固定资产规模有限，流动性强，做长期考虑的激励不足[①]，其行为选择更多具有一次性博弈和有限重复博弈的特点，而很少有无限重复博弈的特点；其三，作为独立的核算单位和利益主体，在品牌建设和维护中，中小经营者可能面临"囚徒困境"。因为在这个合约里，每个经营者都有"搭便车"的动机，这是一个"占优策略"。

综上所述，扶持农户作为独立经营者参与到农村产业融合发展中来，必须建立针对其机会主义行为的治理机制，形成一种能够激励质量改善行为的激励机制。解决这个问题的一个办法是实现某种形式和程度的"统分结合"，提高中小经营者的组织化程度。下面，本书将对此进行详细分析。

4.1.2　中小经营者的市场化治理机制：大企业的带动作用

解决信息不对称和机会主义行为所产生的逆向选择问题存在政府与市

---

① 大企业因为进行了大量专用性的固定资产投资，必须长期经营，不能随意撤出市场，这相当于是一种有效的抵押和承诺，对其行为是一种有效的约束；但是中小经营者的专用性固定资产投资有限，撤出市场的损失没有大企业那么大，也就是说，其行为缺乏有力的担保机制。

场两种机制。逆向选择问题严重损害市场效率、消费者福利和社会生产力的发展，具有严重的负外部性，因此是政府治理的重要方面。然而，政府提供的信息披露、市场监管等机制，固然是重要方面，但是市场本身并非没有相应的内生机制来加以应对①。"逆向选择"问题造成了市场的低效率、市场规模缩小，最终受损的是整个行业的市场主体，尤其那些产品质量较高的企业更是这一机会主义行为的直接受损者。因此，产品质量较高者有向消费者揭示产品质量、消除信息不对称的强烈愿望和动机，产品质量较低者则更愿意维持这种信息不对称的状况，以实现"浑水摸鱼"。因此，产品质量较高者将自发进行消除或缓解信息不对称的制度和组织创新，成为这种制度和组织创新的"第一行动主体"②。由于企业存在边界，大企业常常不得不与中小经营者合作，为了消除中小经营者可能的机会主义行为，将大企业的品牌维护行为传递给中小经营者，大企业将通过制度和组织创新提供治理机制，这就是大企业为中小经营者提供治理平台的基本原理。下面，本书通过一个简单的无限重复博弈模型来分析上述治理机制。

假设一个厂商有两种选择：一种是诚信经营，即价格和质量对应，优质优价、低质低价；另一种是不诚信经营，即销售假冒伪劣商品，或者说所销售产品的质量总是低于其宣传。假设顾客与厂商选择前都不知道对方的选择，双方都是完全理性、知道自己和对方在每种策略组合下的得益，并且这种完全理性和信息结构是共同知识。也就是说，原博弈是一个完全信息静态博弈，博弈的得益矩阵如图4-1所示。这一得益矩阵设定背后的假设是：在厂商诚信经营、消费者相信厂商的情况下，厂商和消费者的得益都比厂商不诚信经营、消费者不相信厂商的情况更好，前者相对于后者

---

① 应对环境污染问题的"庇古税"和科斯所提出的排污权交易市场是应对"市场失灵"时的政府机制与市场机制的典型例子。参见罗纳德·H. 科斯（Coase，R. H.，1960）. 社会成本问题. 载于［美］科斯等. 财产权利与制度变迁：产权学派与新制度学派译文集［M］. 刘守英，等译. 上海：格致出版社，上海人民出版社，2014：3 - 43. 当然，即使是排污权交易市场的建设和规范，同样是政府主导的制度创新的产物，二者的区别主要是政府对市场的干预和调节是完全通过行政手段，还是引进和利用了市场机制。

② 这就是巴泽尔所强调的产权的经济分析：大部分产权的界定和保护都是私人行为，政府和法律是产权界定与保护的重要手段，但并非唯一手段。

是一个帕累托改进。

顾客

		相信	不相信
厂商	诚信	(3, 3)	(-1, 0)
	不诚信	(6, -2)	(2, 2)

图4-1　厂商与顾客博弈的得益矩阵

不难看出，阶段博弈有唯一的纳什均衡（不诚信，不相信），对应的得益组合为（2，2）。显然，（诚信，相信）策略组合下的双方得益是（不诚信，不相信）策略组合得益的帕累托改进，代表着市场经济更高的运行效率。但是，中小经营者与消费者之间的博弈类似于静态博弈，只能得到低效率均衡结果；大企业与消费者之间的博弈类似于无限重复博弈，可能通过无限重复博弈中的触发策略，实现上述帕累托改进。构造下列触发策略组合。

厂商策略：第一阶段选择诚信经营；第 t 阶段，如果之前的 t-1 阶段一直诚信经营并且顾客总是选择相信，则继续选择诚信经营，否则选择不诚信。

顾客策略：在第一阶段选择相信；在第 t 阶段，如果之前的 t-1 阶段一直选择相信并且厂商总是诚信经营，则继续选择相信，否则选择不相信。

首先分析厂商的策略。给定消费者的策略，如果厂商在某一阶段选择不诚信经营，那么在当期可以得到6单位短期利润，但是这以后每阶段的利润都只有2；反之，如果厂商总是选择诚信经营，则当期和以后每一阶段都能得到3单位的利润。设厂商长期利益的贴现率为 δ，那么当：

$$6 + 2 \times (\delta + \delta^2 + \cdots) \leqslant 3(1 + \delta + \delta^2 + \cdots)$$

也就是 $\delta \geqslant 3/4$ 时，厂商会始终选择诚信经营，否则一开始就会选择不诚信。贴现率 $\delta \geqslant 3/4$ 是给定顾客策略时，厂商采用上述策略的关键。然后，分析顾客策略。给定厂商的策略，厂商第一阶段选择诚信经营，因此该阶段顾客应该选择相信；在以后阶段，如果厂商之前一直选择诚信经营，那么就会一直诚信经营，顾客选择相信；反之，如果厂商曾经不诚信，那么肯定会继续选择不诚信经营，顾客则选择不相信（即只按照平均质量支付）。因此，在这个厂商和顾客之间的无限重复博弈中，只要厂商贴现率 $\delta \geqslant 3/4$，那么上述触发策略就是一个子博弈完美纳什均衡，厂商会坚持诚信经营。

在农村产业融合发展中，大企业为中小经营者提供治理平台的必要性是非常突出的。"互联网+农业"是这方面的典型代表。线上交易最重要的问题就是消费者的信心，必须保证产品质量安全、树立市场信心，市场才能持续稳定发展。按照前述分析，分散的小型电商无法建立抑制机会主义行为的治理机制，必须依托大型互联网平台。从我国电商发展实践来看，已经形成了淘宝、京东、美团、大众点评等知名大型电商平台，这些大型电商平台不仅为众多中小电商和实体商家提供线上交易平台，而且通过建立规章制度，对其行为进行必要的约束，如保证产品质量安全、不卖假货等。因为中小电商与消费者之间的博弈虽然是一次性静态博弈，但是大型电商平台与消费者之间却是无限重复博弈。根据前述分析，大型电商平台企业有动力对中小型电商进行规范化管理。按照巴泽尔的产权分析方法，在这种"大型电商平台+中小商家"的合作模式中，产生了产权的分割及可能的产权侵犯：大型电商平台拥有平台品牌和商誉的所有权，而中小电商和实体商家则享有品牌和商誉的使用权；中小电商和实体商家可能利用使用权占有的便利，侵占大型电商平台的品牌所有权（无限重复博弈模型中的触发策略解释了大型电商平台品牌所有权的经济价值），如销售劣质产品造成大型电商平台的商誉受损。如前所述，为了应对这种产权分割中所产生的产权侵占行为，巴泽尔认为有必要进行一定的行为限制，这种限制不仅不会"稀释"产权，恰恰是使产权得到更清晰的界定①。

这是一种自发的市场化治理机制，大企业提供的大型交易平台是这种市场治理机制的建构者和主导者；与政府建构和主导的行政化治理不同，

---

① 这种市场治理机制不仅存在于电商之中，在线下商业模式中也很常见，如超市、连锁店等（胡定寰，2005）。一般而言，在所有存在"统分结合"和产权分割的商业模式中，这种市场化治理机制都会以某种形式存在，只不过互联网在商业上的广泛运用为其添加了新的推动力和表现形式。

这种市场化治理机制不是依靠第三方强制执行，而是依靠市场主体之间的自愿契约，并且作为治理者的大型交易平台企业因为有剩余索取权激励，监管的激励一般要比缺乏剩余索取权的政府监管部门更加充分。因此，这种大企业建构和主导的市场化治理机制为政府建构和主导的治理机制提供了非常有效的治理资源：政府只需要监管这些大企业平台，促使其履行市场监管、行业自治的责任，就能实现对大量中小经营者的监管，而不必直接去监管无数的分散经营者，从而大大降低政府的监管成本，提高监督的有效性①。

4.1.3　中小经营者市场化治理机制的完善：政府引导

虽然存在中小经营者机会主义行为的市场化治理机制，但是要完善这个机制仍然离不开政府的作用，这主要体现在以下三个方面。

第一，增强对大企业的外部监督，更好地"启动"和维护市场治理机制。大企业监督与其合作的中小企业的动力是与制度环境相关的，外部监管强，大企业对中小经营者的治理也就会更有力。加强对合作伙伴的监督约束并非没有成本，这种代价包括监管成本、与之合作的中小商家减少等，因此大企业也会在监管的松紧程度上有所权衡。在这种组织形式中，大企业与中小商家不仅是管理与被管理的关系，也是合作关系，如果来自政府、消费者和社会公众的外部监督力度不足，大企业平台也可能选择放松质量控制和对中小经营者的监管，以降低监管成本，并吸引更多的中小商家与之合作。从社会理性、社会效益的角度看，这就是一种不正常的利益勾连，并非良性的企业互利共生机制。正是因为存在这些成本，我国当前的大型电商平台如淘宝、京东、一号店等，都时常出现假货，大企业平台甚至可能包庇、纵容合作商家的机会主义行为。从长期和整体来看，这种博弈均衡结果不利于整个行业的健康持续发展，其实质是一种"囚徒困

---

① 这种社会治理的思想和实践，在我国早就存在了。早在新中国成立之初，为了保证粮食统购统销政策的实现，国家决定通过合作化运动将如"汪洋大海"般的小农户组织起来，以利于管理和约束。当时，对这种管理办法有一个生动的比喻——将大量的"小辫子"编成少量的"大辫子"。

境"。之所以形成这种博弈均衡，根源在于外部监督、制约和惩罚机制不到位，使得企业产生机会主义行为不会受到惩罚的错误"预期"。上述无限重复博弈下的触发策略能够发挥作用是建立在信息对称和充分、厂商不诚信行为能够立刻被消费者发现并受到惩罚的假设前提上的。但是，如果市场的信息披露机制和对失信行为的惩罚机制不到位，那么上述假设前提就不能成立，促使上述市场化机制发挥作用的触发策略就不能成为博弈均衡策略。由于消费者、媒体和公众的监督力量有限，作为力量集中者的政府的必要监管将强化对大企业的监管，将政府的外生监管与市场的内生治理机制有机结合起来，以更好地启动和保障前述市场治理机制，形成大中小企业之间良性的互利共生关系。从各国政府对农产品质量安全问题的治理实践看，主要措施包括：提高质量安全准入标准、完善质量安全评价体系、规范标识标签制度、强化抽检力度、建立可追溯体系、加强执法力度等（Starbird，2005；Pouliot & Sumner，2008）。

第二，解决市场化治理机制很难触及的低端消费市场的质量安全控制问题，维护中低收入消费群体的利益，促进社会公平。在我国农业产业化实践中，形成了松散型、半紧密型、紧密型、纵向一体化等多种形式的"公司＋农户"（万俊毅，2008）。一种观点是将这些模式当成是农业产业化前后相继的发展阶段，认为我国农业产业化发展所依托的组织形式有一个从松散到紧密的前后相继的趋势（廖祖君、郭晓鸣，2015）。然而，在笔者看来，这些产业组织形式并非前后相继，而是同时并存的。根据所瞄准的细分市场不同，对产品质量安全控制的严格度也不同，从而要求采取的组织形式也不同：更紧密的联结模式，需要支付更高的组织成本，只有在能够实现优质优价的中高端市场，高昂的组织成本才能得到补偿；对于那些只能支付较低价格的低端市场，对产品质量安全的控制就不会那么严格，从企业利益的角度讲，也就没有必要建立紧密型产业组织，因为这会付出额外的组织成本。从经济效率来讲，中低端的大众市场最好的生产组织形式是"合同农业"，而非纵向一体化。在我国，一些高端食品生产企业已经越来越倾向于自建生产基地，以获得原材料，只有中低端食品才采用"公司＋农户"的订单农业模式。例如，何秀荣（2009）提到的广东温氏集团、山东龙大食品集团以及张义博（2015）提到的中粮集团都是如此。低端消费市场的产品质量安全带有更强的公益性，应当由政府来主导和保障。

第三，为农村产业融合发展中的中小经营者提供新的组织资源和治理机制，如农村集体经济组织和专业合作社。农村产业融合发展中的大企业下乡，提供交易平台、组织资源和治理机制的覆盖面是有限的，更重要的是，外来龙头企业与本地农民之间存在利益分歧和对立，其主导的治理平台往往占有大部分收益，不能有效地惠及广大农民（杜吟棠，2005）。为了扩大治理机制的覆盖面，增强其对广大农民的服务带动作用，更好的选择是培育其他扎根于农村本土的组织资源，如农民合作组织和农村集体经济组织，依托它们建立治理机制①。如前所述，从政治经济学视角看，这些新型组织资源和治理机制是"社会化资本"，是对资本特殊性的局部"扬弃"。小农户存在"集体行动的困境"，其组织化程度很难提高。农村集体经济组织是一种可资利用的组织资源，但是我国当前大多数农村地区的集体经济组织力量薄弱、治理机制也不完善，很难作为小农户的组织资源和治理机制。家庭联产承包责任制改革只实现了从统到分，而没有实现"统分结合"，从而也就不能克服个体家庭经营的弊端。深化农村经营体制改革，其实质就是要实现从当前的"有分无统"到"统分结合"的转变。

由于集体经济组织和农民合作组织追求公平目标，在一定程度上损害了效率目标，往往在市场竞争中处于不利地位，因此政府应当进行必要的扶持（苑鹏，2001，2009）。但是，从运行层面看，农民合作社、农村集体经济组织等组织形式所面临的发展困境中，比缺少资源要素更加严重的是缺少"社会资本企业家"。企业家在现代经济中具有极为重要的作用，本身就是极为关键的组织资源（马歇尔，1965；熊彼特，1990）。然而，企业家才能又是非常稀缺的，而"社会资本企业家"比一般的"私有资本

---

① 马克思在分析资本主义生产中的协作时，曾经深刻指出，不能"把从共同的劳动过程的性质产生的管理职能，同从这一过程的资本主义的，从而对抗的性质产生的管理职能混为一谈"。参见马克思，恩格斯. 马克思恩格斯选集（第二卷）［M］. 中共中央编译局，编译. 北京：人民出版社，2012：209. 生产发展所需要的组织建设与利益关系的对立还是和谐是两回事。同样地，为农户和中小企业建立治理机制的必要性与这种治理机制所附着的利益关系也是两回事，应当尽可能通过利益和谐的组织形式（如合作社、农村集体经济组织等）建立这种治理机制，而不是借助于利益对立的组织形式。

企业家"的要求更高，不仅具有一般企业家的创新精神和经营管理能力，还要有关心社会福利和公共利益、强烈事业心等特殊偏好（周其仁，1997；冀县卿，2009；曹阳，2015），这无疑大大增强了社会资本企业家的稀缺性。因此，即使不考虑物质资本的所有权分配（这个在相当程度上可以通过制度和政策调节），仅仅考虑企业家才能（人力资本）的特殊要求（这个问题很难通过政府和制度来调节，而是取决于社会中潜在企业家的偏好结构），农民合作社、农村集体经济组织等社会资本形式也不能完全替代私人资本，而只能与后者开展合作，形成互利共生的关系。

4.2　多元组织形式共生性构建：利益协调机制

基于服务供给机制而体现的多元组织形式共生性是前述现代生产要素服务可得性建构的重要实现机制。从服务供给视角看，多元组织形式共生的基本含义是：完善的社会化服务网络是广大农民参与农村产业融合发展的必要条件，而构建完善的社会化服务网络离不开龙头企业的支撑和大量中小型专业企业。在我国当前国情和农情下，多元组织形式共生性不仅是大中小组织之间的共生，同时也离不开具有一定公平偏好的企业组织形式（如合作社、农村集体经济组织等）与一般的营利性组织的共生。这一问题在第 3 章对现代生产要素可得性的研究中已有所涉及，本节将进行更加详细的分析。

4.2.1　服务交易中的利益协调与组织共生机制构建：一般原理

在农村产业融合发展中出现的新产业、新业态和新型商业模式，除了工厂化农业等少数在技术上具有明显的规模经济、需要紧密的内部分工协作的生产方式，农户家庭经营的弊端可以通过借助于社会化组织网络而实现的社会分工来弥补，避免资本主义生产方式对农户家庭经营的排挤（曹阳，2015）。在这个"社会化组织网络"的构建中，政府应当发挥主导作用，同时积极引进市场机制、提高政府服务效率，并培育市场主体和服务产业。关于构建社会化服务网络中的政府与市场的关系，前文对现代生产要素服务可得性的分析中已经进行了详细展开，本节分析社会化服务网络的侧重点在于多元组织形式之间的利益关系，特别是广大农户能否得到扶持和利益增进的问题。由于服务供求的双方是一种利益对立的竞争关系，容易出现实力更强的服务供给者侵占实力相对较弱的服务需求者利益的问题，从而破坏多元组织形式的共生关系和我国农村产业融合发展的共享性。因此，从社会化服务视角分析多元组织形式的共生性，需要分析如何避免或缓解利益的对立。

经过多年的农业农村市场化发展，我国的农民群体已经高度分化，形成了专业大户、专业小户、兼业小户等多种类型。进一步说，对这种基于生产性服务交易而产生的共生关系的分析，需要区分两种情况：其一，大企业与规模化农户之间的共生机制；其二，大企业与小农户之间的共生机制。之所以进行这样的区分，是因为这两种服务供求关系有着本质的不同：前者，大农户（专业大户、家庭农场）进行了一定的专用性资产投资，包括专用性固定资本和人力资本，按照威廉姆森的观点，这种交易主体会有维持长期合作关系的动力，会做长期考虑，具备抑制机会主义行为的内在机制；而小农户本身进行的专用性资产投资很少，对农业生产缺乏长期考虑和充分的重视，难以形成长期合作关系，缺乏对机会主义行为的内生约束机制。从博弈论的视角看，前者具有更多变和博弈和无限重复博弈的特点，存在更大的互利共赢的空间，因为长期合作能够产生额外的剩余；后者则缺乏合作所产生的剩余，因此零和博弈和一次性博弈/有限重复博弈的特点更加明显，进行合作的困难更大，能够产生的合作剩余也相对更少。

综上所述，这里形成的初步的分析结论是：第一，不同经营规模和治理结构的组织形式的互利共生机制，一般而言，具有更多专用性资产投资、经营规模较大的企业和大农户之间具备更紧密的互利共生机制，而经营规模过于狭小、缺乏专用性资产投资的小农户与龙头企业之间则很难形成相应机制；第二，对于这两类组织共生机制构建，需要进行不同的制度和组织创新。前者具有内生的互利共生机制，外部的共生机制建构的难度相对较小，而小农户与大企业之间原本就缺乏紧密的利益联结机制，利益关系松散，利益分歧和矛盾更为严重，是通过制度和组织创新进行共生机制构建的重点和难点；第三，形成包括专业化的适度规模经营主体和服务主体与经营规模过于狭小的小农户在内的广泛的组织共生机制，有必要构建包含各种所有制属性和治理结构的组织共生机制。下面，本书将分别对这两类组织共生机制构建的内在机理、相应的制度和组织创新进行深入分析。

4.2.2　社会化服务视角下的组织共生机制构建：市场作用机制

在交易治理视角下，存在大中小组织之间内在的共生机制，对农户家庭经营起到促进作用，有利于农户自生能力的提升。同样地，在社会化服务视角下，也存在大中小组织之间内在的共生机制，包括以下两方面：基于无限重复博弈而形成的合作机制、合作制下的利益协调机制。

第一，市场交易中的利益协调与共生机制：无限重复博弈的比较静态分析。在生产性服务的市场交易中，买者和卖者之间是一种既对立又统一的矛盾关系：从对立面看，二者之间存在利益的争夺，买者希望尽量压低价格，卖者希望尽可能抬高价格；从统一面看，以自愿契约为基础的市场交易必须达成互利共赢的结果，如果有一方利益受损，就不能实现交易。按照马克思主义关于矛盾的一般观点，矛盾的两方面究竟哪方面成为矛盾的主要方面，取决于外部条件。通过市场交易而实现社会化服务供求的多元组织也会因条件不同，而表现出不同的利益关系。从现代博弈论的视角看，这种"外部条件"就是决定博弈均衡结果的博弈规则、博弈过程和外生参数。在博弈理论中，形成合作均衡还是非合作均衡的一个重要影响因素是一次性博弈还是重复博弈：对于一次性博弈，如果纳什均衡是非合作解，那就不能实现稳定的合作；对于重复博弈，则可以通过后续博弈阶段的惩罚机制，诱使参与者在之前的博弈阶段实现合作均衡。合作解相对于非合作解是一种帕累托改进。按照上述理论逻辑，所谓"组织共生"可以理解为合作均衡的实现，从而由矛盾的对立面转向矛盾的统一面。由此，考察市场交易中的利益协调与组织共生机制，就可以转化成一个分析重复博弈模型达成合作均衡解的外生条件——博弈规则、博弈过程和外生参数——的过程。

4.1.2 中构建的无限重复博弈模型及其触发策略对社会化服务视角下的共生机制构建有两个启示：其一，从一次性博弈到无限重复博弈，有利于实现合作解，从利益冲突转向互利共生；其二，无限重复博弈合作解的实现依赖于贴现系数达到一定水平，贴现系数越接近于1，合作解越可能实现。根据这两个无限重复博弈模型的一般性结论，适度经营规模主体之间更容易形成合作解：一方面，适度规模的新型农业经营主体和服务主体大多是长期的专业化经营，双方之间的交易一般是重复博弈；而小农户的主要收入来源是外出务工或经营非农产业，农业经营不稳定，其交易带有更多的一次性博弈特点。另一方面，从贴现系数看，出于同样的原因，专业大户、家庭农场等新型农业经营主体往往有长期经营的计划，容易着眼长远，注重未来收益，从而贴现系数较大；而小农户的农业经营不稳定，徘徊在农业和非农产业、农村和城市之间，缺乏对未来的长期规划，对合作带来的未来收益的估值相对较低，从而贴现系数较小，合作解也不容易实现。

因此，适度规模经营主体之间的生产性服务交易更容易实现互利共生关系。[①] 在现实中，龙头企业往往倾向于与大农户（专业大户、家庭农场）合作，主动向大农户让渡利益，维护长期的紧密合作关系——龙头企业向农户提供生产性服务，农户向龙头企业提供初级农产品，成为企业的生产基地——谋求长期利益最大化，而不是想方设法侵占大农户利益，谋求短期利益最大化（万俊毅，2008；曹阳，2015）。在长期合作中，龙头企业和农户都有动力进行相应的专用性投资，进一步强化了双方的长期合作，为无限重复博弈机制发挥作用创造了条件，从而有利于互利共生关系的形成和维系。龙头企业大多也只愿意与专业大农户合作，而非与兼业小农户合作（宗锦耀，2017）。事实上，很多学者认为，工商资本下乡不仅不能促进小农户增收，反而会损害小农户利益，对资本下乡持"警惕"态度

---

① 除了无限重复博弈机制外，专业大农户在经营能力上也明显超过小农户，是更好的合作伙伴。而且，龙头企业与种养大农户合作，只要少数的合作农户就可以达到产品需求，从而大大降低交易成本。

（赵祥云、赵晓峰，2016；贺雪峰，2018；焦长权、周飞舟，2016）。

第二，特定组织形式中的利益协调与共生机制：合作制及其当代演变。区别于市场交易中的长期重复博弈机制，社会化服务供给中的组织共生还可以通过合作社这种特殊的组织形式来实现，这就是社员之间、社员与合作社之间的互利共生关系。合作社的本质规定性是"所有者与惠顾者同一"，在这种组织形式中，提供生产性服务的主体同时也是生产性服务的需求主体，从而也就不会出现服务供给者与服务需求者之间利益分歧和对立的情况。这是经典合作社制度最大的优越性。然而，如前所述，这种企业制度的资金来源渠道过于狭窄，仅限于服务需求者，并且其鼓励惠顾而不鼓励投入的激励机制，也极大地削弱了其资金吸纳能力。因此，随着农业生产性服务供给的资金投入量和需求量日益扩大，合作社为了在激烈的市场竞争中求得生存和发展，必须引进服务需求者（农民）之外的外部投资者，同时增加资本分红，这显然就破坏了"所有者与惠顾者同一"的合作社原则，不是合作社服务需求者的外部投资者与服务需求者之间必然存在买卖中的利益分歧和对立。尤其是在现代农业和农村产业融合发展中，合作社的资金需求量和资本密集度达到前所未有的高度，新型农民专业合作社像一般的企业一样进行了高度的纵向一体化，[①] 这进一步增强了合作社的资金需求量，并直接导致合作社股权结构的进一步开放。实际上，世界合作社组织发展的一般趋势是合作社边界日益向非社员开放，合作社"所有者与惠顾者同一"的原则越来越放松。由此，合作社也就开始向一般的营利性企业靠拢，逐渐合流。特别是对于那些农民经营规模狭小，自生能力薄弱，对外部主体依赖性强，社员异质性高，并且缺乏合作传统的东亚小农国家，这个发展趋势表现得尤为明显。但是，对于那些农场主拥有较强经济实力和自生能力，社员同质性较高，并且富有合作传统的欧美国家的合作社，即使在部分引进股份制和向非社员开放后，仍然能够在相当程度上保持所有者与惠顾者的同一，外部投资者的比例仍然被控制在一定的范围（郭富青，

---

① 2014 年，我国注重产加销一体化服务的合作社数量同比增长 40.1%，为 463 万家，生产服务为主的合作社增长 45.3%，达 24 万家；加工服务比上年同期增长了约 30%。

2007；何秀荣，2009），从而能够在相当程度上保留合作社的本质规定和利益协调性。

值得指出的是，上述合作社本质规定性的"漂移"（黄祖辉、邵科，2009）在我国还具有特殊的表现形式，那就是下乡资本、政府部门和农村"能人"领办的合作社，社员异质性程度更高。这些挂着"合作社"之名的组织大多数不具备"所有者与惠顾者同一"的本质规定（邓衡山、王文烂，2014），因此也不具有前述的利益协调机制。按照上述逻辑，对这些"异化"的合作社进行改造的根本出路在于培育新型农业经营主体，增强农民的经营规模和市场竞争力，促进以农产品专业户为主体的合作社发展（张晓山，2004）。缪恩克勒（Münkner，1991）曾经指出，社员具有对合作社作出贡献的能力是合作社产生和发展的必要条件之一。但是，在积极的情况下，这些"异化"的公司领办型合作社也起到了一种降低交易成本的治理作用，是一种介于市场和等级制之间的中间形式，有利于形成利益和谐共生关系。这种实现机制与其说是合作制，不如说是前述无限重复博弈的实现机制，因为这种中间形式同样是一种长期合作。从效率提升、产业发展的角度讲，这种"合作社"也是有积极意义的，不应被简单地视为"伪合作社"①。但是，也有一些精英领办的合作社纯粹是为了套取政府补贴和优惠政策，对农民的服务带动能力很弱，实际上没有实现与广大农户的利益联结。这类合作社究竟会发生何种情况，在很大程度上取决于具体的制度环境（李萍、田世野，2019）。

4.2.3 社会化服务视角下的组织共生机制构建：政府作用机制

按照前述分析，在利益协调机制中，市场化的组织共生机制要求农民本身具有较强的经济实力与自生能力，这使得其主要对规模化农户发挥作

---

① 近年来，国内学界关于我国合作社"异化"的问题，逐渐形成一种新的判断，即不能用西方合作社标准来判断我国合作社的规范性，我国合作社规范性的判断应当建立更加富有中国特色的本土性标准；我国大多数具有本土特色的农民专业合作社实践不应被视为"异化"，而是一种符合国情的本土创新（崔宝玉、陈强，2011；徐旭初、吴彬，2017；李琳琳，2017；李萍、田世野，2019）。

用，对广大小农户的带动力度相对较弱。因此，农村产业融合发展多元组织的共生机制构建离不开政府的积极引导，政府应为上述机制发挥作用创造有利条件。

第一，创造条件让无限重复博弈机制发挥作用：培养新型农业经营主体。适度规模的新型农业经营主体之间的社会化服务供求存在内生的互利合作机制，因此培育新型农业经营主体是充分利用这一机制的前提条件。近些年来，随着农民进城和土地流转的持续进行，我国新型农业经营主体获得了快速发展，但是仍然有进一步发展的空间和必要。政府应当继续积极培育新型农业经营主体，保障其用地、贷款等需求，尤其是增强前述现代生产要素的可得性，促进新型农业经营主体提质增效，实现集约化发展。在新型农业经营主体中，龙头企业起着支持和带动的作用，按照上述分析，农业龙头企业出于自己利益的考虑，也可能扶持种养大户和家庭农场等规模化农户——新型农业经营主体具有互利共生的内在机制。但是，龙头企业与规模化农户之间的合作和利益和谐常常也是不稳定的，更加稳定的组织创新应当是合作社主导的"合作社一体化"（成德宁，2012；肖卫东、杜志雄，2015；廖祖君、郭晓鸣，2015）。如前所述，以规模化农户为主体组建的合作社是构建上述合作社主导的产业链组织模式的必要条件。

第二，创造条件让无限重复博弈机制发挥作用：社会资本与小农组织化。组织化是一项组织创新。按照新制度经济学的分析范式，自发的组织创新要求有净利润，即组织创新的收益高于组织创新的成本。按照威廉姆森的交易成本经济学，小农户缺少专用性资产，没有必要和龙头企业维持长期合作关系，通过市场交易就能满足效率要求。因此，小农户合作的组织收益较低。与此同时，小农户人数众多，容易在"搭便车"动机下陷入"集体行动的困境"，必须通过"选择性激励"才能克服（奥尔森，2018），从而需要付出较高的组织成本。由于小农户组织化的收益低于成本，这一组织创新是缺少经济利益的刺激和支撑的，从而很难在逐利的市场机制作用下形成。唯一的解决办法是由政府支付这笔组织成本，进行政府主导的小农户组织化（董筱丹、温铁军，2009），如日本的综合农协就是政府主导的、以兼业小农户为主要服务对象的经济组织。因此，应当对农民进行区分：大农户可以在市场机制作用下，进行自发的组织创新，无须政府干预①；而对于无力进行市场化组织创新的小农户，则需要进行政府主导的合作化和组织化，大力发展农村集体经济组织，以及包括信用、生产、供销等在内的综合型合作组织，以保护小农户的利益，逐步增强其自生能力。

此外，我国农民专业合作社往往存在严重的社员异质性，很容易出现"异化"现象（应瑞瑶，2002；仝志辉、温铁军，2009；潘劲，2011）。我国公司领办型合作社处于一个过渡状态，既可能增强农民的自生能力，培养一体专业化农户，并在此基础上，逐步转变为规范的农民合作社；也可能转变为隶属于企业的一个公共关系部门（或者说治理机制）。这类合作社究竟走向何方，政府的干预和调节方向起着重要的作用。政府应当在对合作社积极扶持的同时，积极引导其向规范化发展。例如，进一步完善相关法律法规，规范合作社治理结构；通过财政扶持资金的引导，调节合作社股权结构，增强股权分布的均衡性和农民对合作社的主导能力（郭晓鸣、廖祖君，2010）。

第三，创造条件让无限重复博弈机制发挥作用：培育农业产业集群。在现代生产要素服务可得性建构部分，本书曾经提到，农业产业集群化发展有利于现代生产要素的研发，能更好地满足农村产业融合发展对现代生产要素研发的专业性和专用性的要求，增强现代生产要素服务的可得性。在这里，基于本书所研究的组织共生机制构建问题，农业产业集群化发展具有这样一种组织创新的意义——创造了一种介于市场与等级制组织之间的中间组织形式。在产业集聚区域内，各个经营主体彼此靠近，企业在地理位置上的这种相邻性形成一种"场地的专用性"，有利于以此为纽带，形成长期稳定的合作关系（威廉姆森，2003）。从前述博弈分析来看，这种专用性资产和长期稳定的合作关系实际上形成一种无限重复博弈机制，使得触发策略能够起到维护合作关系的作用。此外，在产业集聚区中，经营主体的声誉很容易扩散，克瑞普斯等（Kreps et al.，1982）构建的声誉

---

① 如日本大农户就不愿意参加政府主导的、以小农户为主要服务对象的综合农协，而更愿意加入自发的、市场化的专业合作组织（阮蔚，2006）。

模型（reputation model）所描述的制约机制也能更好地发挥作用。

4.3 多元组织形式的共生性构建：市场竞合①机制

农业产业集群是农村产业融合发展的本质要求和发展趋势，在当前形成了更加典型的表现形式。同时，这一产业发展模式也为组织共生机制构建创造了有利条件：从横向看，产业集聚发展模式下能创造大量适宜农户经营的经济机会；从纵向产业链视角看，龙头企业、中小企业和农户之间就生产性服务供求形成共生关系。对组织共生机制构建来说，集聚效应发挥作用的基本机制是市场的竞合机制，组织共生关系形成的关键是提升农户和中小企业的自生能力和市场竞争力，而这离不开政府的扶持与服务。

4.3.1 横向视角下的组织共生机制构建：政府与市场有机结合

相比于以农业产品功能开发为主的农业产业化，农村产业融合发展，尤其是产业集群发展模式内在包含新型先进服务业和商业模式对农村传统服务业的带动作用（宗锦耀，2017）：休闲农业、乡村旅游、创意农业是农业多功能性的发挥，是一种新产业、新业态和新商业模式，是典型的现代服务业；但是，这些现代服务业的发展在农村聚集了大量流动人口（消费者），培育了消费市场，从而为农村餐饮、住宿等传统服务业提供了发展条件。对适宜从事这些传统服务业的当地农民来说，这意味着出现了增加收入的新经济机会。除了对餐饮、住宿等传统服务业态的带动作用外，现代服务业还会向传统服务业渗透，向其注入现代元素，推动其转型升级。例如，在休闲农业和乡村旅游中新出现的"农家乐"除了提供传统的餐饮、住宿服务外，也可以提供采摘游、本地特色农产品和手工艺产品、出租自行车等小型游乐项目。此外，农产品加工业的发展显著增加了农产

---

① 根据合作竞争理论，企业间的合作与竞争是一种正和博弈，能够实现双赢，企业竞合过程本质上是利益博弈的过程（李煜华等，2013；万幼清、王云云，2014）。

品的需求量，从而可以带动农产品生产和农业生产方式的进步。在现代服务业和传统服务业、农产品加工业与直接农业生产互相带动的关系背后是不同经营组织形式的互利共生关系。物质资本和人力资本"双密集"、进入门槛较高的现代服务业和农产品加工业适合农业龙头企业，或者创新型和科技型中小企业经营，物质资本和人力资本"双匮乏"的农户很难进入这些产业，属于市场化的组织共生机制。

但是，这种横向视角的市场化组织共生机制也并非绝对的，其中也包含排挤本地农民经营的内在机制。休闲农业和乡村旅游发展所带来的餐饮、住宿等传统服务业市场也会有外来企业和城市经营者进入，对本地农民的经营构成冲击（杜乾香，2017）。例如，现在我国很多休闲农业、乡村旅游景区都在引进外来经营者投资经营的较为高端的民宿，可能排挤本地的传统"农家乐"。通过市场竞争，提升产品和服务质量，促进本地农民提高服务质量是必要和合理的，也是本地农民提升服务水平、实现可持续发展的动力，这本身就是多元组织形式"共生"的题中之义——如前所述，"共生"并非简单的共存，也不是保护落后，而是在自由的市场竞争中实现共同进步、共同发展。因此，政府应该开放市场，允许和鼓励各类经济组织和经营主体下乡，为其提供用地等方面的便利，发挥促进本地农户经营服务质量提升的"鲶鱼效应"。政府对本地农民的保护不应采取赋予本地农民特许经营权的办法——这种行政垄断实际上是保护落后，会严重制约农村产业融合质量的提升，最终也会限制农民的发展空间——而应着力于提升本地农民经营者的服务能力和服务质量，包括：提高本地农民对现代生产要素服务的可得性、加强对本地农民的职业技能培训、促进本地农民组织化程度提高、完善质量评定和信息披露等制度供给、制约农户在经营中的机会主义行为等。

4.3.2 纵向视角下的组织共生机制构建：政府与市场有机结合

农村产业融合的集群化发展模式不仅能够带动诸多横向关联产业的发展，还能在产业链纵向创造诸多生产性服务业。例如，广西壮族自治区北流市日用陶瓷产业就形成了以"三环企业集团"为龙头的小企业集群；围绕着日用陶瓷业，当地形成了耐火材料、陶瓷专用机械、陶瓷花纸等配套产业，甚至还带动了陶瓷产业链条之外的餐饮、住宿产业的发展（庄晋财，2006）[①]。

但是，大企业对中小企业的带动和支持作用并不是一定的。大企业所需要的生产性服务既可以由中小供应商供给，也可以采取纵向一体化。如前所述，按照威廉姆森和巴泽尔的观点，相比于单一的市场或企业，更好的产业组织形式是在解决中间投入品的质量检测问题后以各种限制条件为基础的服务外包，形成一种介于市场和等级制组织之间的中间形式。农村产业融合采取产业集群的发展模式，为这种组织形式的形成创造了有利条件：产业集群化发展所带来的生产性服务业的规模化、专业化发展能够避免纵向一体化所带来的成本增加问题，又能避免市场化和社会化服务可能具有的专用性和专业化不足、交易成本过高的问题。这一机制发挥作用是一个演进的过程：外包服务的发展要求专业企业具有足够的技术水平，生产出符合大企业要求的中间产品，并且与大企业形成稳定、有效的沟通交流和互信。显然，这不是一朝一夕能实现的。在这种合作关系尚未形成的情况下，大企业可能通过纵向一体化的方式来生产投入品。这样，提供专业化服务的中小企业得不到成长机会，就可能向纵向一体化为主的路径发展，从而无法形成纵向产业链上的大中小企业组织的共生关系。

由此可见，不考虑文化、观念等非正式制度的影响[②]，基于纵向产业链关系的组织共生机制的形成依赖于中小经营主体自身服务质量和市场竞争力的提升。政府可以通过多种方式，扶持中小企业发展，提升中小企业

[①] 又如，莱芜市农乐农技推广服务中心是山东省莱芜市首批 53 家市级"田园综合体"中的一家，原来主要从事农作物病虫害药物销售和统防统治，目前则依托农产品流通、农业休闲观光餐饮和农业社会化服务，租赁耕地、山场三千多亩，发展有机蔬菜、林果种植采摘、农副产品加工、生态观光旅游，既为农药销售建立了示范基地，更扩展了产业范围；既带动关联产业发展，又促进了农村三产融合模式的多样化，具有明显的产业带动效应和发展引擎作用。

[②] 在有合作文化、相互信任的社会，交易成本较低，采取服务外包比纵向一体化更好：服务外包的好处都能获得，其成本则被显著降低。日本企业的服务外包远远多于美国，美国企业更喜欢采取纵向一体化。按照日本左翼经济学家中谷岩的解释，这是因为日本长期形成的团结合作的文化，使得"现场主义"流行，很好地解决了服务外包时的交易成本问题。参见［日］中谷岩. 资本主义为什么会自我崩溃？：新自由主义者的忏悔［M］. 郑萍，译. 北京：社会科学文献出版社，2010：159 - 166.

的服务质量和市场竞争力，包括：促进中小企业的现代生产要素可得性、提升其服务质量、解决中小企业贷款难问题等。如果专业化的中小企业集群都能做成"小而精"，那么比纵向一体化更有利于产业发展。特别是随着人力资本在经济发展中的作用日益重要，那些人力资本的重要性远远超过物质资本、没有显著规模经济的生产性服务业，实际上是最适宜中小企业经营的。政府通过扶持中小企业的发展为它们提供完善的公共服务，能够充分释放经济活力，并增强产业发展的共享性，实现公平与效率的兼顾。国内外经验都表明，富有自生能力、小而精的中小企业能够与大企业在产业链上形成良好的合作与共生关系。

4.3.3 农户对企业的支撑作用与组织共生：政府与市场有机结合

在农村产业融合发展多元组织形式共生机制构建中，特别重要的是农民与下乡企业的共生关系。这种共生机制存在经由市场实现的潜在可能，但是这种潜在作用的发挥需要政府与市场相结合、一般营利性企业与农民主导的本土性经济组织（农民合作社、农村集体经济组织）相结合，以增强农户经济的实力，实现农户经济与企业经济的优势互补和互惠合作。下面，本书从三个方面对企业经济与农户经济的互利共生机制展开分析。

第一，农户为农业企业提供农资消费市场。如前所述，一些进行全产业链经营和循环经济的龙头企业，为了保证产品质量，会进行自营农资生产和销售业务，合作农户必须使用企业提供的农资。对龙头企业来说，这种介于等级制与市场之间的合作方式能够起到"一箭双雕"的作用——不仅能更好地控制农产品质量安全，而且通过合作农户为企业的农资销售建立了一个稳定的消费群体，从而为企业打造了一个新的利润增长点。对合作农户来说，这种合作模式能够为农民提供更有保障、价格更优惠的农资供给、技术服务和产品销售，能大大降低合作农户的交易成本。这就很好地体现了企业和农户的组织共生关系。此外，除了合作农户外，企业为了扩大农资销售市场，也会将农资销售给非合作农户。总之，农户经济的稳定发展为下乡企业从事农资销售提供了稳定的销售渠道。但是，如前所述，龙头企业的理想合作伙伴是规模化农户，只有规模化农户才具备与龙头企业进行互惠合作的能力。这就意味着不能依靠市场机制实现农户经济与企业经济的互利共生，对小农户进行扶持还需要农民主导的本土性企业组织获得发展，如农村集体经济、农民专业合作社、供销合作社等。这些本土性组织一方面能够为小农户提供龙头企业所不愿意提供的服务和扶持，另一方面对规模化农户起到培育和孵化的作用，以"启动"上述市场化的互利共生机制。

第二，农户经济为大企业提供相对廉价和熟练的劳动力来源。资本下乡是农村产业融合发展中的必然现象，必然产生大量对熟练劳动力的需求，如果没有农户经济，就很难找到足够数量的熟练农业劳动力。本地农民因为在本地有住房、菜地等，能大大降低生活成本，从而降低劳动力成本。不论是专业农户还是兼业农户，在农闲时候都能为企业经营提供相对外来工更廉价的劳动力。因此，在资本主义国家，一个大农场周围一般保留有一批小农场，以为大农场提供劳动力（徐禾，2011）。对小农户来说，大企业的用工需求则提高了农民就业的充分程度，增加了农民的工资性收入。但是，正如前面所指出的，只有农民具有足够的人力资本，才能获得和胜任企业提供的劳动岗位，增强与企业博弈的能力。这同样反映了前面反复强调的观点：市场化的组织共生机制和共享机制是建立在互惠、对等基础上的。

第三，农户与大企业共同分担经营风险。在西方企业理论中，风险具有重要地位。其中，最早从风险视角来解释企业组织的经济学家是奈特。在他看来，企业家之所以成为企业家，是因为他更愿意承担经营风险；而工人因为不愿意承担经营风险而成为员工，以获取固定收益。张五常也根据风险分担来解释地主与佃农之间分成合约的合理性。对我国农村产业融合发展中的农户经济和企业经济来说，风险分担也是一个富有启示意义的研究视角。龙头企业与农户合作，相当于是农户分担了部分经营风险，减少了企业的经营风险，因此，一些具有远见的龙头企业往往选择向合作农户让渡部分利润，以维持长期合作关系。当然，这里的合作农户也主要是规模化农户，实力薄弱的小农户本身的风险承担能力和意愿有限，不能为龙头企业分担风险，从而也就不能获得龙头企业的利润让渡，所谓"组织共生"机制也就不能建立起来。这一机制与前述农户为龙头企业提供农资消费市场而建立的共生机制是完全一样的，建立健全这一机制所依赖的制度环境也是相似的。

4.4　本章小结

上述从交易治理机制、利益协调机制和市场竞合机制三方面对我国农村产业融合发展多元组织形式之间关系的分析表明，多元组织共生存在内生的市场机制，多元组织共生机制构建的经济基础是市场机制，必须培育市场主体、利用市场机制。从交易治理机制看，对农村产业融合发展中的广大农民而言，下乡的龙头企业是一种市场化的组织资源，对抑制分散农户的机会主义行为、提升农户的有效供给能力和市场竞争力、扶持广大农户参与农村产业融合发展有着积极的作用；从利益协调机制看，下乡企业和其他投资经营者（新农民）是农村产业融合发展中生产性服务业的主要经营者，是构建现代生产要素可得性的社会化服务网络极为重要的组成部分，能够在很大程度上弥补农民在生产技术上的局限性，并且，这种多元组织之间常常形成某种介于等级制组织与市场之间的中间组织形式，有利于降低分散农户获取社会化服务时的交易成本；从集群效应视角看，农村产业融合往往采取产业集群的发展模式，内生出一些有利于组织共生的机制，并且也为前述交易和治理视角下的组织共生机制的运行创造了有利条件。

农村产业融合发展中的多元组织形式既有利益的统一性，也有利益的对立性，这种内在的利益对立性构成共生机制构建的阻碍因素。因此，多元组织形式的共生关系并非必然和自然的，而是依赖于一定的制度环境，需要进行主动的建构。如前所述，共生机制的实质是"竞合关系"，即各个经营主体既互相竞争，又相互促进。即使是市场本身内含的一些促进合作的机制也是建立在竞争和互惠的基础上的，没有互惠和竞争，就没有市场中的合作。例如，本章所指出的无限重复博弈中促进合作的"冷酷策略"，也要以农户有影响企业得益的能力为条件。本章始终贯彻的一个基本思想是：农村产业融合发展多元组织共生机制构建的关键是做强实力较为薄弱的农户经济，提高农户的经营能力；扶持小农户、稳定农户经济的办法不是进行市场保护、阻碍资本和城市经营者下乡，而是要通过现代生产要素可得性建构、农民人力资本投资、中小经营者和农户的治理机制构建等办法，发展中小企业和农户自身的有效供给能力，增强其自生能力；在农户经济获得发展后，可以发挥其对企业经济的支撑作用，从而增强对企业的博弈能力，企业也会将农户视为合作伙伴，有动力进行扶持。共生机制构建的市场机制是依靠市场竞争、合作、互惠机制来实现的，而不是对弱势群体的无偿援助，这一点只能借助于农民主导的本土性自治组织来达成。通过自由竞争产生的压力，确实能够起到提升产品质量、促进生产力发展的作用；市场主体间的合作、互惠机制，也能起到相互扶持的作用。但是，"强弱联合""以强扶弱"，并且，这个"弱者"还是不能对"强者"有所帮助、对"强者"的博弈能力很弱的弱者，这时候，促进共生关系的形成与巩固，必须依靠政府和农民组织化程度的提高，增强"弱者"的自生能力，在此基础上与强者形成"强强联合"、互利共生的关系。这是农村产业融合发展多元组织形式共生机制构建的核心内涵。

总的来说，我国农村产业融合发展中多元组织共生机制构建的过程是一个政府与市场相结合的过程，政府的引导作用要建立在市场机制的基础上，政府应当着力于培育、引导、调节市场机制发挥作用，增强利用市场机制实现政策目标的意识和能力，而不是忽视和替代市场机制、市场力量。政府的作用除了培育市场主体、市场体系和市场机制外，还必须培育农民主导的本土性自治组织，以弥补竞争、合作、互惠的市场机制在扶助弱者、实现社会公平目标上的不足。我们既要反对政府对经济过度的直接干预，也要反对忽视政府作用的"市场原教旨主义"。我们需要的是政府与市场的有机结合、一般营利性企业组织与农民主导的本土性自治组织的"相反相成"，而不是单一的市场、政府或农民自组织。这需要通过全面深化改革，构建和完善中国特色社会主义市场经济体制，充分发挥中国特色社会主义的制度优势，塑造农村产业融合发展共享机制和组织共生机制构建的制度环境。

第**5**章

农村产业融合发展共享机制构建：农民财产权利的现实性

财产权利①是广大农民共享农村产业融合发展过程与结果的重要保障，财产性收入是广大农民分享农村产业融合发展成果的一个重要途径。按照分析框架，产权的现实性建构要经过产权界定—实现—保护"三位一体"的过程。遵循这一逻辑，增强我国农民财产权利的现实性不仅要进行法律上的确权赋能，还需要探索产权实现的经济组织形式，使农民的土地、房屋从静态资源变为动态资产和生产要素，为农民带来切实的收入和福利流。农村产业融合发展为我国农民财产权利的现实性构建、增强产业融合发展的共享性，创造了经济基础和有利条件，同时也对农村产权制度提出了新的要求。按照前述分析框架，本章将从生产与分配、政府与市场关系视角，详细研究我国农村产业融合发展过程中，农民财产权利现实性构建的具体机制。

5.1 农村产业融合发展中农民财产权利的法律界定

为了适应我国农村产业融合发展的需要，增强农民财产权利的现实性，我国农民财产权利的法律界定要解决的基本问题是：第一，实现农民财产权

---

① 本书所研究的我国农民的财产权利主要包括：第一，农民的承包地；第二，农民的宅基地；第三，未均分承包和分配给农民、实际上被村集体劳动者共同拥有的"集体三资"（资金、资源和资产），其中包括财政支农资金形成的集体资产。

利从模糊状态到明晰状态的转变，厘清个人与集体的关系；第二，赋予农民土地、房屋平等的转让权和抵押权，重塑农民、市场与国家的关系；第三，为农民财产权利提供更有效的法律保护，规范产权交易中的政府、企业等强势主体。我国农村产权制度改革应当坚持以马克思主义产权思想为指导，同时重视经济基础对产权的决定作用和产权对经济基础的反作用。

5.1.1 农民财产权利界定的明晰化

改革开放以来，为了解放和发展农村生产力，我国农村土地产权进行了一系列改革，这段改革历史虽然带有明显的"摸着石头过河"的印记，但是我们今天透过历史，仍然能梳理出一条相对清晰的逻辑线条。总的来说，农民财产权利界定是沿着不断明晰产权→逐渐扩展"均分承包"的资源和资产范围→均分承包从承包经营权到资产收益权的逻辑展开。这些产权改革初步厘清了农村产权中农民、集体、国家与市场的关系，为增强农民财产权利的现实性，为农村产业融合发展及其共享机制构建塑造了良好的制度环境。

第一，增强我国农民财产权利的现实性首先要求农村产权的明晰界定，解决"最终所有者缺位"问题。现代产权理论认为，产权明晰是市场交换的制度前提，也是资源有效配置的制度前提。在传统的农村集体所有制下，这一问题没有得到解决，集体财产"最终所有者缺位"的问题非常显著——实际上，这是我国传统公有制实现方式的一个共同问题。在这种组织形式下，无论是农民，还是集体企业经理人，都有吃集体"大锅饭"的经济激励，而缺乏促进集体资产保值增值的激励，从而形成了严重的"囚徒困境"。

1978 年开始逐步实行的家庭联产承包责任制在厘清农民与集体、国家之间关系的过程中迈出了具有里程碑意义的关键一步，农村大部分土地资源都承包给农民个体，农民直接掌握了土地的承包权和经营权，极大地激发了农民的生产积极性，解放了农业生产力。但是，农村家庭联产承包责任制在产权改革方面遗留下很多问题。家庭联产承包责任制改革主要是针对耕地，较少涉及集体林地、滩涂、集体经营性建设用地、集体资金等集体资产和农民的宅基地，产权不清问题并没有得到解决。在农村土地、房屋开始流动后，这种产权界定的模糊状态对农村经济发展和农民利益保护都非常不利，成为促进农村共享发展的制度障碍，必须进一步推进这方面的改革。

第二，在中国特色社会主义制度下，解决农村集体资产"最终所有者缺位"的改革方向应当是确权赋能而不是私有化。我国宪法明确规定，我国农村实行土地集体所有制。在农村集体所有制这一对宪法的基本遵循的框架内，我国解决农村集体资产"最终所有者缺位"、促进集体财产明晰化的产权改革应当是对集体所有制在市场经济环境下新的实现形式的探索，而非放弃、破坏集体所有制，进行私有化取向的改革。本书认为，改革方向应当明确是确权赋能，而不是私有化，必须厘清这二者的本质差别，把握改革的界限：确权赋能的本质是对马克思所设想的"在生产资料公有制基础上，重建个人所有制"的富有中国特色的实践探索[①]，应当被视为集体所有制在市场经济条件下的实现形式，是实现共同富裕的有力保障；而将集体资产"一卖了之"，或者长期承包给私人、集体只收取象征性的承包费的私有化改革方案，则会使集体资产的收益被少数人占有，不能实现共同富裕，是对集体所有制的背离和破坏。我国在确权赋能和私有化这两个农村集体资产改革道路之间有过反复。以林权改革为例，在经历了20世纪80年代（1979～1991年）的承包到户（分）、90年代（1992～1998年）的私人承包（私）之后，到了21世纪，特别是2009年国家要求全面完成林权发证到户后，实现了"还山权于民"（李晨婕、温铁军，2009），从而再次回到确权赋能。

第三，农村产权确权颁证和农村集体资产股权量化是"均分承包"的逻辑延伸和深化，是兼顾农村产业发展需要和共同富裕追求的制度设计。从2008年开始，肇始于四川成都的确权颁证开始逐渐在全国推广。在各地，不仅耕地、林地、草地、水塘等自然资源，集体经营性建设用地、集体资产、资金也开始确权颁证。但是，确权给集体的资源、资金和资产存在"最终所有者虚置"问题，农民的财产权利仍然不能说是"现实"的。

---

① 公有制基础上的个人所有制一直是马克思主义政治经济学的一个重大理论命题，也是中国特色社会主义制度探索的一个重大实践课题，对此我国学术界早就进行过诸多探讨。参见戴道传（1981）、郑邦才（1984）。

因此，近年来开始实行集体资产股权量化改革试点，将所有的集体资产折股量化到个人，以实现集体财产从"无主"到"有主"（方志权，2014；赵家如，2014；李宽、熊万胜，2015；李萍、王军，2018），从"模糊"的"共同所有"到清晰的"个人所有"。这种集体"三资"折股量化与耕地、林地按人口的"均分承包"在本质上是一致的，都是通过集体所有制以实现共同富裕。农村集体资源、资金、资产的股权量化和确权颁证可以视为家庭联产承包责任制改革的逻辑延伸与深化：家庭联产承包责任制改革的实质是在土地村社集体所有的基础上实现均分承包，集体资产股权量化改革则是将这种均分从耕地扩展到集体的其他资源、资金和资产，并通过确权颁证，给予法律确认和保障；并且适应了农村产业结构调整和生产方式转型升级对农村土地、房屋流动和集中的要求，实现了从承包权和经营权的实物性"均分"到以股权为媒介进行的收益权的资产性"均分"[①]。这是农村产权制度深化改革的重要方面，对增强我国农村产业融合发展的共享性有重要意义。

当前，我国农民承包地"三权分置"改革的思路已经明确，农民宅基地的"三权分置"改革也在探索和试点之中（严金明等，2019；陈耀东，2019）。根据马克思的产权思想，"三权分置"改革既能适应农村产业融合发展的需要，又能兼顾促进农民增收和社会公平的要求，缓解我国农村产业融合发展需要集中土地和培育新型农业经营主体与农业劳动力基数过大、农业附着社会保障和生存保障职能之间的阶段性矛盾，是一种兼顾客观规律性和主观能动性、充分体现辩证思维的制度设计[②]。农村土地"三

---

① 这实际上是农村确权颁证中的两种做法："确地"还是"确权"。"确地"就是实物性的，明确每一块土地的归属；"确权"则是权益性的，是对一定集体资产的权益的明确，但不明确是哪一块土地、哪一份实物资产。显然，各种均分承包都属于"确地"，而集体资产股权量化改革则属于"确权"。

② 当然，农村土地"三权分置"改革的方案设计也存在一些问题，其中一个突出问题就是对同一块土地的权能在多个主体之间进行分割，很容易导致多个主体之间相互的产权侵占行为。实际上，单纯从经济效率来看，允许农民将土地卖断，使土地所有权和经营权主体合一，是更清晰、简单的产权关系，相比于产权分割形成的复杂的产权关系，更能降低交易成本、促进农业发展。但是，这种经济效率会面临人多地少、土地社会保障职能的社会制约，这种效率上的损失实质上是对社会公平诉求和制约的一种妥协。关于这方面的相关学术研究，参见张衔、吴先强（2019）及刘平（2019）。

权分置"改革与农村土地资源的均分承包、集体资产股权量化改革，是在我国现实国情的约束下，厘清农民、集体、市场和国家关系的正确方向和可行路径，为促进我国农民财产权利的现实性和农村产业融合发展的共享性奠定了制度基础。

5.1.2 赋予农民财产转让权与抵押权

从法律层面增进我国农民财产权利的现实性，不仅要明晰产权归属，还需要增加对农民的赋权，其中特别重要的是转让权和抵押权。土地是农民最重要的生产资料和财产，特别是在城市化进程中发生的土地用途变化、农用地转为非农建设用地，会产生巨大的土地增值收益，对社会财富的分配产生非常重要的影响（周其仁，2004；北京大学国家发展研究院综合课题组、周其仁，2010）。在农村产业融合发展中，特别是投资规模巨大、需要进行大量非农建设的"田园综合体"、特色小镇等大型项目中，同样会发生大规模的土地用途改变和价值增值。在这个过程中，必然发生大规模的土地"资产化"或"资本化"现象（张海鹏、逄锦聚，2016）。因此，在拥有"土地发展权"（land development rights）[①] 的情况下，农民和农村可以利用土地增值收益实现自身的积累，增强与外来资本博弈的能力，促进从外源式发展向内源式发展的转变。对此，温铁军（2015）的观点颇有启发性。他明确反对依靠外来产业资本下乡推动农业产业化的做法，并提出"在地化产业资本"的设想，"将可整合的农村资源整合成村社为载体的、在地化的、较大规模的产业资本"，认为"这是一个地方振兴产业经济的内在机制"。从理论上看，这一设想的实质是尽可能通过农民及其主导的本土性经济组织（农村集体经济、农民专业合作社等）替代外来工商资本，主导农业产业化和三产融合发展，与本书强调的"内源式发展"方式有内在的逻辑一致性。

然而农村集体经营性建设用地不能直接进入城市建设用地市场。此

---

① "土地发展权"是从土地所有权中分离出来的一种物权，是所有权人将自己拥有的土地变更现有用途而获利的权利；土地发展权是因限制土地发展而形成的一种权利，若无限制，则无土地发展权（杨明洪、刘永湘，2004；黄祖辉、汪晖，2002）。

外，农民承包地不能卖断，只能转让土地承包期内一定年限的经营权；农民的承包地、宅基地和集体经营性建设用地的抵押担保权都被限制，严重削弱了农民的融资能力。一般认为，我国农村土地产权受到重重限制有以下三方面的原因：其一，通过征地将农村土地转用所产生的增值收益收归国有是城市建设资本的重要来源；其二，农民承包地和宅基地负载一定生存保障职能，而市场存在风险，为了避免农民经营失败造成大量"失地农民"，危及社会稳定，国家通过种种限制将农民阻挡在农村要素市场之外；其三，城市建设用地指标一直是宏观调控的重要"闸口"，如果农村建设用地可以自由流入城市建设用地市场，可能造成工业和城市建设规模无法有效调控的问题。

但是，这种产权制度在帮助农民规避风险的同时，也使其失去了从市场获利与发展的机会。对农村产权的重重限制使农民对土地、房屋的财产权利在很大程度上不过是一种"名义上"的财产权利，不具有现实性。并且，这在事实上导致了城乡土地权利在制度上的不平等，必然进一步扩大城乡差距，从而导致农民的制度性贫困，或者说权利贫困。通过将农民排斥在市场经济大门之外的办法来防范市场风险，这种办法从长远来看是不可持续的，弊远远大于利。农村市场化进程是不可逆的，必然要由产品市场扩展到要素市场，形成完整的农村市场体系。农民只有在市场风险中学会控制、化解风险，才能获取来自市场的收益。农民在参与市场的同时学习市场，增强驾驭市场的能力，这本身就是农民人力资本的提升和自生能力的增强，是农村产业融合发展从外源式发展转向内源式发展的必由之路。新时代背景下农村产业融合发展共享机制构建的必要制度便是赋予农民更多的财产性权利，尤其是土地权利，使农民成为农村产权交易市场上的主体，更充分地参与到农村产业融合发展中，不仅通过财产性收入分享发展结果，而且更好地分享发展的过程。降低和化解农民参与要素市场过程中的风险，可以通过其他配套性制度供给来解决，如农村社会保障体系、农业保险制度等。征地制度和宏观调控不能构成剥夺农民土地转让权、将农民拒斥于市场之外的充分理由：第一，当前，我国已经进入"工业支持农业，城市反哺农村"的发展阶段，通过农村土地资本化为城市化筹集资本，于当前发展阶段已经格格不入；第二，出于宏观调控的需要而进行的土地用途管制只需要制定土地利用总体规划即可，所有土地交易和利用的市场主体都遵守土地利用总体规划，就能达到控制建设用地总量的目的，并不需要征地制度①。

5.1.3 农村产权交易中的法律保护

明晰农村产权、赋予农民土地房屋的转让权和抵押权还不是农民财产权利实现在法律层面的全部问题，还必须解决农民财产权利的法律保护问题。并且，随着农村资源的盘活和变现，资源的经济价值显著提升，各种侵占农民财产权利的行为也会增加，使得加强农民财产权法律保护的紧迫性更加突出。为农民财产权利提供法律保护，需要防止地方政府部门和外来资本这样的强势市场主体对农民及其他产权主体的权利侵占行为，否则，盘活农村资源要素、提高经济效率、促进农村经济发展的好事情，就可能"异化"为剥夺农民财产、损害农民利益、破坏社会公平正义和稳定的坏事情。

第一，防止一些地方政府存在的对农民财产权利的侵占行为。在现实中，一些地方政府出于产业开发等目的，对农民土地等进行强征；一些地方政府常常打着新村建设、产业园区建设和农业现代化等名义，强制推动土地流转和集中②。另外，在现行农村产权制度下，广大农民对集体资源、资金、资产的最终所有权常常被"虚置"，"集体三资"（资源、资金、资产）的实际控制权掌握在少数村干部手中，这为一些地方政府侵占农民的合法财产权提供了便利。

第二，防止资本等强势市场主体对农民财产权利的侵占。马克思主义政治经济学秉持辩证的资本观，重视资本内在的利益对抗性。随着农村经济市场化、货币化和资本积累的推进，资本这种强势的市场力量也

---

① 实际上，我国依托征地制度而进行的土地用途管制与宏观调控屡屡失效。因为地方政府为了发展地方经济和获取征地收益，屡屡突破中央制定的建设用地指标，导致紧缩经济的宏观调控不能实现。参见温铁军. 告别百年激进［M］. 北京：东方出版社，2015：176－179.

② 2007年，国土资源部的数据显示，"目前从涉及违法的用地面积来看，地方政府为违法主体的案件，用地面积为80%，公民、个人或企业违法占地的面积是20%"。转引自曹阳. 当代中国农业生产组织现代化研究［M］. 北京：中国社会科学出版社，2015：117－118.

在迅速形成和扩张。在我国农村产业融合发展中，也时常出现下乡资本压低和拖欠农民租金的行为。正如前面反复指出的，资本在我国农村产业融合发展中具有双重作用，应该坚持马克思主义的辩证资本观，既要充分利用资本带动农村产业融合发展、为小农户提供社会化服务和治理机制的作用，也要通过制度建设，特别是法律制度的完善，防止资本侵占农民利益。农村是熟人社会，城市工商资本作为外来者，与本地农民常常发生冲突，是法律有必要加以规范的领域。然而，资本下乡是我国近年来农业产业化和农村产业融合发展中出现的一个新现象，对其中可能存在的问题和行为尚缺乏系统、完善的法律加以规范，存在不少法律空白，其中一个重要体现就是对资本下乡中农民财产权利的保护力度不足，没有给农民提供有力的法律保障①。因此，需要结合实践的推进，进行法律制度的修订和完善。

第三，进一步完善农村土地"三权分置"改革，加强对土地经营权的法律保护。在农村土地流转中，常常发生农民违背市场契约、损害经营者利益的行为。虽然农民承包地实行了"三权分置"改革，经营权从承包权中独立出来了，但是承包权与经营权的分离仍然是不稳定的，经营权的独立性仍然不足，典型表现是承包农户常常在经营权流转合同期内，要求收回土地，而当前法律对这种行为没有明确规定，经营者的合法权益缺乏强有力的法律保障。在农业现代化和农村产业融合发展这一新的农村经济基础上，我国农村产权实行"三权分置"改革，其中经营权的独立和市场化流转是关键性的改革举措：通过经营权的独立和自由流转，就能在保持土地收益权分散的情况下，实现土地的重新配置和适度集中，适应农业现代化和农村产业融合发展这种新的农业生产方式对土地的利用方式——如前所述，这体现了马克思所说的生产对分配的决定性作用。这是从生产视角看。从交易和治理的视角看，按照威廉姆森的观点，经营权的不稳定会影响经营者的预期，降低其对土地进行专用性投资的积极性，从而阻碍农村产业融合发展。然而，当前法律并没有对这一关键性的权利提供有力保

---

① 这部分是因为法律制度的不足，是一个法律问题，但是，更重要的可能是地方政府的行为选择问题，是一个经济问题，需要进行经济分析，第 5.3.3 节将对此进行详细分析。

障，这表明我国当前的农村产权制度已经不能适应新生产方式的要求，必须进行改革。总体而言，我国农村"三权分置"改革的方向虽然是正确的，符合农村产业融合发展的实践需要和马克思主义产权思想的理论逻辑，但是，相关法律制度仍然滞后，并且配套性制度也没有到位，需要加快探索的步伐。

5.2　农村产业融合发展中农民财产权实现机制构建

农民财产权利在法律层面的确权、赋能和保护只是农民财产权利实现的基础，农民财产权利的实现还需要进一步分析实现机制问题。农村产业融合发展本质上是一个农村资源"资产化"和"资本化"的过程（张海鹏、逄锦聚，2016），为农民财产权利的实现创造了有利条件。本节阐释了我国农民财产权利的两种实现方式，分析了农民财产权利实现的两种组织形式——集体经营与个体经营及其相应治理机制。

5.2.1　农民财产权利的两种实现方式：收入与服务

一般而言，农民财产权利有两种实现方式：一种是收入，即量化到个人的、货币化的财产性收入；另一种是服务，包括生产性服务与生活性服务，即没有量化到个人的、非货币化的公共服务，如农村道路建设、环境治理、养老、卫生保健、灌溉、技术服务等生产性基础设施等。

第一，农民财产权利的实现方式：收入。财产性收入是农民财产权利的重要经济表现。通过产业融合的方式，实现农村产业发展、资源盘活，静态资源变成能够持续产生收入的动态资产，农民应当从资产所产生的收入中获取一部分。农民获取的财产性收入可以来自土地、房屋租金、集体资产股息分红等方式。按照马克思的地租理论、利息理论，地租和利息都是对利润的分割，因此必须先实现利润，才能增加农民的财产性收入。经过长期实践探索，当前我国在农村产业发展（包括农村产业融合发展）中增加农民财产性收入的一种基本方式被概括为"三变"改革——资源变资产、资金变股金、农民变股东（桑瑜，2017；王永平、周丕东，2018），即以股份制为基本组织形式，通过土地房屋等农村资源的所有权与经营权的分离，引进外来企业和其他经营者，将农村资源要素流转和集中到能够最有效地利用它们的人手中，将资源要素配置到效率更高的领域，以盘活农村资源要素。在那些集体经济发展良好并且治理规范的村集体，股份分红收入相当可观，成为农民的一个重要收入来源。作为一种市场契约和组织形式，股份制在理顺产权关系、实现生产要素组合、适应现代生产方式方面具有明显的效率优势，因此，股份制和股份合作制成为农村集体经济的新型组织形式，为集体经济发展找到了新的道路，使集体经济焕发新的生机活力。这种农民财产权利的收入实现方式具有增加农民收入、促进农民更好地分享农村产业融合发展成果的作用，特别是能够起到促进农村共同富裕的作用。但是，仅仅增加农民货币化的财产性收入不能满足农村经济社会可持续发展的需要，也不能满足农民的所有需要，农民财产权利的部分实现方式还应当通过公共服务来表现，包括生活性公共服务和生产性公共服务。

第二，农民财产权利的实现方式：生活性服务。部分农民的财产性收入可以体现为农民的公共福利，如教育、医疗、卫生、养老、环境保护等。乡村要振兴，仅仅增加农民收入是不够的，还需要村容整洁、乡风文明，这些都需要为农村提供必要的生活性公共服务。由于公共品的特殊性质，必须要由公共机构来提供，即使农民个体的收入水平很高，由于存在"搭便车"导致的集体行动困境，也不能保障必要公共产品的充足供给。改革开放以来，我国农村人均收入普遍增加，但是农村公共产品供给不足的问题仍然没有得到显著改善，成为农村经济社会发展的短板和瓶颈。当然，政府应当加强对农村基本公共服务的财政投入，但是将农民的部分财产性收入集中起来用于改善本村的公共福利仍然是有益的和必要的。另外，生活性服务供给作为一种公共产品，通过改善农村教育、医疗、卫生、养老等公共服务的数量和质量，进行人力资本的公共投资，有利于缩小人力资本差距，从而调节收入分配。这是财政资金不能替代的①。最后，农民财产权利和财产性收入的相当部分以集体公共福利的方式，而非以货币形式直接分配给每一户村民，也有利于增强个体与集体之间利益联结的紧密程度，从而增强集体凝聚力，促进集体经济的持续发展。前面已经反复指出，农村集体经济组织和各类农民合作社等农民主导的本土性自治组织对农村产业融合发展共享机制构建具有不可替代的重要作用，是中国特色社会主义制度优势的重要体现。

第三，农民财产权利的实现方式：生产性服务。在现代生产要素服务可得性部分，本书曾经提出农村集体经济组织、农民专业合作社是为农民提供现代生产要素服务的重要手段，这里，所谓的"生产性服务"可以分为为公共产品和私人产品提供的服务：公共产品包括灌溉、机耕道、仓储等公用农业设施；私人产品则包括大棚等具有可分性的农业生产资料。公共产品主要由集体经济来供给，而可分性农业生产资料的供给则可以通过集体经济、合作经济、股份制、市场购买等多种组织形式实现。保障农村生产性公共品供给对于扶持和稳定农户经济具有非常重要的作用。当前，由于集体经济的衰落，我国农户经济"有分无统"，农村灌溉等生产性公共品由于"搭便车"等集体行动的困境而出现严重供给不足（贺雪峰等，2003），威胁家庭农业的稳定性，不利于农村产业融合发展的共享性②。

5.2.2 农民财产权利实现的组织形式：集体流转与经营

按照前面的定义，农民财产权利的实现是将农民集体所有的土地、房屋、资源、资产、资金等投入生产，转化为生产要素，并获取相应的收入

---

① 在华西村、南街村等集体经济高度发达的村庄，农民对村集体土地、房屋、资产的财产性权利的相当一部分以集体公共福利来体现。以南街村为例，从1986年到1994年，南街村由最初的水、电免费发展到了14项公共福利全部免费；免费供给水、电、煤、气、食用油、面粉、节假日生活食品；儿童入托、学生上学直至大学毕业，一切费用均由村集体负担；文化娱乐、人身保险、防疫、医疗费、计划生育、农业税、农村各项提留也由村里负担。参见曹阳. 当代中国农业生产组织现代化研究［M］. 北京：中国社会科学出版社，2015：88.

② 此外，前面已经指出，农村集体经济、合作经济对小农户、贫困户获得现代农业生产要素服务，增强现代生产要素服务的可得性具有不可替代的作用。

或服务。因此，农民财产权利实现必须要解决生产组织形式问题，只有这样农民在法律上的财产权利才能转化为实际的收入和服务，成为现实的经济权利。农民利用自有生产要素进行独立经营的组织形式，本书已经在第4章和第5章做了详细分析，本章要研究的是农民将土地、房屋、资源、资金、资产转让出去，获取财产性收入（收入）或公共福利（服务）的问题。这种财产性收入实现的组织形式可以分为集体和个体两种，这里讨论前者，下一部分讨论后者。农村财产权利的集体实现方式分为以下两种。

其一，由地方政府和村集体牵线或直接组织，将农民的承包地、宅基地集中到村集体手中，然后由村集体统一开发经营，或者是自己经营，组建实体性的集体经济组织。广东南海市是较早试验第一种模式的地区。为应对改革开放大量外企涌入后城市土地的紧张局面，1993年南海市政府在政策与法律尚未到位的情况下，率先在全市推广以土地为中心的股份合作制，此后这一模式陆续被珠三角等地所效仿。其改革的基本做法是：将集体土地（有时也包括生产工具）折价入股组建股份合作制经济组织，土地统一由股份合作社统一开发或发包给其他业主进行规模经营，农民依据股份分享经营收益。

其二，组建集体资产经营管理公司，将集中起来的农民承包地、宅基地和集体的资源、资金、资产打包，以租赁、入股等形式，与企业、大户等经营主体进行合作经营。"雁南飞模式"是这一形式的早期实践（宗锦耀，2017）。农民财产权利的集体实现形式是社会化大生产对农民个体小生产的代替，是一种新的生产方式。如前所述，农村产业融合发展要实现农业生产方式和农村产业结构的转型升级，必须引进一批规模化经营主体带动、支撑产业发展，而规模化经营主体下乡，必然要求土地、房屋、资源等生产要素的适度集中。农民财产权利的集体实现形式与这种新型社会化生产方式是一致的。从交易视角看，这也是一种较低交易成本的组织创新和新型治理机制。对那些需要成片流转土地和房屋的农村产业融合项目，如田园综合体、特色小城镇、现代农业产业园区等来说，如果由大量分散的小农户直接与用地方交易，势必会导致交易成本过于高昂，大大减缓项目推进的速度，增加项目成本。由于村集体与本地农民有着紧密的联系，土地流转谈判的交易成本要比作为外来者的企业与农民直接谈判低得多。更重要的是，作为外来者的土地需求方与本地农民之间缺乏互信和对话协商机制，对签约后的机会主义行为缺乏治理机制，存在增加签约后的交易成本、破坏合作稳定性的风险。因此，集体推动或主导的土地股份合作社实际上是土地流转中的一种重要治理机制，是适合我国国情、对于完善我国农村产权制度和土地交易市场、促进农民财产权利实现具有重要意义的一种组织和制度创新。此外，农民相当部分的财产权利是以共同所有的形式由村集体直接掌握（所谓"集体三资"）的，并没有如承包地和宅基地一样由个体农户直接支配，因此其经营和流转只能由集体进行，而非农民个体进行。

虽然集体统一流转或经营能够降低农民财产权利实现的交易成本，但是这种交易成本的节约方式本身也并非没有成本①。与所有组织都会产生组织成本一样，集体统一流转和经营也会产生组织成本。组织成本的一个重要来源是代理成本，并且，由于特殊的产权结构，集体经济组织的代理比一般私营企业和股份制企业的代理更复杂，因而代理成本更高。在一般的私有企业中，组织的剩余索取权与剩余控制权是对称分布的，都归私营企业主所有；而在农村集体经济组织中，集体经济组织的代理人只拥有很少一部分剩余索取权，这就很难形成对代理人的有效激励——这是集体经济组织在产权结构上最大的特殊性。这种特殊治理结构进一步增强了集体经济组织所要求的企业家才能的稀缺性——合格的集体经济组织企业家不仅要有经营才能，而且要有特殊的偏好，即热爱集体事业、有带领村民实现共同富裕的情怀。因为集体经济组织特殊的产权结构很难以剩余索取权的方式激励代理人。有经营才能和创新能力的企业家本就稀缺，具有这种特殊秉性、偏好的企业家显然更少②。因此，集体经济组织的发展受制于

---

① 就像马克思所说的，商业资本从产业资本中独立出来，代替产业资本执行流通职能，虽然提高了流通效率，减少了产业资本自己销售产品和购买原料的纯粹流通费用，但是商业资本经销产品，仍然要花费流通费用，产业资本因此就要向商业资本让渡部分利润。这其实是一个单次交易费用与总体交易费用关系的问题：某种组织创新虽然能够起到降低单次交易费用的作用，但由于交易总量的增加，社会总体的交易费用可能不降反增，这是经济效率提高的正常现象。参见卢现祥.新制度经济学（第二版）[M].武汉：武汉大学出版社，2011：49-53.
② 周其仁（1997）以浙江横店集团为例，提出解决集体经济组织代理人激励困境的办法是能够以剩余控制权来激励代理人，但是这同样要求代理人具有强烈的事业心等特殊偏好。

当地是否有这样的企业家。我国当前发展较好的农村集体经济组织（如江苏华西村、河南南街村、浙江横店等），都得益于有这种特殊的集体经济企业家。

从这一视角看，集体统一流转和经营这种组织创新的实际运行效果取决于是否有优秀的集体经济企业家。一般而言，某种经营项目对企业家才能的要求越低，越适宜采取集体统一经营的方式。因此，总体来说，由村集体直接经营的实体性集体经济，适合经营的业务应当是那些对创造性和企业家才能要求较低的、较为成熟和标准化的业务，如休闲农业景区的停车场经营等——当然，拥有那种稀缺的集体企业家的农村除外。从这个标准来看，物业经营和管理性质的农村集体资产管理公司的"门槛"相比实体性的集体经济组织更低一些。因为物业经营和管理主要是租赁经济，只需将集体资产整理和发包，并不需要自己去考虑创意及具体经营业务问题，对创新性企业家才能的要求相对较低。我国农村集体经济大多采取资产租赁的经营方式，而不是村集体直接经营的方式，便是现实的佐证。

5.2.3 农民财产权利实现的组织形式：独立流转与交易平台

除了集体统一流转和经营，农民财产权利还可以通过"独立分散流转 + 交易平台"这一方式来实现。发达的交易平台可以大大降低农民独立流转土地和房屋的交易成本，特别是对于那些规模经济不明显、不需要集中成片利用的要素，如农民的房屋、庭院，这种独立分散的实现方式更加有效。积极引导农民财产权利独立分散的实现方式可以避免集体统一流转和经营的代理问题，节省治理成本，因此具有集体统一流转所不具备的优势。构建产权交易平台有政府和市场两种方式。此外，产权的分散独立流转还需要一定的制度条件。

第一，政府搭建的农村产权交易平台。2014 年 7 月，国务院印发《关于进一步推进户籍制度改革的意见》，提出要建立农村产权流转交易市场，推动农村产权流转交易公开、公正、规范运行。目前，各地政府投资建设了一批农村产权交易市场，有的在市县一级，有的在乡镇村一级。如前所述，降低单次交易成本的交易平台本身也需要付出成本，如需要场所、人员、办公设施等。因此，交易平台的建设和运营具有一定的规模经济效应，平台媒介的交易量（额）越大，平台的运行效率就越高。反之，如果平台的交易量（额）过小，那么平台建设和运营所增加的成本可能超过平台所节省的交易成本。因此，从理论上讲，农村产权交易所至少应当建在市县一级，而不是乡镇村一级，以保障交易平台的交易量，实现规模经济效应。

农村产权交易所的建立和运营与城乡要素流动、城乡关系调整和城乡融合发展紧密相关，因此具有较强的政策性，政府常常以此作为调整城乡关系的政策工具。重庆农村土地交易所是一个典型代表。重庆农村土地交易所是执行重庆市政府基于统筹城乡发展、促进城市化进程中的土地增值收益的公平分配而进行的农村土地产权制度改革的政策工具。依托这一产权交易所，即使是偏远地区的农民也可以通过整理和出售建设用地指标（即"地票"），分享部分城市化进程中的土地增值收益，是具有较强共享性的制度和组织创新。由于这种产权交易平台是特定制度和政策的执行工具，因此由政府设立和主导有一定的必要性和合理性。在这种政府主导的、行政性的产权交易平台中，实际上是政府扮演着组织创新企业家的角色。

但是，由政府设立和主导的行政化的产权交易平台并不一定具有效率优势。由于产权交易市场建设具有一定公共产品的属性，在上级政府的要求下，各级地方政府都在试办农村产权交易所，部分土地产权交易所甚至设立在村一级。按照前述分析，这种村一级的土地产权交易所由于媒介的交易量过小，很可能其节省的交易成本不能补偿其设立和运行费用，从而成为一种无效"组织创新"。这种不符合经济效率的、带有"政绩工程"性质的"组织创新"是政府在提供公共产品时普遍存在的高成本、低效率、不讲求经济效益的一个缩影。此外，这种政府主导的土地产权交易所行政化色彩较强，缺乏改善服务质量、降低成本的经济激励。这常常导致其创新活力和经营能力较弱，程序性较强，不能为农村产业融合发展提供充足的公共服务。由于效率上的不足，农村产权交易平台不宜实行单一的政府主导，而应鼓励和扶持市场主体设立农村产权交易平台，政府可以通过购买服务的方式供给。因此，从效率角度看，即使是重庆农村土地交易所那样作为政府特定政策执行工具的政策性土地产权交易平台，亦应在制度稳定运行后，适当借鉴公共管理运动理念，适当引入市场机制。

第二，市场化的农村产权交易平台建设。按照斯密—杨格定理，如果某种需求的市场规模足够大，就会形成专门的社会分工。同样地，如果某种潜在交易的规模足够大，从而降低其交易成本的社会需求足够大，自然就会衍生出一些旨在降低这种交易成本的、起交易媒介和服务作用的平台类组织。这些市场化的制度和组织创新属于企业的创新行为。这实际上是一种新的社会分工、一个新型产业。所以，具有较强公共性的产权交易平台也可以通过市场方式来提供，而不一定非由政府设立和主导。

随着农村土地房屋产权交易的增加，市场化交易平台应运而生，互联网的出现和广泛运用则为这一市场化交易平台的发展提供了前所未有的契机和动力。互联网的影响之所以如此巨大，对产业的渗透如此强大和广泛，根源就是空前高效的信息集散作用。许多原本受制于信息不通、交易成本过高的交易，或者说服务、经济活动，都变得可能了，大大降低了交易成本。"互联网＋"催生的一系列新产业、新业态、新商业模式，如电子商务、网约车、共享农庄、外卖等，其作用就是大大降低了交易成本，提高了资源的利用效率，并创造了一个新的经济增长极。实际上，当前交易平台已经成了一种非常重要的新兴生产性服务业。除了借助于互联网的新兴平台公司，商场（商业地产）、产业园（产业地产）、二手车交易市场等也是传统的市场化交易平台。市场化的土地交易平台是一个新兴产业，本身就是农村产业融合发展的产物和重要组成部分，是伴随着农村土地交易量的扩大、城乡要素流动量的扩大而内生出来的。这种市场化土地流转平台借助互联网平台，充分利用市场的开放性，其信息集散能力和覆盖面比前述行政性市场交易平台广阔得多，规模经济效应更加显著①。而且，市场化的产权交易平台具有更充分的经济激励，比政府主导的土地产权交

---

① "聚土网"是借助于互联网的市场化土地交易平台的典型例子。"聚土网"以网络平台连接土地流转双方，采取多重保障及一对一服务促成双方成功交易。以创新商业模式建立全国分站网络，以点带面覆盖各类资源，实现农村土地高效交易。目前，"聚土网"土地挂牌面积 1.3 亿亩，已交易面积超过 365 万亩。合作入驻的全国各地产权交易机构 91 家，建立分站 120 家。数据来源："聚土网"，https：//baike. baidu. com/item/聚土网/19390508？fr = aladdin，2019 – 03 – 15。

易所的运行效率更高，改善服务质量的意愿和能力更强，从而能够最有效地降低"次生交易成本"。

第三，农民财产权利分散实现方式的制度条件。在农村产业融合发展中，农民分散的财产交易方式有一个前提条件，那就是农民仍然保有原来的宅基地和分散居住下的庭院。在那种推动农民上楼、集中居住的农村建设模式中，这种分散的财产经营方式失去了发展条件——以宅基地换新房的农民已经一次性地将宅基地变现，使得农民自主进行的分散产权交易失去了条件。如前所述，通过集体进行农村产权交易会产生代理问题，面临代理人的激励和约束难题。其中，代理人约束问题的本质是一个作为委托人的农民财产权利的保护问题——这是一个区别于产权法律保护的经济分析。

5.3 农村产业融合发展中农民财产权保护：一个经济分析

按照分析框架，农民财产权利的现实性构建需要从界定—实现—保护三方面进行，5.1 节和 5.2 节分别分析了产权的界定、实现，5.1.3 节分析了产权的法律保护问题。如前所述，本书对产权的分析是以马克思的产权思想为指导，并借鉴巴泽尔产权理论中的合理成分，将产权的经济分析和法律分析进行了有机结合。这种综合不仅体现在产权界定和实现上，也体现在产权保护上。从经济视角看，农村产业融合发展中农民财产权利保护主要涉及三个方面：其一，完善农村集体经济组织治理结构，解决代理人的激励约束问题；其二，通过制度和组织创新，为农民与外部主体的产权交易建立必要的治理机制；其三，从政府治理视角，对政府产权保护行为进行经济分析。

5.3.1 农村集体经济组织改革与农民财产权利保护：产权明晰

如前所述，农村集体经济组织作为中国特色社会主义的重要制度构件，在现代生产要素可得性建构、多元组织形式共生性建构以及农民财产权利的界定和实现中，都具有不可替代的作用，是中国特色社会主义制度特色和制度优势的重要体现。农村产业融合发展是农村经济发展、农村产业振兴的新路径，同时也为农村集体经济组织的发展带来了新的契机、提出了新的要求。然而，农村集体经济组织在产生这些制度收益的同时也会产生相应的制度成本，并且其制度成本比一般的营利性市场组织更高。

在委托代理关系中，代理人利用信息优势侵占委托人利益的问题是普遍存在的。由于农村集体经济组织产权结构的特殊性，其代理人的激励问题比一般私营企业更难解决。按照集体所有制的制度设计，在农村集体经济组织中，全体身份农民是委托人，集体经济组织经营者是代理人，同样可能发生集体经济组织代理人利用信息优势，侵占农民财产权利的问题。这种基于信息不对称和机会主义行为对农民财产权利的侵占与赤裸裸的抢劫、盗窃相比，更加隐蔽，也更加难以防范。马克思曾经深刻提出："……掠夺的方式本身又取决于生产的方式。例如，掠夺一个从事证券投机的民族就不能同掠夺一个游牧民族一样。"① 同样地，在不同的农业生产方式下，乡村精英侵占普通农民财产权利的方式通常也是不同的。农村产业融合发展盘活了农村资源，原本静态的、廉价的农村土地、房屋、资源、资产开始具有了不菲的经济价值，成为被广为瞩目的"猎取"对象。

集体统一流转和经营是农民财产权利实现的一种重要方式，同时也是最容易发生财富攫取的过程。在农村土地房屋等产权交易的过程中，地方政府和集体对交易成本的节约发挥了重要作用，本应从土地交易中获得一定的报酬，但是在缺乏有效的监督约束机制情况下，这种报酬往往明显超越合理的限度，而成为对农民财产权利的侵犯。例如，将集体土地、资源、资产低价承包给私人而收受回扣，导致集体资源变现的收益没有计入集体账目并成为全体农民的股份分红，而成为代理人的私人收益；从事私人经营的集体经济组织代理人自己以低价承包集体资源；集体经济组织代理人及其家族、团伙垄断集体资源经营，将集体资源、集体企业转变为家族资产、家族企业；随意提取集体收益，挪作代理人私用；等等。这些都

---

① 马克思，恩格斯. 马克思恩格斯选集（第二卷）［M］. 中共中央编译局，编译. 北京：人民出版社，2012：698.

是农村集体经济组织运行中常见的代理问题，其实质都是对农民财产权利的侵占，受损失的都是农民的利益。如果集体经济的代理问题不能得到有效解决，代理人的机会主义行为不能得到有效约束，集体所有制就很难发挥出其促进共同富裕的作用，甚至出现某种"异化"①，导致中国特色社会主义的制度优势不能充分体现出来。对农村产业融合发展中农民财产权利实现这一具体问题而言，仅仅改革农村产权制度，对农民确权赋能，如允许集体经营性建设用地直接入市，与国有土地"同权同市同价"，并不能保证农民获利，还必须解决代理人的激励约束问题，保证集体经营性资产收益能够被全体农民所共享，而不被代理人攫取，这是确权赋能改革必要的配套性制度改革。

农村集体经济代理人问题的特殊性和难点在于"双重代理"：全体村民将集体财产委托给社区政府（乡镇政府、村委会），这是第一重委托代理关系；社区政府再将集体财产委托给集体经济组织代理人，这是第二重委托代理关系。这种复杂的"双重代理"区别于私营企业中股东和经理人之间的单层代理关系。"双重代理"使激励的传递增加了一层中间环节，同时需要约束的代理人也增加了，组织中的激励约束带来额外的困难和治理成本。更加特殊的是，公有制企业组织的"双重代理"还加入了政府官员，往往存在政企不分问题。我国20世纪八九十年代的乡镇企业发展过程中普遍出现的一个问题就是，乡镇企业的财务不独立，社区政府常常将乡镇企业的利润用来补贴公共福利开支，甚至将乡镇企业贷款用来提供社区福利，导致乡镇企业背上沉重的政策性负担和债务包袱；一些社区政府官员和乡镇企业代理人利用职权进行利益输送、贪污挪用等各种或明或暗的形式攫取集体资产。与所有公有制企业一样，传统的农村集体经济组织没有最终所有者，其经营者亦非最终所有者，并没有足够的经济激励来保护集体财产，因此，传统集体企业的经理人没有动力和能力来约束社区政府的各种攫取行为。在这种情况下，农民作为"最终所有者"的缺位是普遍

---

① 曹阳（2015）提出"组织异化"概念："人们在社会活动中所创造的，本来是为了拓展个人自由空间，提升个人实现'实质自由''可行能力'的'组织'，转过来成为一种外在的、异己的力量，成了限制、束缚甚至禁锢个人基本自由的一种制度安排。"农村集体经济组织治理不完善，就可能导致某种"组织异化"，无法实现组织的正常职能。

存在的，从而导致农民的财产权很难获得保障，很容易出现马克思所说的"名义上有，而实际上没有"的问题，也即巴泽尔所说的法律权利与经济权利的差距。

为了加强对农民财产权利的保护，必须完善农村集体经济组织治理。加强农村集体经济组织的外部监督、财务审计、纪律审查和处罚是非常重要的，必须增加代理人机会主义行为的成本。但是，从经济学分析来看，更基础的改革是对农村集体经济组织的产权结构和治理机制进行根本的改革，彻底解决传统集体经济组织行政化色彩过重、政企不分、"双重代理"及"最终所有者缺位"问题。近年来，江浙等地区兴起的以股份合作制为基本组织形式的"新型农村集体经济组织"较好地实现了这些改革目标（王海平，2014；刘志彪，2016）。在这些新型农村集体经济组织中，通过股份制理顺了集体经济组织内部的权利关系，各个所有者按照股权享有相应的权益，"最终所有者缺位"的问题基本得到了解决；引进外部投资者，而不单纯依靠财政拨款和集体资源。总之，实行股份合作制的新型农村集体经济组织在相当程度上解决了传统经济组织偏行政化的痼疾，而向真正的市场主体转变，更加适应市场的要求。依托这种经济基础的改造，建立完善的内部治理机制，在此基础上进行外部监督执纪改革，就能起到事半功倍的作用，使集体经济组织在农村产业融合发展共享机制构建中发挥应有的积极作用，充分体现中国特色社会主义的制度优势。

最后，集体资产产权不明晰常常导致集体资产管护的"公地悲剧"，例如，农村水利设施、集体林木等常常因为缺乏维护而被破坏，这实际上是农民以集体形式占有的财产权利的损失。为了保护农民的这种财产权利，构建经济机制，必须解决集体资产产权不明晰的问题。以股份合作制为组织形式的新型农村集体经济相对于传统集体经济的一个本质性改革便是明晰了产权。明晰集体资产产权的另一个途径则是市场化——将某些集体资源、资产的经营权、收益权界定给市场主体，以此换取市场主体对村庄公共产品的供给，这样一举解决村庄公共品供给和集体资产缺乏维护两大难题。我国政府建设的农村公共基础设施常常面临事后的管理和保护难题，其背后的经济学原理是公共物品保护的"公地悲剧"。引导社会资本参与农村公共品供给使公共品产权明晰化,可望有效解决建成后的管护难题①。

5.3.2　土地交易治理机制构建与农地经营权保护:组织创新视角

按照中央"三权分置"的制度设计,农民承包地的经营权与承包权分离,农地经营权是一种独立的产权。然而,在我国各地土地流转实践中常常出现土地流转尚未到期农民便要求收回农地经营权的问题;在农地经营权抵押贷款中,也经常出现经营权抵押贷款无法处置变现的问题,法律上独立的经营权在实践中并不独立。按照前述理论分析框架,进一步完善农村土地流转的法律制度、为农地经营权提供有力的法律保障固然是必要的,但并不能解决所有问题,还必须在完善法律的同时,健全经济机制,不能陷入威廉姆森所批判的"法律中心论"之中②。

这种基于"法律中心论"视角的建议不仅在法律上不一定可行(因为高昂的法律执行成本),而且也不一定符合社会公平的要求。按照不完全契约理论,市场价格等经济条件的改变,使得按照原有合同,交易一方将承受很大的损失,从而不利于合约双方的共赢。因此,这种情况应当属于"法定免责条款"(刘凤芹,2003)。这时候,重新协商合约、协调双方利益的私下解决方式可能比法律裁决更加经济和有效,能更好地处理利益关系,维护合约的稳定性和农地经营权。由于合约的不完全性和现实经济情况的多变性,这种双方协商和合约调整应当是经常性的。为了要低成本地做到这一点,有必要建立经常性的合同治理机制,其核心是使土地流入方与作为土地流出方的农民建立紧密的利益联结机制,建立经常性的互信、对话和协商机制,抑制双方的机会主义行为,协商解决合作中的矛盾和分

---

① 湖北"仙洪新农村建设试验区"的"林水结合"改革实践是这方面的典型案例。参见曹阳. 当代中国农业生产组织现代化研究 [M]. 北京:中国社会科学出版社,2015:203-212.
② 参见 [美] 奥利弗·E. 威廉姆森. 资本主义经济制度 [M]. 段毅才,等译. 北京:商务印书馆,2003。与之类似的,是马克思所批判的"法学的幻想"和巴泽尔所强调的经济权利与法律权利的区别。

歧。威廉姆森（2003）认为，对于涉及专用性较强的资产的交易，有必要建立合同治理机制，以提高合作的稳定性，"正是为了提高交易双方的相互适应能力，促进持久的合作，才使得对双方利益交叉问题所进行的协调工作成为经济价值的真正源泉"。农村土地交易一般涉及较高的资产专用性：对企业一方来说，一般要对土地进行专用性物质资本投资，如在土地上建设相应的建筑、对土地进行改良等，以使土地适应某种用途；对农民一方来说，因为企业已经在土地上进行了专用性投资，农民大部分时候很难把经过平整的土地恢复耕种。①

当前，我国农村土地流转中，已经逐渐建立起一些相应的土地产权交易治理机制，其典型代表是土地股份合作社：农民以土地经营权入股，成立土地股份合作社，与企业等新型农业经营主体合作。这种土地产权交易不是单纯的市场交易，而是形成一种介于市场和等级制组织之间的中间组织形态。其作用不仅体现在降低土地流转签约前的信息收集、谈判和签约成本，同时还能在签约后为双方的对话协商构建一个长效平台，解决交易中的纠纷，降低签约后的交易成本。这种组织创新不仅能保护土地经营权流入者的利益，也为更好地保障农民的土地财产权利准备了条件——在治理规范的情况下，依托土地股份合作社平台，可以更好地保护农民的土地财产权利。

可见，完善"三权分置"的农地产权制度、加强农地经营权利保护，不仅是一个法律和制度不断完善的过程，还是一个经济组织创新和完善、治理结构不断演化升级的过程。正如巴泽尔所指出的，"由国家来明确界定的产权只占法律权利中的一小部分，其余大部分都是在其所有者交易过程中由合同界定的"②。合同的不完全性、法律解决纠纷的高成本，决定了我们必须建立各种正式组织和非正式组织，增强合同的适应性，以维持长期合作关系。当前，我国农村土地交易市场已经基本建立起来，但是由于市场制度、设施存在诸多不足，交易成本较高。当然，提供这种治理机制

---

① 参见"湖北洪湖瞿家湾'蓝田模式'的破产"，引自曹阳. 当代中国农业生产组织现代化研究［M］. 北京：中国社会科学出版社，2015：258–259.

② ［以］约拉姆·巴泽尔. 产权的经济分析［M］. 费方域，等译. 上海：格致出版社，上海人民出版社，2017：95.

的组织创新不仅有土地股份合作社，还需要建设农村产权交易市场。城市房屋产权交易有中介机构和一整套程序，交易过程较为规范，双方权利能得到法律更好的保护，农村产权交易市场也应当逐渐建立相应的交易市场。

5.3.3 政府治理、发展方式与农民财产权利保护

从经济分析的视角看，我国农民财产权利的保护必须构建相应的官员激励机制。按照公共选择学派的观点，政府官员也是理性经济人，也会根据自身利益最大化进行理性选择，因此对政府产权保护行为的分析也与对个人行为的分析一样，要为其产权保护行为提供经济激励。如果不提供正确和充分的经济激励，即使法律对农民的产权保护做出完善的规定，也可能得不到有效执行。

当前，"田园综合体"、康养小镇、古镇旅游、农业产业园区等农村产业融合发展项目被许多地方政府视为农村经济社会发展和产业振兴的新途径，具有很强的政府推动和主导色彩。并且，政府的主导作用很多时候不仅体现在规划、设计、制度供给、提供基础设施和技术研发等公共、准公共产品上——前面已经反复强调，这些都应当成为农村产业融合发展中政府的投资重点——而是在政府决策下，由国有企业直接充当投资主体，从而使得我国当前的农村产业融合发展带有鲜明的政府主导特点。

在促进农村产业融合发展的过程中，各类资本是不可或缺的，资本促进产业发展，从而对地方政府利益的影响比对农民的影响大得多。因此，地方政府往往偏好大开发、大招商，以在短时间内做出政绩，在这个过程中偏向资本的利益，吸引资本的流入成为首选，很容易忽视和牺牲农民的利益。这构成我国农村产业融合发展中农民财产权利保护的一大制度性障碍。特别是在征地制度下，发展房地产业对地方政府最有利，因此即使是乡镇一级地方政府，也有极大的积极性推动小城镇建设。这导致"田园综合体"模式常常出现房地产化倾向，扭曲了农村产业融合发展的正确方向。另外，由于村集体在土地流转、征地、拆迁过程中具有重要作用，与

资本一样，基层干部也成为地方政府不得不依赖的群体，从而对其行为进行严格监督约束的激励受到一定削弱。

当前，引导地方政府、企业更加重视农民权益保护和利益增进的一个重要动力是自上而下的行政压力。如果行政体系的效率够高，将保护农民利益、促进农民增收的压力层层下传，那么也能起到一定作用。由于行政体系的多层次、信息的不对称，这种自上而下的压力机制的成本是极高的——需要进行各种审核、考评、监督执纪等，如我国精准扶贫注重打击扶贫领域的"微腐败"——并且有效性也很难保证。

更重要的是，依靠工商资本下乡推动和主导的产业融合发展，广大农民的自生能力不能获得最大程度的提高，其自我主导的组织体系（如合作社、农村集体经济组织）很难成长壮大；在这种经济基础下形成的制度体系，如农村金融体系、社会化服务体系、公共服务体系主要是为大资本服务的，对本地农民和经济组织的服务效果必定大打折扣，由本地农民和农民合作社、农村集体经济组织等本土性经济组织主导农村产业融合发展的内源式发展路径仍然不能实现。也就是说，单纯依赖外部工商资本驱动的外源式发展，同时本地农民的自生能力和经济地位没有显著提升，仅能在短期内和一定程度上增加农民的收入，最根本的生产关系、经济基础并未因此而发生实质性变化；农民的增收在很大程度上是处于主导地位的工商资本的一种"善举"，从而这种增收必然是不稳定、不巩固的，只能在短期内"治标"（如完成脱贫指标，人均收入上升到贫困线以上），而不能"治本"。因此，农民财产权利的保护不能仅依靠政府自身自上而下的监督和行政压力，关键是要着力于对经济基础的根本性改造，强化外来资本对本地经营主体的服务性功能，形成内外、大小经营主体之间的互利共生关系，增强农民、农村的自生能力和对产业融合发展的主导能力，农村产业融合发展的路径从外源式发展路径转变为内源式发展路径①。当然，在行

---

① 本书并不反对工商资本下乡发展现代农业。前面已经反复强调过，农村产业融合发展不能仅依靠农民和农村自身的力量，外部资本和经营者（"新村民"）的加入对增进现代生产要素可得性、多元组织形式共生性和农民财产权利现实性，从而实现农村产业融合发展的共享性，都是非常重要和必要的。本书强调的是：应当通过制度和组织创新，发挥外来资本对农民的服务带动作用，而不能发生外来资本排挤和侵占本地农民利益、强化后者对前者的依附性的现象。

政体系效率有基本保障的前提下，自上而下的脱贫指标和转移资源是有益和必要的，能加快农民自生能力的提高，形成自下而上与自上而下相辅相成的良性循环，缩短上述演进过程。

5.4　本章小结

在现代化进程中，农业农村一直是一个特殊领域，城乡要素的市场化流动可能带来一些负面效果。为了保护农民利益、保护耕地和粮食安全、维护农村治理，一些国家和地区限制甚至禁止资本下乡①。如前所述，这些对农村土地产权的限制性政策的实质是限制农村要素市场发展，在农民与市场之间设置某种"隔离带"，这种"隔离"虽然能降低农民所面临的市场风险，但是也使农民失去了获取财产性收入的机会，影响了农民财产权利的实现。由于农村产业融合发展对资金、技术、经营管理等现代生产要素的要求较高，小农户的参与难度较大，财产性收入成为广大农民分享农村产业融合发展成果的一个重要途径。同样重要的是，农民直接或者通过集体经济组织间接掌握农村土地、房屋等资源要素，对于扶持农民作为农村产业融合发展的合格经营主体、增强其自生能力也有重要的保障作用。例如，集体经济组织提供的生产性服务是增强现代生产要素可得性的重要途径。本章从农民财产权利的"界定—实现—保护"三方面详细阐述了我国农民财产权利的现实性建构。农村产业融合发展为农村产业振兴提供了有效途径，从而为农民财产权利的现实性构建创造了前提条件，同时也对农民财产权利的法律规定及其经济实现形式提出了新的要求——这是马克思的生产与分配关系理论及其产权思想的体现。我国农民财产权利的现实性与农村产业融合发展在本质上是一致的，但同时也存在一定矛盾。当前，我国农民财产权利的界定、实现和保护虽然已经获得很大改善，但是仍存在诸多不足之处，农民财产权利现实性的制度环境和经济机制尚未

---

① 日本就是如此。长期以来，日本农村土地的市场化配置被严格限制，城市人不能到农村买地建房，城市工商资本下乡也被限制。但是，这些限制政策近年来逐渐松动。参见叶兴庆、翁凝（2018）。

建立。因此，需要通过制度和组织创新，调和利益矛盾，实现农民财产权利现实性建构与农村产业融合发展的统一。

根据分析框架，本章从政府、市场与农民关系的视角，对我国农村产业融合发展中农民财产权利的现实性建构进行了详细分析。总的来说，一方面我国农民财产权利的现实性建构中市场能发挥不可替代的作用，必须积极培育市场主体，充分利用市场机制，特别是赋予和保障农民在农村产权交易市场中的市场主体地位；另一方面，农民财产权利的现实性构建离不开政府的作用，包括制度供给、公共服务、利益协调等方面。

第一，我国农民财产权利的现实性建构首先需要相关法律制度的完善，包括通过均分承包、确权颁证、集体资产股权量化等制度改革，明晰产权，解决集体资产"最终所有者缺位"的问题；赋予农民和村集体承包地、宅基地、集体经营性建设用地的转让权和抵押权，强化农民和集体的市场主体地位；加强农民财产权利保护，防止政府、资本等强势主体的侵占行为。

第二，我国农民财产权利的现实性建构需要找到实现农民财产权利的经济组织形式，盘活农村资源要素，使农村的土地、房屋、资源、资产成为现实的生产要素，并为农民带来实际的收入或服务。我国农民财产权利的实现必须降低交易成本，包括签约前的交易成本和签约后的交易成本，这就要进行相应的组织创新。农村集体经济组织、农民股份合作组织等农民财产权利的集体实现方式和媒介产权交易的产权交易平台是本章研究的两类主要组织创新。在这两类组织创新中，应当尽可能利用市场机制，使上述组织创新向市场化方向改造。降低交易成本的组织创新本身也会带来一定的"次生交易成本"，创造条件让市场更充分地发挥作用，有利于降低这一成本。

第三，我国农民财产权利的现实性构建必须解决农民财产权利的保护问题。农民财产权利保护不仅是一个法律问题，还是一个经济问题，需要进行经济分析。本书从经济视角分析了农民财产权利保护需要构建的四个经济机制：其一，发展股份合作制的新型集体经济组织，从经济基础层面革除传统农村集体经济组织产权不明晰、"最终所有者缺位"的弊端，为农民的集体财产权利保护构建良性经济机制；其二，通过各种土地股份合作社，为农村土地产权交易建立治理机制，以更好地保护签约各方的利益，维持长期合作关系；其三，通过政府治理机制改革，为地方政府更好地保护农民财产权利提供激励，关键是建立地方政府官员与农民的利益联结机制；其四，通过自上而下的转移资源以及其他扶持政策，增强农民的自生能力，落实农民的主体地位，推动农村产业融合走内源式发展之路。

第 *6* 章

农村产业融合发展共享机制构建：
国内外经验比较分析

本章对国内外经验借鉴和案例分析延续了第 2 章构建的生产与分配、政府与市场分析框架，以及共享机制构建三个基本目标，试图为前面的理论分析提供经验验证。本章将国内外农村产业融合发展划分为三种模式——政府主导与市场参与型模式、市场主导与政府扶持型模式、政府和市场双轮驱动型模式，对各模式的经验和不足进行了比较、分析与借鉴。

6.1 农村产业融合发展：国外实践模式

发达国家的农村产业融合已经实现了较为充分的发展，在发展路径、方式上呈现出多元模式。从政府与市场关系视角看，农村产业融合发展的国际实践可概括为以下三种模式：第一，政府主导与市场参与型的日本模式；第二，市场主导与政府扶持型的美国模式；第三，政府与市场双轮驱动的荷兰模式。这些国家的资源禀赋、历史、文化、制度各不相同，农村产业融合发展共享性构建的制度要求也不同，可以为我国提供丰富的启示①。

---

① 之所以选择这三个国家是因为日本是人多地少的"东亚小农国家"和政府主导经济发展的"东亚模式"的典型代表，美国是地广人稀的"新大陆国家"和市场主导型发展模式的典型代表，荷兰则是在资源禀赋条件和政府市场关系都大致介于日本与美国之间的欧洲国家的典型代表。

6.1.1 日本的"六次产业化":政府主导与市场参与型

日本所代表的"东亚模式"是典型的政府主导型发展模式(顾昕,2014),日本政府制订了大量经济发展计划。直到 20 世纪 80 年代后,日本才开始进行市场取向的改革,增强市场在经济发展中的作用。在农村产业融合发展(六次产业化),或者说整个农业农村领域,政府主导的色彩也非常浓厚,政府为此制订了大量推动计划并投入大量资金。同时,在日本农业农村领域发挥主导作用的综合农协体系也具有"准政府"性质,是执行政府农业农村政策的工具,带有法人团体性质,市场主体的属性相对薄弱。这种整体制度环境和农业农村领域的局部性制度环境使得日本农村产业融合发展具有鲜明的政府主导色彩。同时,在 20 世纪 80 年代进行市场化改革和扩大对外开放后,市场在日本经济中发挥的作用也越来越大,特别是随着带有鲜明的"准政府"色彩的日本综合农协也开始走上市场化改革的路子(刘松涛、王林萍,2018),以及政府对工商资本下乡的开放与鼓励,竞争、开放、逐利的市场机制,企业、大户等市场主体在农村产业融合发展中发挥着越来越大的作用。因此,本书将日本"六次产业化"发展模式界定为政府主导与市场参与型。由于日本人多地少、农户经营规模狭小的资源禀赋条件与我国相似,其在推动农村产业融合发展、保护农民利益、促进共享发展方面的做法,对我国农村产业融合发展共享机制构建具有较强的借鉴意义。

20 世纪 70 年代以来,持续的工业化进程促进了日本的城市化,大量青壮年农业劳动力向城市转移,日本农村出现了日益严重的耕地摞荒、农业劳动力老龄化问题;在此期间,日本农业总产值、农业收入和食物自给率等重要指标都出现了大幅度的下滑;从外部因素看,进入 80 年代以后,日本农业对外开放程度逐渐扩大,面对国际竞争的冲击,日本小农生产的弱质性日益暴露,提升农业的竞争力势在必行(叶兴庆、翁凝,2018)。日本的"六次产业化"正是在这样的背景下推出的,目的是应对前述国内外挑战,提高农业竞争力和经济效益,增加农民收入。2008 年 12 月,日本政府制定了《农山渔村第六产业发展目标》,并出台了一系列配套政策,有力地推动了日本"六次产业化"的发展，得到了地方政府的大力支持，以及农民和合作社的积极响应，取得了初步成效①。可见，日本"六次产业化"的出台主要源于日本政府应对农业衰退、农业收入下降和国际竞争压力的动机，带有强烈的政策性和政府主导色彩，而非市场主体在逐利动机下自发演进的产物。但是，伴随着这个过程的是日本农业市场化程度的加深，市场在"六次产业化"中的作用逐渐增强。从农业产业发展的角度看，日本"六次产业化"与我国农村产业融合发展有一定的相似性，都是试图通过开发农业生态、休闲、旅游、文化等多功能性产业、大力发展农产品加工业、与新兴信息、生物技术融合、发展农业产业集群等方式，推动农业现代化和农业振兴。

日本政府为"六次产业化"的推进提供了有力的资金、政策、制度和法律保障。日本对"六次产业化"提供了大量财政支持，并通过立法，将这种财政补贴政策制度化。2010 年，日本农林水产省制定并颁布了《六次产业化法》，明确规定：农户在建设农产品直销店、农产品加工、流通和销售中的投资的 50% 可以享受财政补贴；企业和农户对开发新产品、开拓产品销售渠道投资的 2/3 可以申请财政补贴；政府对经过相关部门认定的、农林渔业从事"第六产业"的经营主体和从业者给予资金、信息等多方面政策扶持；政府对发展"第六产业"的各类经营主体提供低息或无息贷款。除了财政补贴、优惠贷款等政策扶持，日本政府还为"六次产业化"的发展提供各类公共服务：①大力培养"六次产业化"所需要的新型人才，尤其是重视对农民的人力资本投资，如举办各种培训班，培养懂技术、善经营的复合型人才；②积极促进各类"六次产业化"经营主体间的交流、合作，如开展产业集群协议会、案例研讨会、技术交流会、农林水产品展销会等，2008 年日本专门制定《农工商合作促进法》，以法律的形式规定，政府有责任通过税收、金融等经济政策促进农工商间的合作，从而推动"六次产业化"的发展；③为"六次产业化"的发展提供食品产地信息等信息服务，有效降低交易成本，促进产品质量提升；④加强对农业

---

① 据日本农林水产省统计，2013 年日本农业及相关产业年度销售总额达到 1.83 万亿日元，比 2010 年增长了 10.9%，其中农产品加工产值 8407 亿日元、直销销售额 9026 亿日元，分别比 2010 年增长了 8% 和 10.4%（王乐君、赵海，2016）。

生态保护和农村传统文化的开发，为农业多功能性的发挥和产业融合发展提供前提条件。

政府和带有"准政府"性质的综合农协对保护农民利益发挥了重要作用。本书在前面反复强调的基本观点是，农民自生能力的强弱对农村产业融合发展模式和共享性影响很大。日本是典型的东亚小农国家，人多地少，农民具有明显的弱质性，自生能力和市场竞争力较弱，很容易出现外源式发展，农民利益保护非常困难。因此，很长时期以来，日本农民问题的重要性超过农业问题，保护农民利益的重要性超过提升农业竞争力（胡凌啸、周应恒，2018）。这成为日本农业政策的一个鲜明特征和重要宗旨。基于这一考虑，长期以来日本对市场主体和市场机制在农业农村中的作用进行了诸多限制，垄断性和半官方的综合农协在农业农村的各个领域发挥着主导作用。日本农村金融长期被合作金融所垄断，外部商业金融很难进入（陈锡文，2004），这对于增强日本农村金融的普惠性和农民的内生能力有重要作用，但是，日本综合农协走向另一个极端，成为阻碍农业经营规模扩大和农业提质增效的特殊利益集团（刘松涛、王林萍，2018）；与此同时，随着日本的市场化改革、农民的分化和转移，主要代表小农户利益的综合农协本身也面临分化，其市场化改革势在必行（阮蔚，2006；苑鹏，2015）。

为了激活农业农村发展活力，解决耕地撂荒、农业衰退和农民收入下降等问题，在"六次产业化"中，严格禁止或限制工商资本下乡这一长期坚持的基本政策被逐渐放宽和取消（叶兴庆、翁凝，2018），日本政府开始通过提供税收、贷款等优惠政策，积极引导工商业企业进入农业农村，外来工商企业逐渐成为日本"六次产业化"中的重要主体。工商资本下乡对日本"第六产业化"的发展起到了明显的促进作用。例如，在工商资本的推动下，日本的食品加工业得到迅速发展，成为仅次于运输机械和电器机械的第三大产业。但是，这个过程也带来了一些消极影响，特别突出的是，一些地方引进的工商资本也出现了脱农的问题，导致有些地方的"六次产业化"不仅没有促进农业生产的发展，反而损害了农业的发展（苏毅清等，2016）。

在允许、鼓励资本下乡的同时，日本延续了保护小农利益、防止工商资本侵害农民利益的政策传统。"六次产业化"强调以当地农户和当地资源为基础，通过发展第一产业并向第二、第三产业延伸，重视农村的内生发展和农业的多功能性（赵海，2015）。为了适应"六次产业化"的发展需要，日本农协在引进工商资本的同时加大了对农村基础设施及配套的物流加工设施的投入。日本相关法律在调节企业与农民之间利益分配关系时，对农民进行了一定的倾斜；综合农协则为保证这些法律实施、切实保护农民利益提供了组织保障：在农户与企业发生利益纠纷时，农协积极介入调节，在必要时可代表农户终止与企业的合作。但是，在整体制度环境向市场化和开放化转型后，主要依靠行政垄断保护的日本农协面临巨大的压力，被迫向营利化、公司化、市场化转型（王醒男，2006；阮蔚，2006；苑鹏，2015）。

日本的"六次产业化"紧密结合休闲农业、乡村旅游等新兴产业，改革农产品流通方式，积极倡导农产品"地产地销"，减少农业产值经过流通环节的外溢，使本地农民分享更多利润。日本推进"六次产业化"的一个重要内容是"地产地销"，这在 2010 年通过的《六次产业化法》中得到确认。所谓"地产地销"，指的是农产品尽量在其产地销售和消费，在产地产量不能满足当地需要的情况下，应当尽量消费国内其他地方生产的农产品。显然，农产品"地产地销"政策带有一定的农业保护色彩，但是从商业模式角度看，这也是一种在农村产业融合背景下形成的新型农产品流通方式，符合"食品短链"这一新型消费理念和商业模式（檀学文、杜志雄，2015；姜长云，2015）。对本地农民来说，"地产地销"政策可以减轻其对工商业资本的依赖，使得农业产值可以更多地被其获取，而不是被农产品流通领域的商业资本获得，因此具有较强的共享性。日本农产品"地产地销"政策的实施是与农业多功能性的开发、休闲农业、乡村旅游、市民农园等新型产业、业态和商业模式的发展紧密相关的。农业多功能性的发挥和三次产业融合发展，一方面提升了农产品附加值；另一方面利用农村特色的生态、环境、文化优势，吸引市民来到农村，就近购买和消费当地的农产品，大大缩短了农产品加工和流通链条，推动了农产品"地产地销"的实现。

6.1.2　美国的农村产业融合发展：市场主导与政府扶持型

美国的农业生产和加工、流通、销售等关联产业高度发达，农村产业融合经过长期的发展达到了很高的水平，尤其是20世纪50年代以来的第三次科技革命，大大推进了美国农村产业融合发展的进程。美国的农村产业融合发展主要特点表现为高度发达的农工商一体化，即把在工业部门中形成和发展完善的组织形式和管理方法引入农业，增进农业与其关联的工商业之间的联系与合作，形成农产品生产、加工、销售一体化的全产业链经营。从产业模式上看，美国的农工商一体化形式与我国的农村产业融合发展相近，也可以划分为四种：其一，纵向融合，即农业产业链延伸与融合，打通农业生产、流通、加工之间的联系，形成农业与关联产业的一体化经营；其二，横向融合，即在农业多功能性的基础上，实现农业与文化、旅游等产业的交叉融合发展，形成休闲农业、乡村旅游等新型产业、业态和商业模式；其三，高新技术渗透型融合，即现代信息技术、互联网、云计算、大数据、物联网、生物技术向农业渗透，发展农村电商、农业互联网金融等"互联网＋农业"，以及太空农业、生物农业、能源农业、医药农业等"生物＋农业"；其四，循环型融合，即通过现代生产技术，打通畜牧业、养殖业、种植业等农业内部产业之间的物质循环通道，发展循环农业。

但是，总体而言，美国的农村产业融合发展水平远远高于我国，一个重要原因是其高度发达的微观组织网络，具有牢固的组织基础。按照马克思的产业融合思想，产业融合是建立在分工基础上的融合，而要形成这种分工基础上的融合，就必然要求各个经营主体间的紧密联系与合作，提高农业生产的社会化程度。但是，分工基础上的联系、合作、融合也会带来交易成本，这就意味着农村产业融合发展必须进行组织创新，形成企业（组织）的合理边界，降低单纯市场交易下高昂的交易成本。因此，正如前文已经指出的，农村产业融合发展适宜的微观组织形式是大中小经营主体多元共生的组织体系。美国农村产业融合发展的一个突出优势就是形成了发达的企业组织体系，成为推动美国农村产业融合发展的主体。美国农村产业融合发展的微观组织形式主要有三种：由工商企业联合组成的农工综合企业、公司农场、以规模经营的农场主为主体的合作社。显然，这是一个多元化的组织体系，各类组织之间基本形成互利共生的组织体系。美国农村产业融合发展之所以能够由市场主体（企业）驱动，具有高度发达的水平，关键是其拥有高度发达的微观组织基础，以具有较强经济实力和经营规模的企业、农场主和农场主合作社为主体，这是日本和中国很难具备的。

美国的农村产业融合发展的主导者是各类企业，主要是一个市场演化进程，政府的直接干预较少，与前述主要由政府主导和推动的日本"六次产业化"有本质区别。这种区别的一个重要原因是二者的市场主体禀赋的不同：美国企业和农场主等市场主体经济实力较强，有推动和实现农村产业融合发展的内生动力，对政府推动的依赖度相对较低。因此，本书将美国的农村产业融合发展模式称为"市场主导与政府扶持型"。

美国政府的投资重点是为农业企业、家庭农场等市场主体提供服务和扶持，而不是直接投资经营。美国农场基本上是私人投资经营，市场主导的特点明显。美国农场主是充分的市场主体，有配置资源的充分权利。其中，一个非常具有标志性的制度安排就是美国农场主拥有充分的土地权利，能够将自有土地进行抵押、担保、买卖，是土地交易市场的主体，政府允许农民作为独立市场主体进入土地交易市场。美国拥有高度发达的农地交易市场和农地金融体系，为农业现代化提供了有力的金融保障（程郁、王宾，2015）。这种农村土地交易的高度市场化，赋予农民近乎完全的土地交易市场主体地位是在我国和日本这样的东亚农业国家很少见到的。但是政府会对这些私人投资进行扶持，缓解其资金约束。这主要体现在四个方面：一是政府对农场主提供大量财政补贴，财政补贴在农场主收入中占据相当比例。但是，由于美国农业补贴基本上都是与农作物经营面积和产量挂钩，导致大型农场和综合企业获得了大部分农业补贴，而最需要扶持的小农场反而只能获得很少的补贴，农业补贴的公平性和社会职能被削弱了（宋丽丹，2018）。二是体现在政府提供的金融扶持，如农民可以凭借农产品抵押获得银行贷款、政府为农场主等农业经营主体提供长期和短期贷款。三是政府对农业投资实行较大幅度的税收优惠，减免额度可达到应税收入的近50%。四是美国非常重视对农民的人力资本投资，建立了一套发达的农民教育培训体系。

美国联邦和州政府对农业公共产品和服务进行了大量投资，极大地改善了相关基础设施和公共服务，为农村产业融合发展创造了有利条件。为了促进农业现代化，美国在农业基础设施、农民教育、农业科研和技术推广等方面进行了大量公共投资。在农业现代化初期，农业相关基础设施是政府投资的重点，典型代表是1993年成立的田纳西流域管理局。经过长期建设，当前美国已经建成了高度发达的农业基础设施，如仓储、物流、道路、电力、信息网络等，为农村产业融合发展中涌现的新产业、新业态、新商业模式奠定了牢固的基础。美国政府对农业投资的另一个重要领域是农业教育、科研和农技推广。经过多年发展，当前美国已经形成一套以农业部、州农学院和农业试验站为主体、私人公司参与的农业教学—科研—推广"三位一体"的综合体系，较好地实现了农业领域的产学研一体化，为美国农业现代化提供了充足的技术和人才支持。首先，州农学院是这一体系的主体部分，其同时承担教学、科研和推广任务，使三者紧密结合、相互促进；其次，每年的研究和推广计划主要来自基层申请，以保证研究推广符合一线农业生产实践的需要；最后，形成了公共和私人相结合的多元化资金来源渠道，其中，农业推广的经费主要来自联邦、州和县政府，农业科研则往往由政府和私人企业共同出资，作为研发者的州农学院与作为技术需求者的私人企业形成紧密的合作关系，有效促进了美国农业技术进步及其产业化运用。

农民合作社对促进农村产业融合发展和家庭农场（尤其是大农场）利益增进起到了重要作用。美国的农民合作社非常发达，是美国农业社会化服务体系的重要组成部分，为农民提供多种生产性服务，如农产品销售、加工、储藏、农资供应①、科技服务、信贷等。与高度垄断和行政化的日本综合农协不同，美国的农民合作社是自发成立、自主经营的市场主体，

① 美国农民合作社提供的农资在全国农资市场中占有相当可观的份额——化肥和石油为44%，农药29%，饲料和种子约16%。从农业贷款来看，目前美国农业合作信贷体系提供的贷款已占全部农业贷款的2/5左右。参见宗锦耀.农村一二三产业融合发展理论与实践［M］.北京：中国农业出版社，2017：42.

是两种典型的农民合作社发展模式中的第一种①。除了提供健全的农业生产性服务，美国的农场主合作社还是一个强大的利益集团，对美国农业政策的影响力很强，从而保证了有利于农场主（特别是大农场主）的农业补贴等相关政策的出台（刘景景，2018）。如前所述，在世界范围内，具有一定公平偏好、能够实现服务需求者与服务供给者之间的利益兼容的合作社正在向营利性、股份制和公司化转型，其益贫性在日益削弱。这一发展趋势在美国的合作社中表现得尤为充分，传统合作社正在演变成带有鲜明股份制特色的"新一代合作社"（郭富青，2007）。这种合作社在很大程度上遵循了尊重"市场权力"（鲁品越，2013；李萍、田世野，2018）的原则，其与一般的营利性企业的不同是，股份一般要与惠顾额挂钩，限制外部投资的股份。美国农村产业融合发展的市场主导在很大程度上演变为大资本主导，绝大多数家庭农场的生产和销售利润的很大部分被大资本占有②。这种"新一代合作社"本质上是大农场主导的，主要代表和增进大农场主的利益，中小农场主从中获得的利益有限。

美国农村产业融合发展的一个重要特点是形成了发达的农业产业集群，如玉米产业集群、葡萄酒产业集群等，这也是美国农村产业融合高度发达的重要原因和标志之一。以著名的美国加州葡萄酒产业集群为例，该产业区内分布着 680 家商业酒厂及几千个独立的葡萄种植者；葡萄酒产业的发展孵化出一系列关联产业，如育苗、专用葡萄园灌溉设施和葡萄收获设备、专业化的公关公司、广告公司和酒类出版商等；当地的加利福尼亚大学设置了大量与葡萄酒产业相关的课程和研究机构，为葡萄酒产业集群提供专用性技术和人力资本供给；该产业集群还与加州其他特色农业产业集群，如餐饮、酒乡旅游等，形成紧密联系和合作，大大推动了农业关联

---

① 一种是农民自发建立、自主管理的市场道路；另一种是政府推动和主导的政府道路。在西方早期合作社思想的诸多流派中，有两种思想主张与这两种实践路径相一致：一个是德国的合作企业学派，强调合作社是社员自有、自治、自享的一种商业企业，其目的是为社员谋利益；另一个是以法国社会主义者路易·布朗为代表的国家社会主义学派，主张由国家支持建立合作社。参见苑鹏（2009）。

② 2017 年全球食品企业百强榜前十的企业中就有七家来自美国，美国几乎所有的食物生产、供给都被少数公司控制，低价收购农产品、抬高零售价格，使得家庭农场主们所获甚微（宋丽丹，2018）。

产业的深度融合和农业多功能性的发挥（Porter，1998）。

6.1.3 荷兰的农村产业融合发展：政府与市场双轮驱动型

荷兰是当今世界上最发达的农业现代化国家之一，其农业人口和耕地面积占世界总量的比例分别不足 0.02% 和 0.07%，却常年位居世界第二大农产品出口国①，享有"欧洲花匠""欧洲菜园"的美誉。荷兰的农业之所以取得如此骄人的成就，一个重要原因是其高度发达的产业融合水平。更加值得关注的是，荷兰是在家庭农场基础上实现这一奇迹的，其农业发展依靠的是不断成长的、富有生命力和市场竞争力的家庭农场。首先，荷兰家庭农场的经营规模不断扩大，据统计，1990～2006 年，荷兰的农场数量下降了近 1/3，出现了许多巨型农场（宗锦耀，2017）；其次，荷兰家庭农场的专业化程度很高；最后，荷兰家庭农场具有很高的科技水平，例如，荷兰的园艺业家庭农场普遍利用温室进行工厂化生产，其奶牛养殖家庭农场主利用高智能计算机管理系统从事奶牛的养殖管理、利用现代环保技术从事鲜奶生产。富有市场竞争力的家庭农场在荷兰现代农业产业链中居于主导地位，这使得其农业现代化和产业融合发展带有典型的内源式发展的特点。

荷兰的家庭农场之所以具有持久和旺盛的生命力，除了因为农业生产在技术上的特殊性（黄祖辉，2000；周立群、曹利群，2001），更重要的是政府的大力扶持。长期以来，荷兰政府一直将家庭农场视为稳定社会的可靠保障、提供就业机会的来源、消除农村贫困的途径。荷兰人多地少，农业经营规模不仅比不上美国这样的新大陆国家，甚至比不上英国、法国、德国等许多欧洲国家，这对荷兰家庭农场的自生能力和市场竞争力无疑是一个限制因素，使其更加需要政府的大力扶持。但是，荷兰对农民的保护方式与日本有本质的区别：日本主要是通过行政手段，在多方面限制市场机制发挥作用，避免弱质农民遭受强势市场主体的竞争和掠夺，而不

① 中华人民共和国外交部网站，（2023－01）［2023－03－05］. https：//www.mfa.gov.cn/web/gjhdq_676201/gj_676203/oz_678770/1206_679234/1206x0_679236/.

是努力增强农民的内生能力和市场竞争力，从而导致日本家庭农场的规模难以扩大，市场竞争力无法提高（叶兴庆、翁凝，2018），因此其"六次产业化"带有一定外源式发展的特点；荷兰的保护方式是努力增强家庭农场的市场竞争力，包括扩大农场经营规模、提升农场科技水平和农场主的人力资本水平等。荷兰政府在农业现代化和农村产业融合发展中发挥着巨大的作用，同时，荷兰的农业高度依赖国际市场，开放化程度很高，因此其必须遵循市场规则和市场机制，市场同样在其中发挥重要作用。因此，本书将荷兰的农业现代化和农村产业融合发展模式称为"政府与市场双轮驱动"型。

第一，政府通过提供强有力的农业补贴、完善的公共服务与制度体系，为荷兰农业现代化和农村产业融合发展创造了有利条件。

荷兰的农业补贴政策包括两个方面：一是欧盟共同农业政策（CAP），以 2011 年为例，荷兰获得 CAP 补贴资金共计 9.8 亿欧元，其中绝大部分用于对家庭农场的直接补贴（8.17 亿欧元），少部分用于市场政策和农业发展（1.63 亿欧元）；二是荷兰政府自己的农业补贴，包括荷兰农业部针对农业知识创新、温室投资和对年轻农民进行补贴的 5 亿欧元，以及针对农业教育、农场主培养的教育补贴 7.8 亿欧元。[①] 此外，荷兰 1932 年制定的《危机农业财产法》还规定，在发生农业危机时，家庭农场主可以申请土地租金减免，并有权享受政府提供的补贴，这无疑大大增强了荷兰家庭农场的抗风险能力和稳定性。

在财政补贴之外，荷兰政府还对家庭农场提供了有力的金融支持，大大增强了家庭农场的信贷获取能力。例如，早在 1951 年，荷兰政府就设立了农业贷款担保基金，以解决家庭农场缺乏抵押物、信贷获取能力弱的问题，支持家庭农场利用信贷资金扩大经营规模、运用最新技术、增强自我发展能力和市场竞争力。自 2009 年开始，这笔担保基金被荷兰农业部接管，每年可以获得政府提供的 200 万欧元补助。除了缓解农场主缺乏抵押物的困境，荷兰政府还通过为家庭农场主提供贷款贴息，努力减轻其信贷

---

① 李健华. 芬兰、冰岛、荷兰农业补贴政策的基本情况及特点［J］. 世界农业，2012
（10）：65 – 69.

利息负担，这一政策主要依托农业发展和改组基金来执行。尤为重要的是，荷兰政府还推动建立了高度发达的本地化合作金融体系，对将农村金融资源留在本地、满足家庭农场的金融需求、提高农村金融普惠性起到了基础性作用。

在对农民直接的财政、金融支持外，荷兰政府还通过建立以农民为核心、研究、推广和教育一体化的农业知识创新体系（即著名的"OVO"体系①），提升荷兰家庭农场的技术水平，增强其内生能力和市场竞争力，以达到稳定和发展农业家庭经营的目的。该体系的核心是借助政府的力量，进行现代农业技术研发和相应的技术推广与教育，为农村产业融合发展提供技术和人力资本保障。按照舒尔茨的观点，荷兰的"OVO"体系实现了现代生产要素研发和农民人力资本投资的高度社会化，成为荷兰农业及其家庭农场市场始终保持强大的市场竞争力、立于世界农业科技潮头的有力保障。荷兰农业教育体系的完备性和高效性尤其可圈可点。该体系包括三个不同层级和类别：其一，为所有荷兰家庭农场主 5～16 岁子女提供的免费基础教育，也是他们必须接受的义务教育；其二，为准备将来从事农场经营的青年提供的中级职业教育；其三，培养掌握较高专业技术水平的农技师和进行农业高端技术研发的高级职业教育和大学教育。荷兰高度发达的农业知识创新体系保证农场主都具有较高的人力资本水平和较强的学习能力与意愿，并且能够随着世界农业科技的进步，不断更新自己的知识结构，打牢了高端农业技术得到广泛运用的基础，同时也保证了荷兰家庭农场的活力和市场竞争力。

第二，发达的农民合作社为荷兰家庭农场提供了完善的社会化服务和治理机制，显著增强了农场主的自生能力和市场地位，对增强荷兰农村产业融合发展的内源性起到了极为重要的作用。荷兰的农民合作社由农场主自愿自发成立，政府对其提供必要的扶持，但一般不直接干预。以中等规模、具有较强经济实力的家庭农场为基础，社员同质性较高。这种社员结构保证了荷兰合作社具有较高的规范化程度，是真正为农民服务的组织。

---

① "OVO"是三个荷兰单词的缩写，即 onderzoek（研究）、voorlichting（推广）和 onderwijs（教育）。

在荷兰，为家庭农场提供社会化服务的主体是家庭农场主联合建立的合作社。荷兰的农场主合作社非常发达，几乎家家户户都会加入某个专业合作社，甚至是同时加入几个。合作社专业体系健全、服务供给能力较强，能够为农场主提供农资购买、产品销售、加工、技术指导、信贷、保险等全方位的专业服务①。正如前面所指出的，合作社作为农民社会化服务供给主体能够解决公司等市场主体为农民提供服务时常常存在的利益对立问题：农民（农场主）通过组建合作社提供农资购买、加工、销售、金融等专业服务，就能够主导整条农业产业链，最大限度地分享农产品加工、流通等领域的高额利润，避免被主导这一产业链条的工商资本剥削；农民（农场主）合作社出资举办的合作社企业，是农民自己主导的②。依托这一本土性自治组织，荷兰农场主的自生能力和市场竞争力得到极大的增强和巩固，为农村产业融合的内源式发展路径奠定了坚实的组织基础。这一基本逻辑在荷兰的农场主合作社中得到了鲜明体现和实践的证明。在很多农业产业链中，农场主合作社及其创办的企业居于主导地位，表现为"合作社一体化"的产业链组织模式（肖卫东、杜志雄，2015），其典型代表是菲仕兰·坎皮纳乳业合作社及其全资创办的菲仕兰·坎皮纳乳业公司③。在这一组织模式中，家庭农场、合作社和公司三者组成了以股权为纽带的产业链一体化利益共同体，农场主群体居于产业链的主导地位，实现了利益最大化。这种有利的市场地位（生产关系）对促进荷兰家庭农场主收入的增收，主要表现为两个方面：其一，确保农民（农场主）能够以有利的价格出售农产品和购买农资，这相当于合作社按照惠顾额对农民进行的第一次利润返还；其二，按照惠顾额或者部分按照股份，获得合作社及其创办企业净利润的部分分红，这实际上是合作社、合作企业对其社员的第二次分红，使得农民能够最大程度地分享农产品加工、流通等环节的

---

① 当前，虽然荷兰各类合作社的数量大幅减少，但其市场份额却在不断提高，在许多领域都达到80%以上甚至100%。参见肖卫东、杜志雄（2015）。

② 廖祖君、郭晓鸣（2015）将这种组织模式称为"混合型一体化"。

③ 荷兰菲仕兰·坎皮纳乳业公司是由菲仕兰·坎皮纳乳业合作社全资控股的跨国乳品公司，其历史可以追溯到1871年。该公司拥有1.9万家社员奶牛养殖家庭农场，乳制品销往100多个国家和地区。2012年，该公司实现销售收入103亿欧元，在全球乳制品行业中位列第五。参见肖卫东、杜志雄（2015）。

高额利润。此外，荷兰的农场主合作社还为家庭农场提供了一种治理机制，为政府一些农业农村政策目标的实现提供了有效的支持（肖卫东、杜志雄，2015）。这种对家庭农场的治理机制与外部工商企业建立的治理机制不同：这一治理机制是农场主自己主导的，本质上是一种克服分散农场主"囚徒困境"的自治，有利于内源式发展路径的形成；而外部工商资本建立的治理机制则是第三方治理，并且治理者与被治理者之间存在着利益矛盾。

荷兰的信用合作也非常发达。与日本、韩国一样，荷兰的农村金融也主要是合作金融，对于提升农村金融的普惠性起到了非常重要的作用。农民依靠自己的力量建立合作银行，保证了农村金融机构所吸收的储蓄是真正为农民农业农村服务的，而不是外流，从而为内源式发展创造了有利条件。荷兰家庭农场主90%的农业贷款由荷兰合作银行提供。荷兰合作银行源于1886年各地家庭农场主自己筹资建立、遍及全国各地的小型地方信贷合作社，带有鲜明的本土性和自治性，主要满足本地家庭农场主的金融需求，其后经过长期的发展、合并，逐渐形成今天全国性的荷兰合作银行。

第三，政府积极干预，市场作用受到一定的限制。荷兰地少人多，家庭农场的经营规模偏小，为了扩大农场经营规模、增强家庭农场的市场竞争力，荷兰允许甚至鼓励农民卖断土地，政府给予出售土地、不再经营农业的小型农场主一定的再就业津贴。这一政策的实质是让市场发挥作用，鼓励农民成为土地交易市场的市场主体，推动土地的优化配置和适度集中。这也意味着，荷兰土地的经济性质主要是普通的生产资料，不承担农民社会保障和生存保障的职能，从而其配置和利用主要遵循效率原则。但是，由于荷兰土地高度稀缺，政府对土地交易市场进行了诸多干预，为此出台了大量法律法规和政策。例如，《农业财产法》非常重视对土地承租人的权益保护，要求土地出租必须有正式的书面合同，租金由法律而不是市场确定（肖卫东、杜志雄，2015），并对合同的法律效力提供了强有力的保护；荷兰实行严格的土地用途管制制度，土地被划分为农用地和非农用地；《农用地转让法》的内容包括规定了土地交易价格、严格限制农地转为非农用地、检查和严格控制耕地质量；《城镇和乡村规划法》也制定了许多保护农地的相关措施。

第四，在政府的积极推动下，遵循市场规律、瞄准市场需求，通过积极打造农业产业集群、挖掘农业多功能性等举措，促进农业和关联产业深度融合，大大提升了荷兰农业的市场竞争力和经济、文化、生态、社会等综合效益。

在高度专业化、集约化和社会化的农业产业链支持及荷兰政府严格保护生态环境的制度保障下，荷兰得以充分挖掘和利用农业的文化、生活、生态、休闲等功能，大力发展创意农业、休闲农业和乡村旅游，提高农产品附加值和农业综合经济效益。例如，我们熟知的"荷兰四宝"——风车、木鞋、奶酪和郁金香——都被开发成文化、旅游产品，大大加深了农业和休闲旅游业、文化产业的融合，农业的综合效益及对经济的带动能力也大大增强。

高度的产业集群是荷兰农业现代化和农村产业融合发展的鲜明特点，构成荷兰农业的核心竞争力所在。近年来，荷兰借助于技术进步、产业链整合和农业产业融合，大大推进了农业产业集群的发展。荷兰的农业产业集群包括专用性高端科研机构、门类齐全的生产性服务业（育种、农资、包装、加工、储运、销售、设计、广告、金融等）和各类经营主体，高新技术研发和产学研结合在其中居于核心地位，具有高度分工和专业化、功能健全、各类组织和生产经营单位紧密协作、互利共生的特点。"食品谷"和"绿港"是荷兰农业产业集群与产业融合发展的典型代表。"食品谷"是一个在政府推动下、以瓦赫宁根大学为中心形成的一个非营利性团体，聚集了大量跨国食品公司，是欧洲食品行业最权威的"知识中枢"和产业中心，也是一个庞大的食品产业集群①。"绿港"则是在荷兰政府推动下围绕园艺产业形成的产业集群，聚集了大量园艺业家庭农场，以及和园艺业相关的科研、生产、销售、金融等服务组织与企业，各类服务和经营主体形成密切合作，大大刺激了相关知识、技能和技术研发的发展，极大地提升了荷兰园艺业的生产率，形成了荷兰园艺业难以超越的核心竞争力。

---

① 荷兰"食品谷"目前汇集了约 1400 家民营企业、21 所研究机构、15000 名研究人员（谢亚轩、刘亚欣，2017）。

6.2 农村产业融合发展：国内实践模式

国内各地有很多农村产业融合发展的实践案例。本节选择成都市崇州市道明镇"竹艺村"① 作为乡村旅游发展模式的代表、湖北潜江小龙虾产业集群作为高新技术渗透型融合的代表、安徽绩溪"聚土地"作为"互联网＋农业"的典型代表，分析这三个案例中共享机制构建的经验与问题。

6.2.1 成都市崇州市道明镇"竹艺村"：政府主导与市场参与

崇州市道明镇"竹艺村"是道明镇龙黄村 9 组、11 组和 13 组形成的自然村落，共 86 户、295 人，因国家非物质文化遗产——道明竹编得名。"竹艺村"项目从 2017 年 9 月开始打造，如今正成为成都市推动乡村振兴战略中的一个典范②。"竹艺村"的基本发展思路是：从"竹文化"创新发展着手，以文创为特色，将本地特色竹编产业和文化创意有效联结，发展竹文化产业创意经济，推动农商文旅体产业融合发展，以产业融合的方式带动乡村振兴。成都市"竹艺村"项目带有鲜明的政府主导色彩，同时市场主体和市场机制起到了重要作用，项目运作充分考虑和尊重了市场规律，因此，本书将其概括为"政府主导与市场参与型"发展模式。其基本情况如下。

第一，道明镇"竹艺村"在开发中保证了土地与农民土地财产权利的实现。道明镇"竹艺村"项目的开发坚持最大程度地保护原生态、留下原住民、保留原住房、尊重原产权、使用原材料。"竹艺村"项目进行了大

---

① 本案例资料主要来自实地调研和笔者资料整理。

② 成都市实施推动乡村振兴战略的第一批重大项目有 554 个，总投资 3592.8 亿元。第一批重大项目主要集中在特色镇（街区）建设和川西林盘整治、现代农业生态圈培育、农产品加工物流、农商文旅新产业新业态和农村生态治理、农村文化现代化建设等领域，投资额 2388.4 亿元，占总投资的 66.5%。道明镇"竹艺村"项目仅仅是成都市政府重点推动的众多乡村振兴项目中的一个，其他还包括崇州市"天府国际慢城"、郫都区"陌上花开"、都江堰"精华灌区天府源田园综合体"等项目。

量基础设施和经营场所等非农建设，包括游客中心、停车场、竹里、竹编博物馆等基础设施和建筑，以及"三径书院""遵生小院""来去酒馆""青年旅舍"等入驻的经营单位。成都获取建设用地的主要办法是"占补平衡"，当地称之为"拆院并院"①，但是这必然造成对原来民居的破坏，因此没有成为"竹艺村"获取建设用地的主要方法。"三径书院""遵生小院"等入驻经营单位是直接从原住民的住宅改建而来，以符合"保留原住房"的要求；还有一些建设项目是建在杂林地上的，没有占用耕地，如停车场。崇州市投入 3000 多万元资金，开展农用地整治和高标准基本农田建设，建成高标准农田 1.7 万亩，不仅大大改善了农业耕作条件，为土地流转和规模经营创造了有利条件，而且增加了农用地面积，从而取得占补平衡指标 1360 亩，保障了项目的建设用地需求。该项目还利用集体农用地和林盘，打造休闲农田体验区。"竹艺村"所在地共有集体建设用地面积 7.61 公顷，颁证面积 5.43 公顷。当地的确权是既"确地"又"确权"，村民的宅基地与农村集体经营性建设用地的位置和面积、范围都得到明确界定，明晰了产权。

第二，大力引进"新农民"、资本和外部经营主体，形成大资本和中小经营者的共生关系。川西林盘人口空心化、产业空心化问题较为严重，当地传统民居文化断档、乡村精神文化凋敝、竹编非遗文化濒危，自生能力不足，在当前条件下不具备内源式发展的条件，只能采取外源式发展路径。项目初期建设需要大量投资，必须引入大资本打造产业发展平台。"竹艺村"项目采取"政府主导、企业主体、商业化逻辑"建设机制，引进成都华川集团、四川发展（控股）集团、四川中瑞锦业文化旅游有限公司等知名企业，投资建设 50 千米桤木河湿地公园绿道、无根山绿道和主题驿站、23 万亩高标准农田的大田景观，完善景观配套和基础设施，主动承接"天府国际慢城""天府粮仓"等重大项目。引入中央美院、澳大利亚竹研究院等研究单位，建立竹编创客基地、竹艺工坊、非物质文化讲习所。邀请清华大学、同济大学、南京大学和来自美国、瑞士、英国等国的

---

① "拆院并院"是成都市统筹城乡战略的重要举措和创新，即首先将原本分散布局、多占土地的民宅和工厂搬迁，集中安置；其次将节省出来的宅基地和工业用地复垦为耕地，从而获得新增建设用地指标；最后将这些新增建设用地指标放到统一规划的区域，进行集中开发。

专家，在"竹艺村"举办乡村建设等系列主题论坛。中央美术学院教学实践基地和中央美术学院驻四川成都传统工艺工作站落户"竹艺村"。引进中央美院专家指导竹编商家改进工艺技术，提升品牌认知度和知名度，增加产品附加值。引进各类人才，发展"三径书院""遵生小院""见外美术馆"等文化创意新业态。

第三，进行农民组织化建设，增强本地农民自生能力，增强发展的内源性。农民合作社对培养农村自生能力，落实农民在产业融合发展中的主体地位，逐渐推动内源式发展的形成具有重要作用。成立土地股份合作社，是成都市统筹城乡的一大特色和重要举措（周其仁，2010）。温铁军（2015）认为，这种"土地股份合作社＋资本"的土地流转方式具有"社会企业"的特点，有利于降低交易成本。概括来看，这些合作社可以分为两类：一种是适应农村土地、房屋等要素流转的需要，为交易建立治理机制，降低交易成本。例如，为了流转建设用地，当地引导农民以集体建设用地使用权入股，成立崇州市锦城土地股份合作社，以股份为纽带，与引进的四川发展（控股）有限责任公司、华西集团合作；为了流转农民的闲置住房，引导农户组建旅游合作社，其主要职能是统一收储房源，然后统一引进业主，先后引进来去酒馆、青年旅社等旅游产业项目26个，并为新进业主指定服务标准、协调利益纠纷、促进客源共享；合作社还与各类业主合作，以集体建设用地使用权等折资入股，共同经营旅游设施和服务项目，实行按股分红（门秀琴，2018）。另一种合作社则是为农户提供生产性服务，扶持农户经济发展而成立的，如由竹编专业户自发组建的竹编文创合作社。为了协调多方利益关系、统一协调相关事宜，"竹艺村"建立了"竹艺村社区发展促进会"，努力实现外公司、集体经济组织、村两委和商家（竹里、三径书苑、遵生小院等）、引进人才（同济大学建筑与城市规划学院设计团队）等各方利益的联结。适应产业发展的新形势，由原住民、新农民、新入驻单位等各类组织中的15名党员组成竹艺新村党支部，同时成立以新村党支部书记为主任的新村管委会和议事会、监事会，健全组织架构。

第四，本地农民多渠道受益。首先，收入增加。由于"竹艺村"力图展现农村原生态的文化与生态、保持农村的田园风光与乡土特色，本地农民并没有搬迁，"竹艺村"仍然是本地农民的家园，本地农民可以通过土地或房屋入股、出租和务工等方式参与其中，共享农村产业融合发展成果。截至 2018 年 9 月，"竹艺村"原住民年均增收 4000 元（中共崇州市委宣传部，2018）。其次，当地农民的生产和生活基础设施得到显著改善。"竹艺村"项目设定的村落公共设施标准向城市看齐，清理水塔、棚房、杂物；理顺河渠水系、视线通道；补齐景观景致；改厨、改厕、改围墙；拆除违章建筑；通自来水、天然气、互联网、排污设施和道路互联互通。最后，引进的新农民具有较强经营能力和经济实力，为通过市场形式供给文化、养老等公共服务提供了条件。"遵生小院"设有村民学堂，经营者（引进的"新农民"）将香囊、薄荷膏、紫草膏等自创技艺教授给当地村民。"遵生小院"的经营者还计划成立农村留守老人"关爱之家"，对村里患有慢性疾病、情感孤独的留守老人提供长期关怀。"竹艺村"采用政府购买服务方式，选聘市场化经营单位运营基层综合性文化服务中心，同时制定了进入门槛、服务规范和质量考评的严格标准。这一举措推动了政府在农村基层公共文化服务供给中的职能转变，即从直接经营者转变为投资者和监管者。

6.2.2　湖北潜江小龙虾产业集群：市场主导与政府扶持

湖北省潜江市属水网湖区，有发展水产业的资源优势。当地政府因地制宜，充分发挥自身优势，通过产业融合发展，以科技进步和组织创新为动力，以小龙虾精深加工为龙头，延长小龙虾产业链条，提高小龙虾利用率和产品附加值，实现了小龙虾养殖业、食品加工业、现代生物制药产业等多种产业的深度融合，逐渐形成了一个庞大的小龙虾产业集群。在政府积极扶持的同时，湖北潜江小龙虾产业集群具有龙头企业主导和广大农民与协会（合作）组织积极参与的特点，市场在其中发挥主导作用。因此，本书将湖北潜江小龙虾产业集群的发展模式称为"市场主导＋政府扶持"。下面，从四个方面对湖北潜江小龙虾产业集群及其共享机制进行详细分析。

第一，潜江市小龙虾产业集群发展概况。作为当地的支柱产业，湖北潜江的小龙虾养殖实现了较高的规模化和专业化程度，当地建成面积达25000亩的小龙虾标准化养殖基地。农户养殖的小龙虾主要有三类销路（或者说利用方式）：其一，卖给餐馆、饭店，作为各种小龙虾菜品的食材，餐饮商家不仅在本地销售，还通过淘宝、京东、一号店等各类电商平台拓展市场，形成小龙虾养殖业、餐饮业与互联网、电子商务、物流业的融合发展；其二，出售给本地的龙头企业进行食品类深加工（卤虾等包装食品），销往国内外市场，实现小龙虾养殖业与食品加工业的深度融合；其三，提取虾壳中的甲壳素，发展甲壳素相关衍生品，实现小龙虾养殖业与生物医药、化工等产业的深度融合。其中，第三类用途尤为重要，是提升湖北潜江小龙虾产业集群经济价值和市场竞争力的最大潜力所在。在传统技术水平下，可以食用的虾肉不到20%，剩下80%的虾壳毫无用处，只能废弃，不仅限制了小龙虾的经济价值，还对当地环境造成了严重的污染。但是，依托现代生物技术，能够从虾壳中提取甲壳素，并以甲壳素为原料，开发医药和保健用品、生物功能材料、专用化学品等系列衍生品，使小龙虾的经济价值获得十倍甚至百倍的提升[①]。当前，潜江市已经建立三个水产品（主要是小龙虾）加工产业园区：熊口华山园、浩口莱克园和后湖宝龙园。小龙虾养殖业、餐饮业和加工业的发展还培育了众多的生产性服务业，如冷藏包装、熟食加工、即食加工、真空包装、电商等，衍生出一个小龙虾产业的生产性服务业集群。

第二，潜江市小龙虾产业集群发展的一大特点和优势是高校、科研机构与企业密切合作，较好地实现了产学研一体化，使得产业集群的发展获得了有力的科技支撑。科技力量在小龙虾产业集群尤其是精深加工中发挥着关键性作用，构成潜江小龙虾产业链延伸、拓展和小龙虾产业融合发展和集群发展的第一推动力。早在2005年，湖北省水产科学研究所就在潜江建立虾苗繁育基地，针对当地具体水文、气候等自然条件，进行针对性、应用性的技术攻关，并在全国率先掌握了小龙虾人工繁育技术，保障了优

---

① 2014年6月，在年处理10万吨废弃虾壳提取甲壳素项目的基础上，华山公司甲壳素保健食品车间竣工投产，年可生产氨糖、壳聚糖等保健食品50亿粒，新增产值15亿元。当地政府的设想是，在5~10年内，建成年产值220亿元的甲壳素精深加工产业集群，实现传统的小龙虾产业集群向现代高新技术产业转型，将潜江建成中国乃至世界的"甲壳素产业之都"。

质虾苗的供应。潜江校企合作的最大亮点是实现了甲壳素提取技术的产业化。在当地政府的积极推动下，当地龙头企业华山公司与武汉大学形成了紧密的校企合作关系①，大大推动了潜江甲壳素产业集群的发展。除了起到引领带动作用的高端技术，一个产业集群还需要大量专业适用的技术和技能型人才，需要对一线生产岗位的农民、工人和经营者进行人力资本投资。潜江市的小龙虾产业集群非常庞大，产业链条很长，每个环节都需要具备专业知识和技能的人来完成，因此要培养高质量的职业农民和从业人员。潜江市对这一问题足够重视，采取了切实的办法。经湖北省教育厅同意，位于潜江市的湖北江汉艺术职业学院自 2017 年起，面向"潜江龙虾万师千店工程"，开展校企合作办学，通过单独招生考试录取，培养两年制普通专科层次的小龙虾产业技能型人才②。

第三，当地政府对小龙虾产业集群的发展提供了全方位和专业化的支持与服务，这是湖北潜江小龙虾产业集群能够在全国形成影响的一个主要原因。潜江市委、市政府非常重视小龙虾产业的发展，将其作为推动地方经济增长、促进农民增收的支柱产业。潜江市专门成立了由市长亲任组长的水产品加工园区建设领导小组，同时还设立专门的龙虾产业发展局，对小龙虾产业集群提供专业化服务，以解决农村产业融合发展多部门管理下难以协调和整合资源、公共服务的专业性和及时性无法保障等问题；制定了小龙虾产业发展的长期规划，建立功能齐全的小龙虾加工产业园区，引导产业融合和产业集群发展；小龙虾产业发展的龙头企业和重点项目被分配给潜江市党政机关主要领导，压实责任，为企业和产业发展提供及时、高效的服务，切实解决发展中的实际问题，竭力优化营商环境；中央、省、市各级政府持续加大对小龙虾养殖基地和加工产业园建设的支持力度，设立了三个水产品加工园区（熊口、浩口、后湖），先后投资数亿元

① 2007 年，潜江市华山水产食品有限公司与武汉大学联手成立甲壳素工程技术中心；2009 年 6 月，华山成功转化了武汉大学"一种完全水溶低分子量壳聚糖/壳寡糖的制备方法"等四项发明专利；2009 年 11 月 2 日，华山的甲壳素深加工第二期工程——小龙虾产业一体化及循环经济改革试验项目破土动工。中国甲壳素首席专家、武汉大学杜予民教授被聘为华山公司首席科学家。
② 2019 年，该校 2017 级"小龙虾学院"的学生尚未毕业就已经被企业"预订一空"，并且薪资待遇非常可观。参见张小妹 . 首批"小龙虾学院"准毕业生已被"预定一空"［EB/OL］.（2019 – 03 – 10）［2023 – 03 – 01］. https：//3w. huanqiu. com/a/c4b13d/7KVbM8M9geA？p = 1&agt = 8。

进行园区基础设施和厂房建设，打造龙虾加工企业发展平台，引导企业集群发展；潜江市政府还从土地、税收、信贷等各方面对小龙虾产业相关企业进行扶持。当地政府完善营商环境、对小龙虾产业提供有力支持的一个突出亮点是打造政府—科研院所—企业之间密切合作的"政校企模式"，对产业发展提供了至关重要的技术保障和人才支持。如前所述，现代农村产业融合发展具有高度的技术密集型特点，适用性强的先进技术的供给是产业发展最强劲、最关键的推动力。潜江市小龙虾产业集群中的龙头企业主要是民营企业，加上其地处乡镇，在招聘科研人才和谋求与高校、科研机构建立技术合作关系中遇到很多困难。潜江市政府对此进行了大力支持，有关部门积极为校企合作牵线搭桥，逐渐在地方政府、各大科研院所（武汉大学、湖北省农科院等）和龙头企业之间建立了紧密的合作关系，从而为潜江小龙虾产业发展提供了强大动力。潜江小龙虾产业集群"政校企模式"的最大亮点是武汉大学、华山公司和潜江市政府密切合作、共同打造的甲壳素产业集群。如前所述，潜江甲壳素产业集群发展的一系列重大产业项目都是在武汉大学支持下完成的。2010年，武汉大学正式提出开展"校政企"三方合作设想，形成武汉大学、潜江市政府、甲壳素提取和衍生品生产相关企业共同参与的一个甲壳素产业技术创新联盟①。

第四，对当地农民增收的带动作用。潜江市小龙虾产业集群为当地农民创造了大量经营和务工机会。围绕小龙虾的生产、加工、运输、销售、餐饮等产业，大大带动了当地农民的就业增收。从产业结构来看，潜江市小龙虾产业集群较好地实现了多层次生产力的组合，既有资本和科技密集型、进入门槛较高的甲壳素及其衍生品产业，也有劳动力密集型、资金需求量少、门槛较低的小龙虾养殖业、餐饮业、生产性服务业。潜江的小龙虾产业集群较好地实现了大中小组织形式之间的互利共生关系，华山公司等大型龙头企业为广大中小企业和广大农户搭建了创业增收的平台。除了创造一些进入门槛较低、适合农民经营的经营机会，如小龙虾养殖业、餐饮业、物流业等，各类加工企业的进入还为当地创造了大量务工机会，有

---

① 武汉大学提出"校政企"合作的"四个一"计划：组建一个甲壳素产业技术创新联盟、一个博士后流动工作站、一个校政企联合实验室，在潜江召开一次国际甲壳素研讨会。"四个一"计划在其后几年间相继顺利实现，极大促进了潜江小龙虾产业集群的发展。

力地拉动了当地农民的增收。如前所述，当地加强对农民的职业培训、提高农民人力资本水平使广大农民能够获得适用技术，技术水平的提升能降低小龙虾养殖户的成本、增加产量、提高龙虾质量，小龙虾餐饮业从业者能提高烹饪技术、拓展市场、增加销量。此外，潜江市的农民实现了较高的组织化程度。这与经济学的一般原理相适应——农业产业化和市场化会产生农民组织化的内在推动力（邓衡山等，2011；邓宏图，2012）。为了促进广大小龙虾养殖户与加工企业的合作，当地政府部门推动建立了水产品产销协会、龙虾养殖协会、荆楚渔业合作社等 17 家水产品中介组织和农民合作组织，会员 8000 余人，辐射、带动全市万余小龙虾养殖户。小龙虾养殖业专业协会和合作社的发展不仅增进了农民的利益、改善了对农民的服务和支持，而且降低了加工企业与养殖户的交易成本，是潜江小龙虾产业集群持续发展的基础性组织创新。

6.2.3 安徽绩溪"聚土地"：市场主导与政府缺位

安徽绩溪的"聚土地"项目是"互联网＋农业"的典型代表，其实质是一个农村闲置土地流动的电商平台，是促进农民财产权利现实性的市场化组织创新，实际上是"互联网＋定制农业"，是新兴定制农业的一种具体形式。

第一，安徽绩溪"聚土地"项目情况简介。2014 年 3 月，浙江的一家民营电商——浙江侬联电子商务有限公司推出"聚土地"首期，项目举办地在安徽省绩溪县的三个行政村（仁里、龙川、湖村），面积总计 1000 亩。具体操作方式是：这三个村的农民将土地流转至浙江侬联电子商务有限公司，但是公司并不直接管理土地，而是由当地成立的农民合作社代为经营管理；然后，公司将土地在"聚划算"网上以每分地 580 元的价格挂出，用户购买后可以获得这 1 分地上 1 年内所生产的所有作物。虽然，"聚土地"首期项目仅售出产品 3500 件，推出这一项目的企业也出现亏损，但是，这个颇具创新性的项目引起了社会各界的广泛关注。首期之后，"聚土地"二期项目又在安徽芜湖、绩溪，浙江诸暨，江西婺源，海南三亚，重庆巫溪，北京延庆，吉林通榆八地进行，项目运作方式与首期基本相同。以浙江诸暨为例，花580元租下1分地1年的使用权后，该年内用户每月都可以获得两次当季农产品的包邮配送，包括土鸡蛋50枚、各类蔬菜百余斤等。安徽绩溪推出了黑猪认领项目，用户可以花费2500元认领一头保底100斤的生态黑猪，项目方承诺使用土法养殖，保证绿色生态。很多地方的项目运行突出本地特色产品，并试图将其与乡村旅游、"农家乐"相结合，使线上线下相互结合、互相促进，实现了商业模式创新。例如，在重庆巫溪、江西婺源、安徽芜湖、浙江诸暨等地，用户可以选择到农家免费住宿，体验当地美食和民俗。

第二，"聚土地"模式对专用性物流和人力资本的依赖较强，而这些配套条件的缺乏构成发展"瓶颈"。对电子商务而言，物流业的发展是关键性的配套产业，对生鲜农产品来说更是如此。根据相关研究，我国绝大多数生鲜电商都是亏损的，浙江依联也不例外。"聚土地"首期项目亏损超过25万元。最主要的问题是当地落后的物流体系无力满足这一新型商业模式对物流的要求。"聚土地"首期项目发送3000多个蔬菜包裹，由于当地物流体系发展滞后，无力及时地派送这些新增包裹，大批蔬菜被积压；而且，物流公司缺乏生鲜农产品的包装、运输和储藏经营条件，导致这些蔬菜包裹不到三天就腐烂变质，1/3的包裹甚至没有送到消费者手中就因为腐烂被销毁。除了缺乏适应生鲜农产品电商的物流基础设施，"聚土地"项目还缺乏熟练工人。在包裹派送过程中，浙江依联公司雇用的打包工人主要是当地农村的留守人员，他们缺乏物流包装的基本知识和技能，大大增加了包裹的坏损率。

在"聚土地"项目中，当地落后的物流产业、物流设施和熟练劳动力的缺乏对这一新型商业模式的制约作用表现得非常充分，而这些制约因素的背后又与地方政府的职能缺位密切相关：当地政府没有为"互联网＋农业"这种新产业和新型商业模式提供所要求的物流配套设施，也没有提供从业人员的技术培训①。如果由市场主体自己提供这些服务，缺乏规模经济，应当由政府或专门的企业来进行社会化供给。缺乏仓储、

---

① 实际上，由于担心土地流转可能带来风险，当地政府并不支持甚至是反对这一项目，也就不可能为此提供服务保障。在首期项目成功落地后，由于大型电商平台阿里巴巴的加入，加上看到这一项目对农民增收的带动作用，这一项目才开始得到当地政府的支持。

物流等配套性基础设施和服务业，已经成为我国农村产业融合发展的一大"瓶颈"①。

第三，大型电商与小型电商的共生关系以及"聚土地"模式的信任危机。浙江侬联电子商务有限公司是一个地方性的小型电商公司，开展"聚土地"项目需要依托大型电商平台。该公司的合作方是阿里巴巴旗下的"聚划算"。"聚土地"必须在互联网上通过大型电商平台来聚集供求，商家和"聚划算"平台是合作关系。但是，双方在合作的同时也有竞争。在"聚划算"这样的大型电商平台与商家之间的博弈中，前者明显占据优势，因为大型电商平台有许多商家可以选择，带有完全竞争性质；而对于商家来说，能够选择的大型电商平台却很少，属于寡头垄断性质。这种市场结构使得中小型商家对大型电商平台形成一定的依附关系，在博弈中处于不利地位。因此，有的中小型电商为了获得更大的利益，试图独立出来，摆脱对大型电商平台的过度依赖。在绩溪"聚土地"项目中，最先提出这一设想的浙江侬联电子商务有限公司在与合作方"聚划算"产生利益纠纷后，就希望自己独立来开发这一项目。大型电商平台本身也可以独立来经营"聚土地"项目，但是并不能垄断整个市场，对于一些本地化和小规模的"聚土地"项目，中小企业也能开展。按照前面的分析，通过与大型电商平台合作，中小型商家能克服自身规模经济效应不足等局限性，成为合格的经营主体。

虽然商家承诺不用化肥农药、供给绿色生态农产品，但是由于存在信息不对称，在缺乏可靠的监督治理机制的情况下，消费者很难确信自己得到的农产品确实是生态产品。也就是说，"互联网＋生态农业＋乡村旅游"的"聚土地"模式虽然解决了城乡产品、要素流动的"信息"问题，但不一定能解决"信任"问题，这成为决定"聚土地"项目能否可持续发展的关键。如前所述，在农村产业融合发展中，大企业不仅能为广大农民和中小企业提供社会化服务和技术支持，还能为其建立一种治理机制，有利于

---

① 不仅是安徽绩溪，我国整体农产品物流非常薄弱。第一，我国的农产品物流至今仍是以自营物流为主，而发达国家的农产品物流是以专业化的第三方物流为主；第二，我国农产品物流是以常温物流或自然物流为主，而发达国家的农产品物流中以冷藏和低温仓储运输为主的农产品冷链系统占了很大比例；第三，我国农产品物流缺乏配套的综合运输网络和完善的仓储配送设施。

促进其服务质量的提升和增强消费者信心。针对"聚土地"首期项目中出现的物流问题，作为合作方的"聚划算"要求浙江依联对损坏的包裹及时赔付和重发，维护市场信誉；同时，阿里巴巴旗下的"菜鸟物流"紧急派遣专业人员前往当地指导，培训打包工人，并督促建立物流标准。在市场化的治理机制下，当地政府也出台了一些临时性的治理机制，保障消费者的利益。例如，绩溪县农委为认领黑猪肉项目专门出具了《关于聚年猪项目的证明》，承诺监督指导黑猪的养殖，保证用户得到安全、优质的生态黑猪肉。但是，由于这一新型商业模式刚刚形成，中小电商、大型电商平台和作为监管和服务者的政府尚未形成密切的分工合作关系，也没有建立完善的产品质量监督机制，上述措施能够对保障产品质量、增强消费者信心起到多大作用，仍然是存疑的。

6.3 国内外比较、启示与借鉴

根据分析框架，紧密结合我国实际情况，上述国内外经验对我国农村产业融合发展共享机制构建的主要启示与借鉴意义：第一，我国农村产业融合发展及其共享机制的基础是落实农民主体地位、实现内源式发展，关键性制度条件则是政府与市场有机结合；第二，农村产业融合发展共享机制构建需要多元组织形式互利共生；第三，农业产业集群化是农村产业融合发展共享机制构建的有利条件；第四，农村产业融合发展共享机制构建要求充分发挥"新农民"的作用。这些观点在前面的理论分析中都已经提出，本章的国内外经验和案例分析则为这些理论分析提供了较好的经验验证。

6.3.1 共享机制构建、内源式发展与政府市场有机结合

第一，农村产业融合发展共享机制构建应当坚持让市场在资源配置中发挥决定性作用；政府的主要作用是提供必要的基础设施、公共服务和制

度供给，引导市场主体进入农村，以解决城乡要素流动的"卢卡斯之谜"①，为内源式发展的形成创造条件。现代经济学一般认为，政府在经济发展中的主要作用是提供公共服务和制度保障，而不是替代市场主体，直接进行资源配置。尤其是，农村产业融合发展是高新技术渗透和市场转型催生的新产业、新业态和新商业模式的产物，创新是其根本的驱动力，而创新正是市场的优势和政府的短处。在前述案例中，安徽绩溪的"聚土地"项目就是由一家中小型民营企业最先提出的，当地政府最初表示怀疑，甚至曾经试图阻止②。美国、荷兰的农业现代化与农村产业融合发展都主要是农场主、企业等市场主体作为投资和经营主体。然而，我国各级地方政府和国有企业却是农村产业融合发展中的重要投资主体之一，尤其是田园综合体、特色小镇等投资规模巨大的农村产业融合发展项目，投资者中常常少不了地方国有企业的身影。在这一现实国情下，地方政府及其领导下的国有企业直接投资开发农村产业融合发展项目、撬动社会资金流向农村，具有现实合理性；政府直接投资经营起到一个"火种"的作用，吸引资金、资本、人才下乡，培育市场主体，并逐步培育和增强本地农民自生能力；之后，政府逐渐退出，农村产业融合逐渐走上内源式发展道路。这可能是国情约束下的一种富有中国特色的现实发展路径。

第二，政府在进行技术研发和基础设施供给中具有不可替代的作用，而按照前面的分析，这些正是农村产业融合发展及其共享机制构建的基础。在促进农村产业融合发展和农业现代化的过程中，政府有必要对新技术研发、配套基础设施和农民人力资本进行大量投资。正如舒尔茨所说："市场方式并不是简单地意味着把所有的投资都交给市场。"③ 安徽绩溪"聚土地"模式遭遇物流"瓶颈"的一个重要原因是地方政府没有在构建现代化农产品物流体系中发挥足够作用。除了配套基础设施，农村产业融合发展在农村培育大量非农产业，对具有相关的基本知识和技能的熟练工

---

① "卢卡斯之谜"指的是发达地区的过剩资本不向资本稀缺的落后地区转移，违背资本稀缺地区的资本收益率高、吸引过剩资本进入的经济学原理。在经济落后的农村，同样存在这个问题。参见彭小辉、史清华（2012）；高帆、李童（2016）。

② 韩玮. 互联网改变农村"聚土地"纷争［EB/OL］. （2014－12－02）［2023－03－01］. http://news.hexun.com/2014－12－02/170999597.html.

③ ［美］舒尔茨. 改造传统农业［M］. 梁小民，译. 北京：商务印书馆，2013：88.

人具有很大的需求。然而，目前我国农村正缺乏这样的专用性人力资本。在"聚土地"案例中，受雇的当地农民对物流尤其是生鲜农产品物流完全没有概念，缺乏最基本的知识和技能，造成物流效率低、损失大。美国加州的葡萄酒产业集群和湖北潜江小龙虾产业集群，都是当地大学、职业技术学校围绕当地主导产业，展开紧密的校企合作，进行专用性人才培养。地方政府可以在这个校企合作的过程中发挥重要的牵线搭桥作用。

第三，在农村产业融合发展中，政府应当重视农民利益的保护和扶持，逐步增强本地农民的自生能力，落实农民主体地位，促进内源式发展。日本、美国、荷兰都非常重视政府在扶持和保护农民中的主体作用。作为崇尚自由市场经济、农民（农场主）的市场竞争力较强的美国和荷兰，政府也针对农民出台了人力资本投资、财政补贴、贷款贴息和担保等扶持政策。但是，前面已经提到，这些国家在财政补贴分配的公平性方面尚存在缺陷，这是我国农村产业融合发展共享机制构建中应当吸取的教训。在保护小农利益、防止工商资本侵占农民利益方面做得更好的，无疑是作为东亚小农国家典型代表的日本。例如，日本以立法形式规定农民是"六次产业化"的主体；相关法律法规和制度在农户与工商企业间的利益分配上向农民倾斜，确保农户的利益；政府对农民的财政补贴和贷款贴息力度比欧美国家有过之而无不及；"六次产业化"中着力推进的农产品"地产地销"政策也有利于减轻农民对商业资本的依赖，增强本地农民自生能力和农村产业融合发展的内源性，从而增加农民在农业产值分配中的份额。在成都市"竹艺村"、湖北潜江小龙虾产业集群和安徽绩溪"聚土地"等国内农村产业融合发展案例中，虽然产业融合发展大多也在客观上增进了本地农民的利益，但是政府对于龙头企业的扶持力度更大、政策优惠更多，在协调龙头企业与农民利益矛盾的过程中，地方政府常常偏向龙头企业，而不是农民。我国广大小农户的市场竞争力不仅比不上欧美实力雄厚的农场主，甚至相比日本的小农户也要稍逊一筹，正是需要政府大力扶持和保护的，是促进共享发展的相关制度环境构建的重点。

第四，农村产业融合发展共享机制构建应当有完善的法律保障，以强化政策的延续性、权威性和协调性。日本、美国、荷兰等发达国家在推进农村产业融合发展、保护农民利益方面，都进行了大量专门立法，为产业

的可持续发展和利益协调提供了有力的法律保障。美国自 1933 年颁布的
《农业调整法》历经 90 余年的变迁，已形成以农业法为基础、100 多部重
要法律为配套的比较完善的农业法律体系。相比之下，我国农村产业融合
发展的立法保护远远不足。当前，我国农村产权制度、农业经营形式都在
改革探索之中，只有地方出台的临时性规章和政策，缺乏权威的法律保
障。农村三次产业融合发展主要出现在政府文件中，而没有像日本那样，
出台专门的法律法规加以保障。随着外部资本、城市投资经营者的大量进
入、农村资源要素更加频繁的流动和新产业、新业态、新商业模式的不断
涌现，农村经济主体、经济关系空前复杂和多元，各类经济主体的行为迫
切需要法律提供统一的规范和法律保障。如前所述，我国当前农村市场化
的主要缺陷就是缺乏完善的法律法规，市场的规范性不足，导致交易成本
较高。因此，学习和借鉴日本、美国、荷兰等发达国家的有益经验，尽快
完善相关法律规范，是当前我国农村产业融合发展共享机制构建的当务
之急。

6.3.2　共享机制构建需要促进多元组织形式互利共生

第一，如前所述，大企业平台能够通过提供资金、技术支撑、构建治
理机制等方式，促进中小经营者的发展，对农村产业融合发展起到支柱性
作用。无论是日本、美国、荷兰等农业发达国家的农村产业融合发展实
践，还是"竹艺村"、潜江小龙虾和"聚土地"等国内产业融合发展项目，
都能发现大企业的身影和重要作用。其中，日本在资本下乡政策上的变化
是值得关注的。如前所述，为了推动"六次产业化"、激发农业农村活力，
近年来日本已经逐渐放松了对资本下乡的限制，转而探索如何让下乡资本
发挥带动农业农村发展和农民致富的积极作用；另外，日本政府也强调引
进资本的目的是增进农业、农村和农民的利益，重视防止资本侵占农民利
益的行为。我国农村产业融合发展共享机制构建应当坚持马克思主义的辩
证资本观，借鉴日本在处理资本下乡、农村产业发展和农民利益之间关系
时的有益做法。

第二，积极发展农民合作组织、集体经济组织等农民主导的本土性经

济组织，为保护农民利益、促进共享发展奠定经济基础。日本、美国、荷兰的农民合作组织虽然组织形式存在重大差异，但都具有强大的行动能力，能在保护农民利益和促进农业现代化和农村产业融合发展中发挥重要作用。湖北潜江小龙虾产业集群中也形成了大量农民合作组织。如前所述，在美国、荷兰等世界发达国家，完全市场化的农民合作社有向营利性、股份制、市场化和公司化转型的普遍趋势，合作社的益贫性显著减弱①。对于农民具有较强市场竞争力的美国、荷兰等发达国家而言，这种合作社还能起到一定的扶持农民和农业的作用，但是对中国、日本这样的国家来说，就需要政府对合作社治理结构进行一定的干预和引导，增强其益贫性。虽然，我国不一定要走日本、韩国那样的综合农协模式（王醒男，2006；阮蔚，2006；苑鹏，2015），但是，也应当借鉴其经验，探索发展一种介于两种合作社模式之间的中间形式。农村土地集体所有制是我国在构建农村产业融合发展共享机制中的重要制度优势，应当对其进行不断完善，特别是要增强其与市场经济和产业融合发展的兼容性，以及进一步规范其治理。

第三，农村产业融合发展中的大中小企业和农民之间虽然有合作、共生的内在机制，但并不是现成的，需要经过一个演进的过程，关键是增强中小企业和广大农民自身的市场竞争力。"聚土地"项目中作为中小企业的浙江依联与作为大企业平台的"聚划算"之间的利益冲突与竞争表明，大中小企业之间不仅存在合作的空间，同时也存在利益矛盾，共生关系的形成依赖于制度环境；项目运行过程中，没有物流经验的本地留守农民不能满足产业发展的需要，表明缺乏专用性人力资本和自生能力的农民无法成为农村产业融合发展的主体，导致共建共享机制难以建立。相比于"聚土地"项目，"竹艺村"中的大中小企业共生关系表现得更为充分，四川发展集团、四川中瑞锦业文化旅游有限公司等大企业带动了"遵生小院""来去酒馆"等一批中小投资经营者。按照前面的分析，增强中小企业和农民自身的经营能力和市场竞争力是共生关系构建的基础。荷兰的农业现

---

① 日本农业农村的市场化、公司化、营利化转型虽然有利于促进"六次产业化"的发展和日本农业农村振兴，但是却可能削弱小农利益保护的组织基础。

代化和产业融合发展中出现农场规模日益扩大、大农场对中小农场的兼并趋势对我国的启发是，应当顺应经济发展阶段的变化，积极培育专业大户、家庭农场、农民专业合作社和龙头企业等新型农业经营主体，作为农村产业融合发展的主体。

第四，科研院所是农村产业融合发展多元组织形式共生的重要组成部分。农村产业融合发展是高新技术驱动的产物，带有科技和人力资本密集型的特点，这就决定了这一农业产业发展模式离不开科研机构的紧密参与和合作。从美国葡萄酒产业集群中的加利福尼亚大学和其他各州农学院、荷兰"食品谷"和"绿港"中的科研机构以及研究—推广—教育一体化的"OVO"农业知识创新体系，到成都市"竹艺村"项目与国内建筑领域顶尖高校同济大学的合作、湖北潜江小龙虾产业集群与武汉大学、湖北省水产科学研究所等科研院所的紧密合作，无不表明高度科技化的产业融合发展对科技支持和科研机构的高度依赖性。实际上，我国早在 1996 年以前就已经掌握了甲壳素的专利技术，但是一直没能转化成产品和产业。湖北潜江的"校政企"三方合作就是一种值得借鉴的组织创新，这一组织创新激活了整个潜江小龙虾产业集群，形成其核心竞争力。因此，我国应当进一步推进产学研有机结合，加快农业科研成果转化，形成各类、各层次科研院所、大专院校与大中小企业和农户的互利共生关系。

6.3.3 农业产业集群发展是共享机制构建的有利条件

产业集群是高度发达的社会分工与合作的产物，是生产社会化达到相当水平的产物。而根据马克思的产业融合思想，产业融合是分工基础上的结合，因此，从马克思主义政治经济学视角看，产业融合和产业集群这两种产业发展方式互为条件，具有内在的逻辑一致性。上述国内外经验表明，农村产业融合发展必须走产业集群的道路，这符合农业发展的客观规律。

第一，国内外经验表明，引入现代生产要素、走产业融合发展之路的现代农业能成为经济增长的强大引擎。舒尔茨首先指出，轻视农业在经济增长中作用的观点是错误的，现代农业也能成为拉动经济增长的引擎。尤其是现代高新技术、新生市场需求在向农业领域深度渗透，引发诸多新产业、新业态和新商业模式，成为一个创新高地、新增长点和有力的增长引擎。融合态的农业有力地带动了荷兰旅游业、文化产业和农业生产资料等一大批关联产业的发展，经济增长引擎的作用非常显著；湖北潜江小龙虾产业集群依托现代科技，已经成长为一个包括初级养殖业、餐饮业、生物高科技产业在内的庞大的产业群，成为当地支柱产业。在农业产业集群中，农业生产环节是基础，只有高度现代化的农业生产，才能为关联产业提供一个牢固的基础。国内外经验表明，实现了深度产业融合的现代农业并不是弱质产业、夕阳产业，而是朝阳产业和丰利产业，能够有力地拉动经济增长。

第二，农业产业集群能够衍生出专用性较强的农业生产性服务业，促进农村产业融合发展及其共享性的提升。安徽绩溪"聚土地"首期项目的物流"瓶颈"从反面说明了产业集群化发展对生产性服务业专用性提升和交易成本降低的重要意义。由于当地的农产品电商尚未形成集群化发展，就不能培育出专业的第三方生鲜农产品物流经营商，缺乏这方面的专用性物流实施和从业人员，就不能形成商家与第三方物流之间的长期合作关系，不能通过这种中间型组织创新来降低服务外包内含的交易成本。这样，商家就只能自建物流系统，但是这对中小电商来说因为缺乏规模经济效应，是效率很低甚至根本不可行的（中小电商无力构建自营物流网络，必须依赖第三方物流），这势必构成中小电商参与农产品电商行业的一大障碍，导致大型电商平台与中小电商之间的互利合作关系很难形成。这正是安徽绩溪"聚土地"项目首期中中小电商浙江依联公司的困境，这一困境大大降低了其自生能力和市场竞争力，使得其在与大型电商平台"聚划算"的博弈中居于不利地位。

第三，农村产业融合走集群化发展的道路，有利于加强地方政府对农村产业融合发展的重视，提供专业化和针对性服务，进而推动农村产业融合发展。在通过产业融合和集群化获得发展后，原本弱势的农业成为拉动地方经济增长的"引擎"，甚至成为地方支柱产业，必然能获得急于推动经济增长的地方政府的更大重视，并获得更高质量的公共服务。湖北潜江的小龙虾产业集群就是典型例证。在小龙虾产业与餐饮、生物产业深度融合，形成规模庞大、利润丰厚的大型产业集群后，潜江市政府对支持小龙虾产业集群发展的服务大大改善，设立了专门的龙虾产业发展局。在安徽绩溪"聚土地"项目中，尚未形成产业集群，横向和纵向关联产业发展滞后，对中小企业和农民的带动作用不明显，也制约了组织共生关系的形成。如果说湖北潜江是产业集群发展促进地方政府大力扶持的正面例子，那么安徽绩溪"聚土地"则可以视为一个反面案例。如前所述，"聚土地"这种新型商业模式对配套服务和设施的要求其实很高，有走集群化发展模式的客观要求；但是，这一项目没有形成产业集群和规模，直接制约了它的发展。

第四，产业集群化对横向和纵向关联产业的服务带动作用有利于多元组织形式共生关系的形成及共享性的增强。按照前面分析，农业产业集群化发展对那些劳动密集型、进入门槛较低的横向和纵向关联产业具有更强的带动作用，从而对多元组织形式共生关系的形成是一个重要的有利条件——这也是农村产业融合发展相比农业产业化更有利于共享发展的一个重要机制。在产业集群发展较好的湖北潜江和初步形成产业集群的"竹艺村"项目中，大中小组织之间的共生关系、大企业对中小企业和农民的服务带动作用都更加显著，更加有利于农村产业融合发展共享性的提升。

6.3.4 共享机制构建要求充分发挥"新农民"的作用

农村产业融合发展，尤其是田园综合体、特色小镇等发展模式，需要引进大量"新农民"。如何充分发挥"新农民"的作用，使"新农民"与原住民和谐相处、共享发展是农村产业融合发展共享机制构建的重要内容。

一方面，大量引进"新农民"解决了农村产业融合发展中最紧缺的企业家才能、技术和资金"瓶颈"，有力地推动了农村产业融合发展。在成都市"竹艺村"项目中，引进的"新农民"不仅是项目投资者，也是实际经营者。实际上，包括"竹艺村"项目在内的许多"田园综合体"与特色小镇本质上是一种现代农业产业园区和产业集群，主要发挥产业发展平台功能，最重要的就是引进具有较强经营能力的经营者。同时，"竹艺村"

也为市场上的中小创业者提供了一个新的创业平台，本身就具有较强的发展共享性。"新农民"的加入推动了农村产业融合发展，使得本地农民可以通过出租土地、房屋和务工分享产业发展收益，从根本上看二者的利益是兼容的。

另一方面，引进的"新农民"大多具有较高的知识文化水平，掌握一技之长，从而为通过政府购买服务这种市场化方式加强农村公共服务供给创造了有利条件[①]。前面对这一机制已经进行了理论分析，成都"竹艺村"项目对此进行了实践探索。例如，"竹艺村"项目中引进的"新农民"创办的"遵生小院"举办村民学堂、教授村民制作香囊等自创技艺，以及留守老人"关爱之家"等，都是上述理念的实践。政府通过购买服务的方式，对这些"新农民"创业项目给予支持，可以实现多重目标：不仅能吸引和留住"新农民"，而且能够显著改善农村公共服务供给质量，解决当前农村公共服务供给难题，同时还有利于促进"新农民"与原住民的交流融合。

---

① 新希望集团董事长刘永好提出"绿领"的概念，即掌握现代农业技术的新型职业农民。参见李林芝. 新希望集团 200 万表彰新农民 计划培养"绿领"大军［EB/OL］. （2018 – 11 – 15）［2022 – 10 – 15］. http：//china. huanqiu. com/article/2018 – 11/13558582. html?agt = 45. 这与"新农民"的概念相似。

第**7**章

研究结论与政策建议

在分析框架基础上，本章总结得出以下具有紧密逻辑关联的基本研究结论：农村产业融合发展共享机制构建→内源式发展→政府与市场有机结合→政府职能与治理机制改革。根据上述研究结论及其政策意蕴，本书提出以下五点相对具体的政策建议：第一，加大对本地农民的服务和支持力度，逐步增强农民的自生能力，落实本地农民在农村产业融合发展中的主体地位，实现内源式发展；第二，推进农村组织创新，大力发展新型农村集体经济与各类合作组织等农民主导的本土性自治组织；第三，继续推进农村产权确权赋能改革，消除农民权利贫困，增强农民和农村的自我发展能力；第四，引导农业产业集群化发展，强化龙头企业对中小经营者的服务带动作用；第五，转变政府职能和治理机制，形成有利于共享发展的官员激励机制。

7.1　研究结论

本书的基本研究结论是：第一，我国农村产业融合发展共享机制构建的基础是实现农村内源式发展；第二，实现农村产业融合发展的内源式发展方式有赖于政府与市场有机结合的制度环境；第三，农村产业融合发展中实现政府与市场有机结合的关键是政府治理机制的改革和完善。显然，这三个基本结论是逻辑递进的关系：农村产业融合发展共享机制构建→内源式发展→政府与市场有机结合→政府职能与治理机制改革。

7.1.1　农村产业融合发展共享机制构建的基础：内源式发展

根据马克思的生产与分配关系原理，农村产业融合发展共享机制构建应当坚持"生产力首要性"原则，其前提和基础在于提升农村经济发展质量，促进农业农村生产力的发展和现代化转型。作为一种融入先进生产力的新型农业生产方式，农村产业融合发展具有资金、技术双密集的特点，我国大多数农村地区的本土型经济主体都不具备这些资本和要素条件，推进农村产业融合发展往往非常缓慢，在提升农业价值链、增加农业附加值方面的能力不足，缺乏实现内源式发展的物质条件，不得不实行由外部主体推动的外源式发展。但是，实力强大的外部经营主体在发挥对本地农民的带动作用的同时，也很容易造成小农户对资本的依附关系和不平等的分配关系，对共享发展的实现造成很大阻碍。如前所述，农村产业融合发展方式是内源式还是外源式，并不是绝对的和一成不变的，而是一个动态的演进过程，根据条件的变化，能够实现相互转化。由于我国大多数农村地区存在产业和人口空心化、农民自生能力薄弱的特殊情况，这些地区的产业融合发展常常不得不通过外源式发展来实现起步，其内源式发展的实现很难绕过这样一个过渡阶段和转型过程。但是，这种理论上的可能性要成为现实性，必须依赖合意的制度环境。前面已反复指出和论证，我国农村产业融合发展共享机制构建的基础在于通过制度和组织创新，强化对本地农民的服务与扶持，在产业发展过程中逐步增强农民的自生能力和市场竞争力，落实农民主体地位，逐渐从依附性的外源式发展路径转变为平等合作、互利共赢的内源式发展。

7.1.2　实现内源式发展的制度条件：政府与市场有机结合

我国城乡二元结构、农民的贫困和弱势在很大程度上是城乡二元的制度导致的，这种二元结构在单一市场机制下有进一步扩大的内在趋势，因此要解决这些差别，扭转发展趋势，改变市场经济运行的初始条件，形成新的竞争均衡，也只有依靠国家的力量①。我国农村产业融合发展共享机制构建中的政府作用应当主要体现为通过完善农业农村基础设施和公共服务、培育新型农业经营主体、提高农民组织化程度等，增强农民和农村的自生能力，促进农村产业融合走内源式发展道路。

为了实现发展路径的转变，政府的作用不仅仅是输入资源，还应当通过制度和组织创新，促进转移资源的公平分配与共享，使政府转移资源逐渐内化为广大农民的自生能力，变"输血"为"造血"。如果政府自上而下输入农村的资源只被少数农村精英攫取，广大农民很少获益，那么就不仅不能缩小收入分配差距，促进共享发展，反而会破坏共享发展，加剧经济发展的非均衡性。从这个角度看，我国农村产业融合发展共享机制构建必须坚持政府主导；政府不仅要在引导资源要素流动、促进产业发展、质量升级中发挥主导作用，同时也要在促进共享发展中发挥主导作用。

我国农村产业融合发展共享机制构建应当实行内源式发展和政府主导，并不意味着排斥市场主体和市场机制。我国农村产业融合发展的内源式发展路径并不意味着只依靠农民和农村自身的资源要素来实现发展，也不意味着排斥市场、由政府主导资源配置。恰恰相反，我国农村产业融合内源式发展的实现同样离不开资本、"新农民"等外部市场主体的广泛参与；同时，我国农村产业融合发展应当让市场起决定性作用，由市场主体、市场机制主导资源要素配置；政府的主要作用在于引导和调节，提供基础设施、公共服务和制度环境，改变不平等的市场竞争初始条件，促进社会公平和共享发展，而不是替代市场主体；而且，政府提供公共服务、对农民和中小企业进行扶持时，也应当积极利用市场。总之，"内源式发展方式"的核心要旨在于，农村产业融合发展中城乡内外部主体市场竞争力相对均衡，广大农民能够通过其主导的本土性经济组织（如合作社、集

---

① 当然，政府对农业农村输入的资源也是一种外来资源，政府相对于农业农村也是一种外部主体，因此政府驱动和主导的农村产业融合发展也应当被视为一种外源式发展路径。但是，由于政府相对于一般市场主体而言，公共性较强，逐利性较弱，如果政府的资源输入能够对本地农民提供支持和培育作用，逐渐增强本地农民的自生能力，然后政府适时从经营领域退出，也可能起到为农业农村积聚力量、推动外源式发展转变为内源式发展的作用。也就是说，依靠政府输入资源的产业融合发展方式可以成为一种过渡形态，是我国农业农村空心化这一现实国情约束下实现内源式发展的现实选择。

体经济组织），提升其在农村产业融合发展中的经济地位，从而形成更加公平的分配关系；为了实现这一发展方式转型，需要通过政府输入资源、制度和组织创新等多种途径，增强农民的自生能力和市场竞争力；在此基础上，充分利用市场机制，广泛动员市场主体，共同参与农村产业融合发展，共同分享发展的过程与结果；概言之，这是一个政府主导下政府与市场有机结合的过程。

7.1.3 实现内源式发展的制度保障：政府职能与治理机制改革

本书对农村产业融合发展共享机制构建中合意的政府与市场关系进行了大量规范性研究，但是，政府与市场关系有自身的内在规律，并不完全以人的主观意志为转移。即使不考虑政府在信息和理性上的局限性，根据个体分析方法，政府官员也是理性经济人，会按照个人利益最大化进行选择。政府官员的这种行为选择模式显然会影响到政府与市场关系，现实的政府与市场关系是政府官员在约束条件下，基于自身利益最大化目标而采取的行为选择的产物；而政府官员的利益结构、目标函数与市场经济中的私人有很大的不同，那就是受到制度环境的约束更加显著，特别是受到政府治理机制的显著影响。概而言之，逻辑关系是：政府治理结构→官员利益结构和激励机制→官员行为选择→政府与市场关系[①]。因此，形成合理的政府与市场关系的关键在于政府职能和治理机制的完善。

从我国农村产业融合发展共享机制构建这个具体问题来看，同样如此。其中的关键性问题是，如何促使地方政府真正重视培育和增强农民的自生能力，通过政策扶持和组织创新，落实农民主体地位，促进农村产业融合走内源式发展道路。大量引进工商资本虽然在短期内能够快速推动农村产业融合发展，但是忽视本地农民的主体地位和自生能力的培育、提升，将导致我国农村产业融合发展被"锁定"在外源式发展轨道上，不能

---

① 周黎安（2017）提出的对中国政府行为、政府—市场关系的分析框架"官场 + 市场"，可视为这种个体主义视角的典型研究。

在发展过程中实现向内源式发展的转型。按照上述逻辑，只有推进政府职能和治理机制改革，重塑地方政府官员的激励机制，即增强社会公平、共享发展、广大农民利益与官员个人的利益相关性，构建政府官员与农民的"利益联结机制"，才能为我国农村产业融合发展共享机制构建提供制度保障。

7.2　政策建议

在上述研究结论的基础上，本书提出下列政策建议：第一，加大对农民的服务和支持力度，培养新型农业经营主体和职业农民，增强农民的自生能力；第二，继续推进农村产权确权赋能改革，消除农民的权利贫困；第三，大力发展新型农村集体经济与各类合作组织等农民主导的本土性自治组织；第四，引导农业产业集群化发展，强化龙头企业对中小经营者的服务带动作用；第五，转变政府职能和治理机制，形成有利于共享发展的官员激励机制。

7.2.1　加大对农民的服务与支持力度，增强农民自生能力

第一，落实农业农村优先发展政策，通过转移资源和制度供给，加大对农民的服务和支持力度，着力增强农民的自生能力和发展能力。当前，我国大多数农村都存在人口空心化、产业空心化、资金资源外流的问题，农村和大多数小农户缺乏内生发展能力，缺乏实现农村产业融合内源式发展的现实条件，往往不得不走外源式发展路径——这正是我国农村产业融合发展共享机制构建的根本性困境所在。因此，我国农村产业融合共享机制构建的必要条件是形成一个具有相当经营规模、经济实力和自生能力的专业农户群体[①]，作为农村产业融合发展和乡村振兴的主体，为农村

[①]　国内学术界对此有多种概括，如"市场化小规模家庭农场"（黄宗智、彭玉生，2007）、"市场化小农"（曹阳，2015）、"发展型小农家庭"（张建雷，2018）、"中坚农民"（杨磊、徐双敏，2018）等。

产业融合实现内源式发展奠定主体基础；然后，在这一基础上，大力发展农民专业合作社和合作金融，为农村产业融合发展奠定组织基础。为此，政府应当加大对农民的补贴力度，并注意在农业补贴的分配上向中等规模的专业农户和职业农民群体倾斜，摒弃欧美国家农业补贴政策存在的那种偏向大农场和农业综合企业而忽视中小农场的导向。

第二，借鉴新公共管理运动理念，在涉农公共部门中适当引入市场机制，为服务质量的改善提供经济激励。我国设有很多为"三农"服务的部门，如农业技术推广系统、供销社、农信社、农村产权交易所、农业科研院所等。借鉴"新公共管理运动"的理念，政府可以通过协议、承包、授权等多种方式选择公共产品的建设主体与经营主体，实行公共投资、市场化运营，以更好地解决公共服务供给中的激励和信息问题，提高服务效率，更好地满足农村产业融合发展对生产技术、流通、加工、销售、产权交易平台等的服务需求。此外，还应当积极促进涉农公共部门与企业、农户、合作社等市场主体进行市场化合作，如购买服务、持股、赞助、合作研发等，或者公共部门的技术研发人员独立创业、发展科技型和创新型企业。通过政府购买服务等方式，充分发挥掌握较多知识文化和资金的"新农民"在提供农村公共产品、改善农村基层治理方面的重要作用，改变农村公共品供给方式。

第三，大力发展市场化的农村生产性服务业，特别是适应农村产业融合发展要求的新型服务业，增强现代生产要素的可得性。市场对需求信息的高度敏锐，使得市场化的生产性服务业能够最及时地满足生产经营主体的需求，促进农村产业融合发展。既要积极发挥大资本对农民和中小企业的服务带动作用，也要抑制其对农民和中小企业的排挤与利益侵占行为；积极引进具有较强经营水平和经济实力的"新农民"，增强中小企业和农户的经营能力，同时积极发挥"新农民"对本地农民的带动和服务作用；通过财政补贴、项目支持、贴息贷款等优惠政策，加大对广大中小企业和农民的扶持力度。在农村产业融合发展中，生产性服务业不仅包括传统的农业生产环节的专业化，如专业化育苗、植保、收割等，还包括伴随着产业融合而出现的新产业、新业态、新商业模式孕育出的一系列新的生产性服务业，如作为"互联网＋农业"直接产物或配套产业的农资电商、农产品电商、"聚土地"等网上农村产权交易平台、第三方物流等；为休闲农业、乡村旅游、创意农业等新型产业和业态服务的文化创意、设计、摄影、餐饮、娱乐、休闲等；服务于现代生物技术向农业渗透的高科技农业而出现的各种科技服务业等。政府应当鼓励城市资本和要素下乡，建立健全城乡一体的产品市场和要素市场，促进城乡资源要素结合；同时，通过财政补贴、贴息贷款、购买服务等各种方式，鼓励引导各类新型农业经营主体为广大农民提供专业化的生产性服务。

第四，通过农村金融供给侧结构性改革、农村产权制度改革和贷款优惠政策引导，增强我国农村金融的普惠性。农村金融的普惠性对现代生产要素的可得性、多元组织形式的共生性和农民财产权利的现实性都有非常重要的影响，是我国农村产业融合实现内源式发展和共享机制构建所必须依托的极为重要的制度构件。增强我国农村金融的普惠性，首先，必须进行农村金融供给侧结构性改革，改变当前国有垄断银行为主的单一型金融结构，大力发展合作金融、小额信贷、村镇银行、民间贷款公司、保险公司等主要面向中小企业和农户的本土性金融机构，使得农村金融体系与农村经济结构相适应。特别是应当充分借鉴日本、荷兰、美国等发达国家的经验，大力发展农民合作金融（陈锡文，2004；温铁军，2005），事实证明，这是增强农民内生发展能力和市场竞争力、提升广大农民市场地位的有效举措。其次，应当赋予农民承包地经营权、宅基地和集体经营性建设用地的抵押、担保权能，增强农民（尤其是新型农业经营主体）的融资能力，拓展其进一步发展的空间。最后，政府应当通过各种贷款优惠政策，积极引导各类新型农业经营主体对小农户和贫困户的服务与带动。

7.2.2 继续推进农村产权确权赋能改革，消除农民权利贫困

第一，通过确权赋能，落实农民在土地产权交易中的主体地位。落实农民的产权交易市场主体地位，不仅能更好地保障农民的财产权利，而且能增强农民运用市场手段获取财产性收益的能力，本身就是在实践中提升农民人力资本、增强农民自生能力的有效途径和题中之义。当前，我国农村产权交易市场的突出问题表现为农民在产权交易中的话语权不足，地方

政府和集体是事实上的交易主体和决策主体。应当加快征地制度改革，允许农村集体经营性建设用地入市，从法律上明确规定农村土地与国有土地"同权同市同价"，使农民、农民集体也成为建设用地市场的主体之一；对于承包地、宅基地的流转，必须坚持自愿原则，杜绝违反农民意愿、损害农民利益的强制流转；对于集体经营性建设用地、集体资源和资产的流转、交易，必须贯彻民主原则，规范流转程序，切实保障广大农民的知情权和表决权，杜绝少数村干部违背农民意愿和利益、私自决定集体资产运营的现象。

第二，强化对农民的确权赋能，促进资本化的农村土地为农民所有，形成农村和农民自有的"在地化资本"（温铁军，2015）。作为农民最重要的财产和生产资料，土地产权是农民和农村自我发展能力的重要来源。当前的农村产业融合发展和农业产业集群大大推动了农村土地的资产化及资本化进程，为发展农民自有的"在地化资本"创造了有利条件。从马克思主义政治经济学视角看，这种"在地化资本"是资本社会化、对资本进行局部扬弃的一种实现方式，对农民自生能力提高和共享机制构建能起到基础性作用。这种依托土地形成的"在地化资本"是农村集体经济发展的重要支柱，为农村产业融合发展共享机制构建提供了一条有效途径。

第三，完善农村集体经济组织和农民合作社的治理，不仅是确权赋能的问题，还必须通过制度和组织创新（如新型农村集体经济组织、合作经济组织、产权交易所等）建立相应的经济机制。农民财产权利的实现，不仅要从法律层面进行确权赋能，而且要建立健全相关经济机制，降低农民财产权利实现和保护的交易成本。例如，仅赋予集体经营性建设用地转让、抵押担保等权能，壮大农村集体经济，仍然不能保证农民财产权利的现实性，还必须促进集体经济的规范治理，更好地保护农民的财产权利。农村集体经济、合作经济的规范化建设是农民财产权利现实性建构的组织基础。

7.2.3 促进新型农村集体经济与各类合作组织的规范化发展

美国、日本、荷兰等发达国家的经验表明，工商资本主导的农业现代化和农村产业融合发展并非农民（家庭农场）增收的可靠基础，必须通过发展农民合作社等农民主导的本土性自治组织，来增强农民与资本博弈的能力。长期以来，我国大多数地方推行的农业产业化具有鲜明的外源式发展色彩，过于依赖龙头企业的带动和扶持（黄宗智，2010），也表现出利益分配失衡的严重问题。对我国来说，提升发展的共享性和利益分配的均衡性，不仅要发展各种形式的农民合作组织，而且要充分发挥中国特色制度优势，大力发展农村集体所有制，积极探索农村集体所有制在市场经济和农业现代化背景下的实现形式，以此为主导来整合农业产业链、推动农村产业融合发展。这是增强农民自生能力、促进农村产业融合内源式发展的重要举措[①]。

第一，积极推进农村集体经济组织治理机制改革，提升其民主性和规范性，强化集体经济组织服务农民、扶持弱者的职能，同时更好地解决"新农民"与"老农民"之间的融合问题。必须增强对农村集体经济组织和村两委的监督，除了进一步保障村民的知情权、监督权，增强自下而上的监督约束，还要强化自上而下的监督执纪，形成上下、内外联动的综合监督体系。在组织得到良好治理的基础上，应当强调农村集体经济组织促进共同富裕和共享发展的职能，而不是一般市场主体的营利性。最重要的是，以股份合作制为基本组织形式，解决传统农村集体经济组织"最终所有者缺位"的"痼疾"，为农村集体经济组织的规范化治理和可持续发展奠定基石。

第二，在坚持合作制基本原则的基础上，借鉴股份制的组织形式，发展新型农民专业合作社。如前所述，合作制向股份制、股份合作制转变是世界性的普遍趋势，应当努力探索将股份制鼓励资本投入、产权明晰的优

---

① 本书特别强调和重视合作社、集体经济对农村产业融合发展共享机制构建的作用，但是并不是说这些组织形式是唯一的。分析框架部分已经提出，个体经营、中小企业等进入门槛低、劳动吸纳能力强的经济组织形式对共享发展同样是非常重要和有利的，实际上，这是本书所研究的"多元组织形式共生性"的核心内容，合作社、集体经济组织等农民主导的本土性自治组织的一个重要作用正是扶持这些中小经营者和农户经济的发展，起到龙头企业等一般营利性市场主体所不能起到的作用。农村产业融合发展，尤其是采取产业集群的发展模式，创造了大量适合中小经营者的经济机会，如"农家乐"、民宿、小酒馆、采摘游等，其带动能力要远远超过单一龙头企业主导的纵向一体化和单一产品功能的农业产业化，可以说为提升农业现代化的共享性创造了有利条件。

点与经典合作制兼顾公平、扶持农业经营者的优势有机结合起来，形成一种适合当前环境的新型合作制。股份制与合作制的这种结合应当坚持两个原则：其一，合作社股东应当以合作社服务需求者为主，股份应当尽可能与惠顾额挂钩，限制外部股东的持股比例，控制所有者与惠顾者偏离的程度；其二，促进合作社股份的均匀分布，加大劳动、技术的入股比例，避免出现少数股东占据大部分股份的现象。应当积极发挥财政投入的调节作用。当前我国农民专业合作社大多是企业、大户和政府部门出资和领办的，一些合作社甚至没有独立账户，不能视为真正的独立法人。应当明确界定合作社自有资产与社员资产的产权关系，政府对合作社的专项扶持资金应当明确界定为合作社自有资产，通过股权量化明确界定给全体社员，并对合作社中的小农户、贫困户给予适当照顾。同时，必须完善合作社内部和外部监督机制，避免合作社领办者将合作社自有资产以各种隐蔽方式占为己有。

第三，改革地方政府对农村集体经济和农民合作社的考核机制，摒弃只看数量、忽视质量的"发展主义"和形式主义考核，更加重视集体经济组织和合作社的治理规范性、对农民的服务带动作用等质量向度的考评。当前，地方政府在推动集体经济和合作社发展的时候，常常下达指标，"奉行发展至上的战略"，而集体经济组织和合作社治理的规范性、对农民增收的带动作用等质量问题，由于缺乏量化指标，常常被忽视（崔宝玉、刘峰，2013）。因此，应当建立地方政府发展集体经济和农民专业合作社的新的考核指标，为集体经济和合作社发展质量的衡量建立合理有效的量化指标，以纠正当前激励机制的偏差。

7.2.4　引导农业产业集群发展，强化龙头企业的服务带动作用

农业产业集群对促进农村三次产业深度融合具有重要作用。而按照波特（Porter，2012）的观点，政府在推进产业集群发展中具有不可替代的作用。按照前面的分析，政府对于推动农业产业集群化发展、促进农村产业融合发展的作用主要表现为以下四个方面。

第一，大力扶持中小企业与农户经济的发展，推动小企业集群发展模

式。上述分析表明，在中小企业、农民的内生能力和市场竞争力较强的情况下，下乡资本和龙头企业能够通过资源要素输入、生产性服务供给、产业联动、治理机制构建等途径，对农村产业融合发展中的中小企业和广大农民产生积极作用，形成大中小经营主体互利共生的格局。如前所述，我国农村产业融合发展共享机制构建所要求的内源式发展路径并不排斥龙头企业的参与，而是要防止形成个别大企业主导整个产业链、排挤或过度挤压农民和中小企业的生存与发展空间。政府应当积极引进农业龙头企业，同时大力扶持本地农民，增强其内生能力和市场竞争力，并通过扶持农民合作组织和集体经济组织，提升广大农民在农村产业链整合和融合中的地位，形成大中小企业互利共生的格局。这种组织共生架构的重要表现形式是大企业的入驻培育和带动了一批中小企业及农户，形成一个充满活力的小企业集群，为其提供社会化服务、熟练劳动力和农资市场，而不是单一的纵向一体化。

第二，引导产业链上下游相关企业、研发机构、服务组织向园区集中，并促进各主体之间的互利合作，形成产业发展的综合竞争力。建设现代农业产业园区，不是将相关企业简单地在地域上进行集中分布，而是要整合各类经营主体和服务主体，为各类经营主体的交易与合作创造有利条件和机制，形成一个具有紧密联系的有机整体。当前，我国各地虽然在积极发展现代农业产业园区，但是园区缺乏规划，结构不完整，功能不健全，如缺乏强大的研发机构，或者缺乏规划、设计、咨询等生产性服务业等，不能形成产业园区的整体合力；各个企业和服务组织往往是自成一体、各自为战，缺乏纵向产业链关联和横向辐射带动作用，也没有形成密切的合作关系。这使得我国的很多农业产业园区仅有产业集群之"形"，而缺少产业集群之"神"。为此，地方政府在引导企业和服务机构向园区集中的同时，应当进行总体规划和合理布局，引导相关企业、研发机构和服务组织进园，建设类似荷兰"食品谷""绿港"那样结构和功能完整的产业园区，同时积极为园区内经营主体、服务主体间的合作牵线搭桥、调解纠纷。引导主要面向中小企业和农户的服务组织、金融机构成为集群化发展的组成部分。

第三，围绕农业产业集群发展的需要，加强专用性技术研发和物质资本、人力资本投资，促进产学研一体化。农村产业融合发展涉及大量专用性技术，为了满足这些技术要求，应当在大专院校和科研机构建设一批专门的实验室、学院、专业等，如前述葡萄酒学院、白酒学院、小龙虾专业等；同时促进这些实验室、学院和专业与企业形成紧密的合作关系，成为农业产业园区的有机组成部分，以鼓励专用性技术研发与人力资本积累。

第四，围绕农业产业集群化发展的需要，设立专门对口服务的政府部门。农业产业集群化包含多个产业，对其提供公共服务需要多部门协调和专业知识。当前，我国在农村产业发展的政府部门之间缺乏协调（宗锦耀，2017），同时兼具多种职能的政府部门也很难对农村产业集群化发展进行专业知识的积累，影响了公共服务的质量。因此，有必要借鉴湖北潜江的经验，针对那些在当地构成主导产业的农业产业集群设立专门的政府部门，以为产业融合发展提供富有针对性、专业性和协调性的服务。

7.2.5 加快政府职能转型与治理机制改革，重塑官员激励机制

第一，科学设计衡量发展共享性的综合指标体系，并将其纳入官员政绩考核之中，为共享发展理念的确立提供激励机制。共享发展是党的十八届五中全会以来中央反复强调的新发展理念，但是，这一新的发展理念要从中央层面的认识转变为全国各级地方政府的认识，从抽象的、宏观的概念转变为切实的行动，仅仅依靠自上而下的宣传、教育、文件传达是不够的，关键是要改革官员考核机制，将体现共享发展要求的指标纳入官员考核体系。如前所述，很多地方政府将农村产业融合发展视为推动县域经济增长的有效途径，对此极为重视，投入大量财政资金，推动规模宏大的田园综合体、古镇、康养小镇、农业产业园建设项目，很容易产生片面重视发展而忽视收入分配的影响公平性与发展的问题，在资源分配和利益协调上偏向企业、大户[①]。同样，在"发展主义"导向下，重视城市、忽视农

---

① 长期以来我国财政补贴政策有一个突出问题，那就是热衷于扶优扶强，而不是扶弱扶后，缺乏调节收入分配、促进社会公平的功能（金碚，2015）。

村的错误发展观也很难得到纠正，"田园综合体"等发展项目常常出现脱农、离农问题，例如，一些建在农村的别墅、酒店，打着"农村产业融合发展"的名义，实际上演变为农村的"房地产化"，对"三农"的带动极为微弱①。因此，应当综合考虑反映发展共享性、社会公平和民生的指标，如基尼系数、收入中位数、农村生态环境、农村公共品供给等，科学设计衡量发展共享性的综合指标体系，作为官员考核的重要指标，以硬性的考核作为共享发展理念的宣传和教育。

第二，明确政府职能是提供普惠性的公共服务，逐渐减少针对特定企业的特殊政策，为"亲清"新型政商关系的培育提供正确的激励机制。前面反复强调，我国农村产业融合发展共享机制构建要求在利益分配中更多偏向农民，而不是偏向资本。这同样需要"把官员的激励搞对"。政府职能定位对政府官员的行为有重要影响，实际上起到激励机制的作用：如果地方政府直接配置资源，干预经济的微观运行，就为官员的设租、寻租行为提供了温床，"亲清"新型政商关系很难形成；反之，如果政府主要通过供给制度、设计和维护规则、提供服务，而不是"挑选赢家"（顾昕、张建君，2014），就能从制度上抑制官员的设租、寻租行为，斩断官员与企业之间的"灰色"利益链条。因此，从官员激励机制的视角看，政府应当积极引进企业参与农村产业融合发展，为企业（特别是中小企业）提供良好的服务，切实改善营商环境，但是这种服务应当是普惠性的，而不是由政府挑选，针对特定企业。同时，对有政府背景的农村集体经济组织、供销社等，应当尽量避免政府的直接干预，解决政企不分的问题，使之成为正常的市场主体。

第三，政府在农村产业融合发展中的投资应当以技术研发、基础设施建设、人力资本投资、制度供给和公共服务为主，尽量减少政府直接投资和经营。政府能够支配的资源和资金是有限的，如果将大量财政资金用于

---

① 我国地方政府多年来热衷于"经营城市"，其核心是经营城市地产，现在地方政府热衷于推动的"田园综合体"、特色小镇建设，仍然受到这种发展思路的影响，地方政府将其视为一种新的现代农业带动服务业及房地产业发展的商业模式和农村地区发展模式。但是，在一些地方，农村产业融合发展实际上是将"经营城市"和发展房地产业的理念搬到农村，搞乡村地产经营，对现代农业的带动有限。参见周黎安．转型中的地方政府：官员激励与治理［M］．上海：格致出版社，上海人民出版社，2017：233．

直接投资经营，必然会挤占公共服务供给的资源，导致公共服务供给不足。此外，一些地方政府通过地方投融资平台及国有企业为农村产业融合发展项目融资和投资，很容易对民营中小企业等市场主体产生排挤作用，资源错配的概率也会提高。在我国农村产业融合发展实践中，田园综合体、特色小镇等大型项目背后往往有地方投融资平台的推动，与此同时，农村产业融合发展所亟须的诸多公共服务供给却明显不足。中国农村产业融合发展涌现出许多新的商业模式，但是这些商业模式所依靠的基础却仍然是旧的。这种新技术、新产业、新商业模式与陈旧、落后的基础设施、组织网络之间的矛盾，是我国农村产业融合发展的一个重要"瓶颈"。从长远来看，这显然是一种政府职能的错位，将对地方政府形成一种错误的激励机制。地方政府大量直接投资经营农村产业融合发展项目，只在当前农村空心化、农民自生能力不足的特殊情况下具有合理性和必要性，政府直接推动产业融合发展应当着力于增强本地农民的自生能力、激活其自我发展的能力，在本地农民和市场主体培育及发展起来后，政府应当及时从竞争性领域退出。

参 考 文 献

［1］［美］D. 盖尔·约翰逊. 经济发展中的农业、农村、农民问题［M］. 林毅夫，等编译. 北京：商务印书馆，2004.

［2］［美］R. L. 麦金农. 经济发展中的货币与资本［M］. 卢骢，译. 上海：上海三联书店，1988.

［3］［印］阿马蒂亚·森. 以自由看待发展［M］. 任赜，于真，译. 北京：中国人民大学出版社，2012.

［4］［美］奥利弗·E. 威廉姆森. 资本主义经济制度［M］. 段毅才，等译. 北京：商务印书馆，2003.

［5］北京大学国家发展研究院综合课题组，周其仁. 还权赋能——成都土地制度改革探索的调查研究［J］. 国际经济评论，2010（2）：54 - 92.

［6］［美］波特. 国家竞争优势（下）［M］. 李明轩，邱如美，译. 北京：中信出版社，2012.

［7］蔡昉，费思兰. 蒙德拉贡合作公司的发展绩效与制度创新——兼论现代合作制度的外部环境与治理结构［J］. 中国工业经济，1999（9）：67 - 73.

［8］蔡昉. 在共享发展中贯彻以人民为中心的发展思想［J］. 中国人大，2016（16）：27 - 29.

［9］曹阳. 当代中国农业生产组织现代化研究［M］. 北京：中国社会科学出版社，2015.

［10］陈岱孙. 从古典经济学派到马克思：若干主要学说发展论略［M］. 北京：商务印书馆，2014.

［11］陈锡文. 把握农村经济结构、农业经营形式和农村社会形态变迁的脉搏［J］. 开放时代，2012（3）：112 - 115.

[12] 陈锡文. 我国城镇化进程中的"三农"问题 [J]. 国家行政学院学报, 2012 (6): 4-11.

[13] 陈锡文. 资源配置与中国农村发展 [J]. 中国农村经济, 2004 (1): 4-9.

[14] 陈耀东. 宅基地"三权分置"的法理解析与立法回应 [J]. 广东社会科学, 2019 (1): 223-230.

[15] 陈梓睿, 彭璧玉. 新发展理念与我国社会主要矛盾的解决 [N]. 光明日报, 2018-02-05 (11).

[16] 成德宁. 我国农业产业链整合模式的比较与选择 [J]. 经济学家, 2012 (8): 52-57.

[17] 程民选. 巴泽尔产权理论的独特视角及其现实启示 [J]. 河北经贸大学学报, 2014 (5): 41-45.

[18] 程郁, 王宾. 农村土地金融的制度与模式研究 [M]. 北京: 中国发展出版社, 2015.

[19] 崔宝玉, 陈强. 资本控制必然导致农民专业合作社功能弱化吗? [J]. 农业经济问题, 2011 (2): 8-15.

[20] 崔宝玉, 刘峰. 快速发展战略选择下的合作社政府规制及其改进 [J]. 农业经济问题, 2013, 34 (2): 49-55.

[21] 戴道传. 论公有制基础上的个人所有制 [J]. 江汉论坛, 1981 (3): 7-14.

[22] 戴宏伟, 随志宽. 中国普惠金融体系的构建与最新进展 [J]. 理论学刊, 2014 (5): 48-53.

[23] 戴廉. "幸福指数"量化和谐社会 [J]. 瞭望新闻周刊, 2006 (11): 24-26.

[24] 邓衡山, 王文烂. 合作社的本质规定与现实检视——中国到底有没有真正的农民合作社? [J]. 中国农村经济, 2014 (7): 15-26.

[25] 邓衡山, 等. 组织化潜在利润对农民专业合作组织形成发展的影响 [J]. 经济学 (季刊), 2011 (4): 1515-1532.

[26] 邓宏图. 中国寿光市农业和农村社会转型: 一个基于个案调查的经济史与政治经济学评论 [J]. 中国农村观察, 2012 (6): 2-11.

［27］董筱丹，温铁军．宏观经济波动与农村"治理危机"——关于改革以来"三农"与"三治"问题相关性的实证分析［J］．管理世界，2008（9）：67－75．

［28］董振华．共享发展理念的马克思主义世界观方法论探析［J］．哲学研究，2016（6）：13－18．

［29］杜乾香．我国休闲农业集群式发展中外来资本对本地农民收入的影响机制研究［D］．成都：西南财经大学硕士学位论文，2017．

［30］杜书云，徐景霞．内源式发展视角下失地农民可持续生计困境及破解机制研究［J］．经济学家，2016（7）：76－83．

［31］杜吟棠．农业产业化经营和农民组织创新对农民收入的影响［J］．中国农村观察，2005（3）：9－18．

［32］方世建．基于知识专有性的治理结构重构［J］．经济学家，2006（3）：120－122．

［33］方志权．农村集体经济组织产权制度改革若干问题［J］．中国农村经济，2014（7）：4－14．

［34］傅勇，张晏．中国式分权与财政支出结构偏向：为增长而竞争的代价［J］．管理世界，2007（3）：4－12．

［35］高帆，李童．中国城乡资本流动存在"卢卡斯之谜"吗［J］．经济学家，2016（3）：75－86．

［36］顾海良．创新当代中国马克思主义政治经济学［N］．人民日报，2016－01－19（10）．

［37］顾昕，张建君．挑选赢家还是提供服务？——产业政策的制度基础与施政选择［J］．经济社会体制比较，2014（1）：231－241．

［38］顾昕．政府主导型发展模式的调试与转型［J］．东岳论丛，2014（10）：5－11．

［39］顾昕．走向公共契约模式——中国新医改中的医保付费改革［J］．经济社会体制比较，2012（4）：21－31．

［40］郭富青．西方国家合作社公司化趋向与我国农民专业合作社法的回应［J］．农业经济问题，2007（6）：4－11．

［41］郭晓杰．现代农村视域下的三次产业融合发展模式及路径分析

[J]．商业时代，2014（5）：122－124.

[42] 郭晓鸣，廖祖君．公司领办型合作社的形成机理与制度特征——以四川省邛崃市金利猪业合作社为例 [J]．中国农村观察，2010（5）：48－55.

[43] 国鲁来．合作社制度及专业协会实践的制度经济学分析 [J]．中国农村观察，2001（4）：36－48.

[44] 韩金山．论沉默权的现实性 [J]．新疆大学学报（哲学社会科学版），2006（6）：56－59.

[45] 韩一军．加快推进农村一二三产融合发展 [N]．农民日报，2015－10－30（003）.

[46] [德] 汉斯·H. 缪恩克勒（Hans－H. Münkner）．合作社法律原理十讲 [M]．成都：西南财经大学出版社，1991.

[47] 何秀荣．公司农场：中国农业微观组织的未来选择？[J]．中国农村经济，2009（11）：4－16.

[48] 贺雪峰．关于实施乡村振兴战略的几个问题 [J]．南京农业大学学报（社会科学版），2018（3）：19－26.

[49] 贺雪峰．论乡村治理内卷化——以河南省 K 镇调查为例 [J]．开放时代，2011（2）：86－101.

[50] 贺雪峰，等．乡村水利与农地制度创新——以荆门市"划片承包"调查为例 [J]．管理世界，2003（9）：76－88.

[51] 洪远朋，等．共享利益观：现代社会主义经济学的核心 [J]．经济经纬，2002（6）：4－8.

[52] 胡定寰．农产品"二元结构"论——论超市发展对农业和食品安全的影响 [J]．中国农村经济，2005（2）：12－18.

[53] 胡凌啸，周应恒．提升小农竞争力：日本农业新政策的指向及指示 [J]．中国农村经济，2018（2）：126－138.

[54] 胡永佳．产业融合的思想源流：马克思与马歇尔 [J]．中共中央党校学报，2008（2）：70－73.

[55] 黄秋生，万升．内源式发展·派生式发展·跨越式发展——论马克思语境中的社会发展方式 [J]．南华大学学报（社会科学版），2013

（4）：26－29.

［56］黄微. 权利之事实平等的现实性——以沈村藏族村民享有的平等权为视角［J］. 西南民族大学学报（人文社会科学版），2012（7）：83－87.

［57］黄载曦. 剩余索取权配置：高新技术企业专有性人力资本的有效约束［J］. 财经科学，2007（9）：90－96.

［58］黄宗智，彭玉生. 三大历史性变迁的交汇与中国小规模农业的前景［J］. 中国社会科学，2007（4）：74－88.

［59］黄宗智. 龙头企业还是合作组织？［J］. 中国老区建设，2010（4）：25－26.

［60］黄宗智. 小农户与大商业资本的不平等交易：中国现代农业的特色［J］. 开放时代，2012（3）：88－89.

［61］黄祖辉，邵科. 合作社的本质规定性及其漂移［J］. 浙江大学学报（人文社会科学版），2009（4）：11－16.

［62］黄祖辉，汪晖. 非公共利益性质的征地行为与土地发展权补偿［J］. 经济研究，2002（5）：66－71.

［63］冀县卿. 企业家才能、治理结构与农地股份合作制制度创新：对江苏渌洋湖土地股份合作社的个案解析［J］. 中国农村经济，2009（10）：42－50.

［64］"建设社会主义新农村目标、重点与政策研究"课题组，温铁军. 部门和资本"下乡"与农民专业合作经济组织的发展［J］. 经济理论与经济管理，2009（7）：5－12.

［65］姜长云. 关于发展农业生产性服务业的思考［J］. 农业经济问题，2016（5）：8－15.

［66］姜长云. 日本的"六次产业化"与我国推进农村一二三产业融合发展［J］. 农业经济与管理，2015（3）：5－10.

［67］姜长云. 推进农村一二三产业融合发展，新题应有新解法［J］. 中国发展观察，2015（2）：18－22.

［68］焦长权，周飞舟. "资本下乡"与村庄的再造［J］. 中国社会科学，2016，（01）：100－116，205－206.

［69］金碚. 中国经济发展新常态研究［J］. 中国工业经济, 2015 (1):5 - 18.

［70］金玉姬, 等. 韩国农业 6 次产业化战略［J］. 延边大学农学学报, 2013 (12): 360 - 366.

［71］靳风林. 资本的道德二重性与资本权力化［J］. 哲学研究, 2014 (12): 86 - 89.

［72］［德］卡尔·马克思. 资本论 (第一卷)［M］. 中共中央马克思恩格斯列宁斯大林著作编译局, 编译. 北京: 人民出版社, 2004.

［73］孔祥智, 周振. 发展第六次产业的现实意义及其政策选择［J］. 经济与管理评论, 2015 (1): 98 - 103.

［74］孔祥智主编. 中国农业社会化服务——基于供给和需求的研究［M］. 北京: 中国人民大学出版社, 2009.

［75］李晨婕, 温铁军. 宏观经济波动与我国集体林权制度改革——1980 年代以来我国集体林区三次林权改革"分合"之路的制度变迁分析［J］. 中国软科学, 2009 (6): 33 - 42.

［76］李春海, 等. 农业产业集群的研究现状及其导向: 组织创新视角［J］. 中国农村经济, 2011 (3): 49 - 58.

［77］李俊岭. 我国多功能农业发展研究——基于产业融合的研究［J］. 农业经济问题, 2009 (3): 4 - 7.

［78］李宽, 熊万胜. 农村集体资产产权改革何以稳妥进行——以上海松江农村集体资产产权改革为例［J］. 南京农业大学学报, 2015 (2): 8 - 17.

［79］李琳琳. 我国本土合作社的现实图景——对合作社"制度变异说"的反思与讨论［J］. 农业经济问题, 2017, 38 (7): 24 - 32.

［80］李培林. 共建共享是和谐社会建设的主题［N］. 光明日报, 2007 - 03 - 27.

［81］李萍, 田世野. 如何看待现阶段我国农民合作社的"规范性"? ——一个政治经济学的探讨［J］. 四川大学学报 (哲学社会科学版), 2019 (1): 159 - 169.

［82］李萍, 田世野. 习近平精准扶贫脱贫重要论述的内在逻辑与实

现机制 [J]. 教学与研究, 2019 (2): 5 - 14.

[83] 李萍, 王军. 财政支农资金转为农村集体资产股权量化改革、资源禀赋与农民增收——基于广元市 572 份农户问卷调查的实证研究 [J]. 社会科学研究, 2018 (3): 44 - 52.

[84] 李萍. 统筹城乡发展中的政府与市场关系研究 [M]. 北京: 经济科学出版社, 2011.

[85] 李义平. 市场经济为什么是创新的机器——基于马克思《资本论》相关论述的思考 [J]. 教学与研究, 2013 (3): 43 - 48.

[86] 李治, 王东阳. 交易成本视角下农村一二三产业融合发展问题研究 [J]. 中州学刊, 2017 (9): 54 - 59.

[87] 廖祖君, 郭晓鸣. 中国农业经营组织体系演变的逻辑与方向: 一个产业链整合的分析框架 [J]. 中国农村经济, 2015 (2): 13 - 21.

[88] 林岗, 刘元春. 诺斯与马克思: 关于制度的起源和本质的两种解释的比较 [J]. 经济研究, 2000 (6): 58 - 65.

[89] 林岗, 刘元春. 制度整体主义与制度个体主义——马克思与新制度经济学的制度分析方法比较 [J]. 中国人民大学学报, 2001 (2): 51 - 60.

[90] 林岗, 张宇. 产权分析的两种范式 [J]. 中国社会科学, 2000 (1): 134 - 145.

[91] 林岗. 论 "生产力决定生产关系" 的原理——兼析生产资料全民所有制的结构和内在矛盾 [J]. 哲学研究, 1987 (4): 28 - 38.

[92] 林岗. 马克思主义与经济学 [M]. 北京: 经济科学出版社, 2007.

[93] 林兆木. 关于我国经济高质量发展的几点认识 [N]. 人民日报, 2018 - 01 - 17 (007).

[94] 刘灿. 共享发展理念与中国特色社会主义的实践探索 [J]. 政治经济学评论, 2018, 9 (6): 57 - 63.

[95] 刘凤芹. 不完全合约与履约障碍——以订单农业为例 [J]. 经济研究, 2003 (4): 22 - 30.

[96] 刘建武. 习近平共享发展思想的历史由来与重大意义 [J]. 马克思主义研究, 2018 (3): 39 - 46.

［97］刘景景．美国农业补贴政策演进与农民收入变化研究［J］．亚太经济，2018（6）：70－77．

［98］刘明国．推进农村一二三产业融合发展［N］．学习时报，2015－08－17（004）．

［99］刘平．承包地退出规则之反思与重构——以《农村土地承包法》修改为中心［J］．华中农业大学学报（社会科学版），2019（2）：153－162．

［100］刘守英．中国城乡二元土地制度的特征、问题与改革［J］．国际经济评论，2014（3）：9－25．

［101］刘松涛，王林萍．新《农协法》颁布后日本农协全面改革探析［J］．现代日本经济，2018（1）：25－36．

［102］刘伟．坚持新发展理念建设中国特色社会主义现代化经济体系［J］．中国高校社会科学，2017（6）：13－18．

［103］刘志彪．苏南新集体经济的崛起：途径、特征与发展方向［J］．南京大学学报（哲学·人文科学·社会科学），2016（2）：48－52．

［104］柳礼泉，汤素娥．论共享发展理念的丰富内涵和实现理路［J］．思想理论教育导刊，2016（8）：16－18．

［105］卢现祥．新制度经济学（第二版）［M］．武汉：武汉大学出版社，2011．

［106］鲁品越．《资本论》是关于市场权力结构的巨型理论——兼论社会主义市场经济的理论基础［J］．吉林大学社会科学学报，2013（5）：69－76．

［107］鲁品越．资本逻辑与当代中国社会结构趋向——从阶级阶层结构到和谐社会建构［J］．哲学研究，2006（12）：24－30．

［108］［美］罗纳德·H．科斯，等．财产权利与制度变迁：产权学派与新制度学派译文集［M］．刘守英，等译．上海：格致出版社：上海人民出版社，2014．

［109］［德］马克思，恩格斯．马克思恩格斯全集（第四十七卷）［M］．中共中央马克思恩格斯列宁斯大林著作编译局，编译．北京：人民出版社，1979．

［110］［德］马克思，恩格斯．马克思恩格斯选集（第二卷）［M］．

中共中央马克思恩格斯列宁斯大林著作编译局，编译．北京：人民出版社，
2012．

［111］［德］马克思，恩格斯．马克思恩格斯选集（第三卷）［M］．
中共中央马克思恩格斯列宁斯大林著作编译局，编译．北京：人民出版社，
2012．

［112］［德］马克思，恩格斯．马克思恩格斯选集（第一卷）［M］．
中共中央马克思恩格斯列宁斯大林著作编译局，编译．北京：人民出版社，
1972．

［113］［德］马克思，恩格斯．马克思恩格斯选集（第一卷）［M］．
中共中央马克思恩格斯列宁斯大林著作编译局，编译．北京：人民出版社，
2012．

［114］马晓河．推进农村一二三产业深度融合发展［J］．中国合作经
济，2015（2）：43 – 44．

［115］马晓河．推进农村一二三产业深度融合发展［N］．农民日报，
2015 – 02 – 10（001）．

［116］［美］马歇尔．经济学原理［M］．陈良璧，译．北京：商务印
书馆，1965．

［117］［美］曼瑟·奥尔森．集体行动的逻辑：公共物品与集团理论
［M］．陈郁，等译．上海：格致出版社：上海人民出版社，2018．

［118］门秀琴．公园城市的乡村表达——崇州道明镇"竹艺村"川西
林盘发展治理的实践［J］．中共成都市委党校学报，2018（6）：79 – 82．

［119］聂志红，周建波．论合作制向股份制转化的性质——马克思的
合作制思想再认识［J］．贵州社会科学，2018（8）：142 – 147．

［120］潘劲．中国农民专业合作社：数据背后的解读［J］．中国农村
观察，2011（6）：2 – 11．

［121］彭小辉，史清华．"卢卡斯之谜"与中国城乡资本流动［J］．
经济与管理研究，2012（3）：65 – 72．

［122］彭正银．人力资本治理模式的选择——基于任务复杂性的分析
［J］．中国工业经济，2003（8）：76 – 83．

［123］齐秀强．国内学术界关于"共享发展"研究述评［J］．社会主

义研究，2017（6）：159-169.

[124] 任玉岭. 对改变科技成果转化率过低的认识与建议 [N]. 企业家日报，2014-08-24（W01）.

[125] 阮蔚. 日本农协面临的改革难题及对中国的启示 [J]. 中国农村经济，2006（7）：72-76.

[126] 桑瑜. 六盘水"三变"改革的经济学逻辑 [J]. 改革，2017（7）：70-77.

[127] 沈立人，戴园晨. 我国"诸侯经济"的形成及其弊端和根源 [J]. 经济研究，1990（3）：12-19.

[128] 史耀疆、崔瑜. 公民公平观及其对社会公平评价和生活满意度影响分析 [J]. 管理世界，2006（10）：39-49.

[129] [美] 舒尔茨. 改造传统农业 [M]. 梁小民，译. 北京：商务印书馆，2013.

[130] [美] 斯蒂格利茨. 不平等的代价 [M]. 张子源，译. 北京：机械工业出版社，2013.

[131] 宋丽丹. 西方农村中间阶级的历史、现状及其命运 [J]. 马克思主义研究，2018（10）：101-108.

[132] 苏毅清，等. 农村一二三产业融合发展：理论探讨、现状分析与对策建议 [J]. 中国软科学，2016（8）：17-28.

[133] 孙宽平. 以农业带动农村，走内源式发展之路——云南省元谋县"三化并举"推进新农村建设的调研 [J]. 经济社会体制比较，2007（4）：127-131.

[134] 孙学立. 农村一二三产业融合组织模式及其路径创新 [J]. 沈阳师范大学学报，2018（1）：57-63.

[135] 檀学文，杜志雄. 食品短链、生态农场与农业永续：京郊例证 [J]. 改革，2015（5）：102-110.

[136] 田鹏颖，田书为. 共享发展是中国马克思主义政治经济学的核心命题 [J]. 黑龙江社会科学，2016（3）：68-72.

[137] 田学斌. 共享发展的逻辑机理和实现路径 [J]. 中国党政干部论坛，2017（9）：33-40.

［138］田志龙，樊帅.企业市场与非市场行为的竞争互动研究——基于中国房地产行业的案例［J］.管理评论，2010（2）：86-96.

［139］田志龙，等.企业市场行为、非市场行为与竞争互动——基于中国家电行业的案例研究［J］.管理世界，2007（8）：116-128.

［140］仝志辉，温铁军.资本和部门下乡与小农经济的组织化道路——兼对专业合作社道路提出质疑［J］.开放时代，2009（4）：5-26.

［141］万宝瑞.我国农村又将面临一次重大变革——"互联网＋三农"调研与思考［J］.农业经济问题，2015（8）：4-7.

［142］万俊毅.准纵向一体化、关系治理与合约履行——以农业产业化经营的温氏模式为例［J］.管理世界，2008（12）：93-102，187-188.

［143］万幼清，王云云.产业集群协同创新的企业竞合关系研究［J］.管理世界，2014（8）：175-176.

［144］王海平.苏南农村"新集体经济"解析［N］.21世纪经济报道，2014-11-25（008）.

［145］王乐君，赵海.日本韩国发展六次产业的启示与借鉴［J］.农村经营管理，2016（7）：9-14.

［146］王世福.重视内源式发展［N］.人民日报，2014-09-14（005）.

［147］王图展.农民合作社议价权、自生能力与成员经济绩效——基于381份农民专业合作社调查问卷的实证分析［J］.中国农村经济，2016（1）：53-68.

［148］王醒男.日本农协演变经纬的政治经济学分析［J］.中国农村观察，2006（1）：66-73.

［149］王永平，周丕东.农村产权制度改革的创新探索——基于六盘水市农村"三变"改革实践的调研［J］.农业经济问题，2018（1）：27-35.

［150］王永钦，丁菊红.公共部门内部的激励机制：一个文献述评——兼论中国分权式改革的动力机制和代价［J］.世界经济文汇，2007（1）：81-96.

［151］王志刚，江笛.日本"第六产业"发展战略及其对中国的启示［J］.世界农业，2011（3）：80-83.

[152] 卫兴华. 共享发展：追求发展与共享的统一 [N]. 人民日报，2016 - 08 - 17 (006).

[153] 卫兴华. 中国特色社会主义政治经济学的分配理论创新 [J]. 毛泽东邓小平理论研究，2017 (7)：1 - 5.

[154] 魏波. 社会共享机制初探 [J]. 中国特色社会主义研究，2013 (5)：60 - 65.

[155] 魏志奇. 共享发展：国内外研究脉络、最新进展与比较展望 [J]. 社会主义研究，2018 (5)：145 - 152.

[156] 温铁军. "三农"问题的研究思路 [A]. 中国金融论坛 (2005). 中国社会科学院城市发展与环境研究中心，2005：9.

[157] 温铁军. 告别百年激进 [M]. 北京：东方出版社，2015.

[158] 文雁兵. 制度性贫困催生的包容性增长：找寻一种减贫新思路 [J]. 改革，2014 (9)：52 - 60.

[159] 吴易风. 产权理论：马克思和科斯的比较 [J]. 中国社会科学，2007 (2)：4 - 18.

[160] 武建奇，张润锋. 论巴泽尔产权思想的独特性 [J]. 当代经济研究，2014 (4)：21 - 29.

[161] 肖俊彦. 供销社体制：历史和改革 [J]. 管理世界，1988 (3)：134 - 145.

[162] 肖卫东，杜志雄. 家庭农场发展的荷兰样本：经营特征与制度实践 [J]. 中国农村经济，2015 (2)：83 - 96.

[163] 解安，朱慧勇. 股份合作制的治理机制及其创新实践——西班牙蒙德拉贡合作社的借鉴与启示 [J]. 中共浙江省委党校学报，2016 (5)：61 - 67.

[164] 谢识予. 经济博弈论（第四版）[M]. 上海：复旦大学出版社，2017.

[165] [美] 熊彼特. 经济发展理论 [M]. 何畏，等译. 北京：商务印书馆，1990.

[166] 徐禾. 政治经济学概论 [M]. 北京：中国人民大学出版社，2011.

[167] 徐建明. 作为全部社会关系的所有制问题——马克思主义视野

里的供销合作社集体资产产权性质问题研究［J］. 中国农村经济，2017
（6）：2 – 15.

［168］徐旭初，吴彬. 异化抑或创新？——对中国农民合作社特殊性
的理论思考［J］. 中国农村经济，2017（12）：2 – 17.

［169］徐旭初. 中国农民专业合作经济组织的制度分析［M］. 北京：
经济科学出版社，2005.

［170］许艳华. 构建共享发展的制度保障体系［J］. 中国特色社会主
义研究，2016（4）：76 – 80.

［171］严金明，等. 乡村振兴战略实施与宅基地"三权分置"改革的
深化［J］. 改革，2019（1）：5 – 18.

［172］杨继瑞. 资本二重性的思考与解析［J］. 福建论坛（人文社会
科学版），2004（4）：8 – 12.

［173］杨磊，徐双敏. 中坚农民支撑的乡村振兴：缘起、功能与路径
选择［J］. 改革，2018（10）：60 – 70.

［174］杨丽. 农村内源式与外源式发展的路径比较与评价——以山东
三个城市为例［J］. 上海经济研究，2009（7）：25 – 33.

［175］杨明洪，刘永湘. 压抑与抗争：一个关于农村土地发展权的理
论分析框架［J］. 财经科学，2004（6）：24 – 28.

［176］杨瑞龙，杨其静. 专用性、专有性与企业制度［J］. 经济研
究，2001（3）：3 – 11.

［177］杨瑞龙. 论国有经济中的多级委托代理关系［J］. 管理世界，
1997（1）：107 – 116.

［178］杨志. 资本的二重性与公有资本［J］. 当代经济研究，1999
（1）：49 – 53.

［179］叶兴庆，翁凝. 拖延了半个世纪的农地集中——日本小农生产
向规模经营转变的艰难历程及启示［J］. 中国农村经济，2018（1）：124 –
137.

［180］应瑞瑶. 合作社的异化与异化的合作社——兼论中国农业合作
社的定位［J］. 江海学刊，2002（6）：69 – 75.

［181］余达淮，刘沛妤. 共享发展的思维方式、目标与实践路径［J］.

南京社会科学，2016（5）：62-68.

[182] 郁建兴、高翔. 农业农村发展中的政府与市场、社会：一个分析框架 [J]. 中国社会科学，2009（6）：89-103.

[183] 苑鹏，丁忠兵. 小农户与现代农业发展的衔接模式：重庆梁平例证 [J]. 改革，2018（6）：106-114.

[184] 苑鹏. 部分西方发达国家政府与合作社关系的历史演变及其对中国的启示 [J]. 中国农村经济，2009（8）：89-96.

[185] 苑鹏. 对公司领办的农民专业合作社的探讨——以北京圣泽林梨专业合作社为例 [J]. 管理世界，2008（7）：62-69.

[186] 苑鹏. 日本综合农协的发展经验及其对中国农村合作社道路的借鉴 [J]. 农村经济，2015（5）：118-122.

[187] 苑鹏. 中国农村市场化进程中的农民合作组织研究 [J]. 中国社会科学，2001（6）：63-74.

[188] [以] 约拉姆·巴泽尔. 产权的经济分析 [M]. 费方域，等译. 上海：格致出版社：上海人民出版社，2017.

[189] 张国栋，黄武. 对脱贫攻坚中的形式主义坚决说"不" [J]. 中国纪检监察，2017（10）：17-19.

[190] 张海鹏，逄锦聚. 中国土地资本化的政治经济学分析 [J]. 政治经济学评论，2016，7（6）：3-24.

[191] 张建刚，等. 产业融合理论研究述评 [J]. 山东科技大学学报（社会科学版），2010（1）：73-78.

[192] 张建雷. 发展型小农家庭的兴起：中国农村"半工半耕"结构再认识 [J]. 中国农村观察，2018（4）：32-43.

[193] 张良. "资本下乡"背景下的乡村治理公共性建构 [J]. 中国农村观察，2016（3）：16-26.

[194] 张衔，吴先强. 农地"三权分置"改革中的潜在风险及对策 [J]. 社会科学战线，2019（1）：71-78.

[195] 张晓山. 促进以农产品生产专业户为主体的合作社的发展——从浙江农民专业合作社的兴起再看中国农业经营方式的走向 [J]. 农村经营管理，2005（4）：11-14.

［196］张晓山．促进以农产品生产专业户为主体的合作社的发展——以浙江省农民专业合作社的发展为例［J］．中国农村经济，2004（11）：4－10．

［197］张晓山．改造传统的组织资源——供销社近期改革措施的实证研究［J］．管理世界，2001（4）：128－136．

［198］张晓山，等．两种组织资源的碰撞与对接——四川射洪棉花协会的案例研究［J］．中国农村经济，2001（4）：17－23．

［199］张兴华．公正社会取向的国家治理：基于制度建设的维度［J］．理论月刊，2014（3）：153－156．

［200］张义博．农业现代化视野的产业融合互动及其路径找寻［J］．改革，2015（2）：98－107．

［201］赵海．论农村一二三产业融合发展［J］．农村经营管理，2015（7）：26－29．

［202］赵家如．集体资产股权的形成、内涵及产权建设——以北京市农村社区股份合作制改革为例［J］．农业经济问题，2014（4）：15－20．

［203］赵霞，等．农村三产融合：内涵界定、现实意义及驱动因素分析［J］．农业经济问题，2017，38（4）：49－57，111．

［204］赵祥云，赵晓峰．资本下乡真的能促进"三农"发展吗？［J］．西北农林科技大学学报（社会科学版），2016（4）：17－22．

［205］郑邦才．论公有制基础上的部分生产资料农民个人所有制［J］．财经科学，1984（3）：11－16．

［206］郑风田，程郁．从农业产业化到农业产业区——竞争型农业产业化发展的可行性分析［J］．管理世界，2005（7）：64－73．

［207］郑风田，等．产业融合需突破传统方式［N］．农民日报，2015－09－12（007）．

［208］郑明高．产业融合发展研究［D］．北京：北京交通大学博士学位论文，2010．

［209］［日］植草益．信息通讯业的产业融合［J］．中国工业经济，2001（2）：24－27．

［210］中共崇州市委宣传部．"五文着力"助推乡村文化振兴［N］．

成都日报，2018 - 12 - 05（007）.

[211]［日］中谷岩．资本主义为什么会自我崩溃？：新自由主义者的忏悔［M］．郑萍，译．北京：社会科学文献出版社，2010.

[212] 周飞舟．分税制十年：制度及其影响［J］．中国社会科学，2006（6）：100 - 115.

[213] 周峰．马克思主义发展观与中国特色社会主义新时代［J］．岭南学刊，2017（6）：10 - 13.

[214] 周娟．土地流转背景下农业社会化服务体系的重构与小农的困境［J］．南京农业大学学报（社会科学版），2017（6）：141 - 151.

[215] 周黎安．中国地方官员的晋升锦标赛模式研究［J］．经济研究，2007（7）：36 - 50.

[216] 周黎安．转型中的地方政府：官员激励与治理［M］．上海：格致出版社，上海人民出版社，2017.

[217] 周立群，曹利群．农村经济组织形态的演变与创新——山东省莱阳市农业产业化调查报告［J］．经济研究，2001（1）：69 - 75.

[218] 周其仁．产权与中国变革［M］．北京：北京大学出版社，2017.

[219] 周其仁．大型乡镇企业研究：横店个案笔谈［J］．经济研究，1997（5）：31 - 42.

[220] 周其仁．农地产权与征地制度——中国城市化面临的重大选择［J］．经济学（季刊），2004（4）：193 - 210.

[221] 庄晋才．广西北流市日用陶瓷小企业集群分析——小企业集群发展与三农问题缓解系列研究之一［J］．广西大学学报（哲学社会科学版），2006（1）：12 - 16.

[222] 宗锦耀．农村一二三产业融合发展理论与实践［M］．北京：中国农业出版社，2017.

[223]［日］祖田修．农学原论［M］．张玉林，译．北京：中国人民大学出版社，2003.

[224] Acemoglu D, Robinson J A. Why Nations Fail: The Origins of Power, Prosperity, and Poverty［M］. America: Crown Business, 2012: 72 - 75.

［225］ ADB. Strategy 2020: The Long – Term Strategic Framework of the Asian Development Bank 2008 – 2020 ［R］. Manila: Asian Development Bank, 2008.

［226］ Aghion P, Bolton P. A theory of trickle – down growth and development ［J］. Review of Economic Studies, 1997, 64 (2): 151 – 172.

［227］ Ali I, Zhuang J. Inclusive Growth toward a Prosperous Asia: policy implications ［R］. ERD Working Paper no. 97. Mandaluyong City, Metro Manila: Asian Development Bank, 2007.

［228］ Bakker M, Messerli H R. Inclusive growth versus pro – poor growth: Implications for tourism development ［J］. Tourism and Hospitality Research, 2017, 17 (4): 384 – 391.

［229］ Bierly Ⅲ P E, Chakrabarti A. Dynamic Knowledge Strategies and Industry Fusion ［J］. International Journal of Manufacturing Technology and Management, 2001, 3 (1 – 2): 31 – 48.

［230］ Biswas A. Insight on the evolution and distinction of inclusive growth ［J］. Development in Practice, 2016, 26 (4): 503 – 516.

［231］ Bower J L. Not All M&As Are Alike: and That Matters ［J］. Harvard Business Review, 2001, 79 (3): 92 – 101.

［232］ Bröring S. Developing innovation strategies for convergence – Is 'open innovation' imperative?［J］. International Journal of Technology Management, 2010, 49 (1 – 3): 272 – 294.

［233］ Bröring S, Leker J. Industry Convergence and Its Implications for the Front End of Innovation: A Problem of Absorptive Capacity ［J］. Creativity & Innovation Management, 2007, 16 (2): 165 – 175.

［234］ Busby G. Vocationalism in higher level tourism courses: The British perspective ［J］. Journal of Further and Higher Education, 2001, 25 (1): 29 – 43.

［235］ Chatterjee S. Poverty Reduction Strategies: Lessons from the Asian and Pacific Region on Inclusive Development ［J］. Asian Development Review, 2005, 22 (1): 12 – 44.

［236］Chesbrough H. Business Model Innovation: It's Not Just about Technology Anymore ［J］. Strategy and Leadership, 2007, 35 (6): 12 – 17.

［237］Christensen C M, Rosenbloom R S. Explaining the attacker's advantage: Technological paradigms, organizational dynamics, and the value network ［J］. Research Policy, 1995, 24 (2): 233 – 257.

［238］Commission on Growth and Development. The Growth Report: Strategies for Sustained Growth and Inclusive Development ［R］. Washington, DC: Commission on Growth and Development, 2008.

［239］Connell J. Film Tourism—Evolution, Progress and Prospects ［J］. Tourism Management, 2012, 33 (5): 1007 – 1029.

［240］Csapo J. The Role and Importance of Cultural Tourism in Modern Tourism Industry ［M］. INTECH Open Access Publisher, 2012.

［241］Curran C – S, Leker J. Patent indicators for monitoring convergence – examples from NFF and ICT ［J］. Technological Forecasting and Social Change, 2011, 78 (2): 256 – 273.

［242］Curran C – S. The Anticipation of Converging Industries. A Concept Applied to Nutraceuticals and Functional Foods ［M］. Heidelberg: Springer, 2013.

［243］Curran C – S, Bröring S, Leker J. Anticipating converging industries using publicly available data ［J］. Technological Forecasting and Social Change, 2010, 77 (3): 385 – 395.

［244］Fai F, Von Tunzelmann N. Industry – specific competencies and converging technological systems: evidence from patents ［J］. Structural Change and Economic Dynamics, 2001, 12 (2): 141 – 170.

［245］Felson M, Spaeth J L. Community structure and collaborative consumption ［J］. American Behavioral Scientist, 1978, 21 (4): 614 – 624.

［246］Gambardella A, Torrisi S. Does technological convergence imply convergence in markets? Evidence from the electronics industry ［J］. Research Policy, 1998, 27 (5): 445 – 463.

［247］Geum Y, Kim M – S, Lee S. How industrial convergence happens:

a taxonomical approach based on empirical evidences [J]. Technological Fore-casting and Social Change 2016, 107: 112 –120.

[248] Greenstein S, Khanna T. What Does Industry Convergence Mean? [A]. In Yoffie, David B. Competing in the Age of Digital Convergence. Bos-ton: Harvard Business School Press, 1997.

[249] Gupta J, Vegelin C. Sustainable Development Goals and Inclusive Development [J]. International Environmental Agreements, 2016, 16 (3): 433 –448.

[250] Hacklin F, Marxt C, Fahrni F. Coevolutionary cycles of conver-gence: an extrapolation from the ICT industry [J]. Technological Forecasting and Social Change, 2009, 76 (6): 723 –736.

[251] Hacklin, F, Raurich V, Marxt C. Implications of Technological Con-vergence on Innovation Trajectories: the Case of ICT Industry [J]. International Journal of Innovation and Technology Management, 2005, 2 (3): 313 –330.

[252] Hacklin F, Marxt C, Fahrni F. An Evolutionary Perspective on Convergence: Inducing a Stage Model of Inter – industry Innovation [J]. Inter-national Journal of Technology Management, 2010, 49 (1 –3): 220 –249.

[253] Ianchovichina E, Lundstrom S. Inclusive growth analytics: Frame-work and application [R]. Washington, DC: the World Bank, 2009.

[254] Ianchovichina E, Lundstrom S, Garrido L. What is Inclusive Growth? [R]. Washington, DC: The World Bank, 2009.

[255] Ianchovichina E, Lundstrom – Gable S. What is Inclusive Growth? [A]. In: Arezki R, Pattillo C, Quintyn M, et al. (eds) Commodity Prices and Inclusive Growth in Low – Income Countries. Washington, DC: International Mo-netary Fund, 2012.

[256] Karvonen M, Kässi T. Patent citations as a tool for analysing the early stages of convergence [J]. Technological Forecasting and Social Change, 2013, 80 (6): 1094 –1107.

[257] Kim N, Lee H, Kim W, Lee H, Suh J H. Dynamic patterns of in-dustry convergence: evidence from a large amount of unstructured data [J]. Re-

search Policy, 2015, 44 (9): 1734 – 1748.

[258] Klasen S. Measuring and Monitoring Inclusive Growth: Multiple Definitions, Open Questions and Some Constructive Proposals [R]. Mandaluyong City, Philippines: Asian Development Bank, 2010.

[259] Kreps D M, Milgrom P, Roberts J, Wilson R. Rational Cooperation in the Finitely Repeated Prisoners' Dilemma [J]. Journal of Economic Theory, 1982, 27 (2): 245 – 252.

[260] Lee W S, Han E J, Sohn S Y. Predicting the pattern of technology convergence using big – data technology on large – scale triadic patents [J]. Technological Forecasting and Social Change, 2015, 100: 317 – 329.

[261] Lei D T. Industry Evolution and Competence Development: The Imperatives of Technological Convergence [J]. International Journal of Technology Management, 2000, 19 (7 – 8): 699 – 738.

[262] Malhotra A. Firm Strategy in Converging Industries: An Investigation of US Commercial Bank Responses to US Commercial Investment Banking Convergence [D]. Maryland: Maryland University, 2001.

[263] McGregor J A, Pouw N. Towards an economics of wellbeing [J]. Cambridge Journal of Economics, 2017, 41 (4): 1123 – 1142.

[264] Pennings J M, Puranam P. Market convergence & firm strategy: New Directions for Theory and Research [A]. The Future of Innovation Studies, Eindhoven, Netherlands, 2001.

[265] Phillip S, Hunter C, Blackstock K. A typology for defining agritourism [J]. Tourism Management, 2010, 31 (6): 754 – 758.

[266] Pine B J, Gilmore J H. The Experience Economy [M]. Cambridge: Harvard University Press, 1999.

[267] Porter M E. Clusters and the New Economics of Competition [J]. Harvard Business Review, 1998.

[268] Pouliot S, Sumner D A. Traceability, Liability and Incentives for Food Safety and Quality [J]. American Journal of Agricultural Economics, 2008, 90 (1): 15 – 27.

［269］Pouw N, Gupta J. Inclusive development: a multi – disciplinary approach ［J］. Current Opinion in Environmental Sustainability, 2017, 24: 104 – 108.

［270］Preschitschek N, Niemann H, Leker J, Moehrle M G. Anticipating industry convergence: semantic analyses vs IPC co – classification analyses of patents ［J］. Foresight, 2013, 15 (6): 446 – 464.

［271］Ravallion M, Datt G. Why has economic growth been more pro – poor in some states of India than others? ［J］. Journal of Development Economics, 2002, 68 (2): 381 – 400.

［272］Rosenberg, N. Technological Change in the Machine Tool Industry: 1840 – 1910 ［J］. The Journal of Economic History, 1963, 23 (4): 414 – 443.

［273］Schilcher D. Growth versus equity: The continuum of pro – poor tourism and neoliberal governance ［J］. Current Issues in Tourism, 2007, 10 (2 – 3): 166 – 193.

［274］Schmidt J, Makadok R, Keil T. Customer – specific synergies and market convergence ［J］. Strategic Management Journal, 2016, 37 (5): 870 – 895.

［275］Sharpley R, Telfer D J. Tourism and Development: Concepts and Issues ［M］. Bristol: Channel View Publications, 2002.

［276］Stieglitz N. Digital dynamics and types of industry convergence: the evolution of the handheld computers market ［A］. In: Christensen J F, Maskell P (Eds.), the Industrial Dynamics of the New Digital Economy ［C］. Edward Elgar, USA, 2003: 179 – 208.

［277］Starbird S A. Moral Hazard, Inspection Policy and Food Safety ［J］. American Journal of Agricultural Economics, 2005, 87 (1): 15 – 27.

［278］Thorat S, Dubey A. Has Growth Been Socially Inclusive During 1993 – 94 – 2009 – 10? ［J］. Economic and Political Weekly, 2012, 47 (10): 43 – 53.

［279］Weenen T C, Ramezanpour B, Pronker E S, Commandeur H,

Claassen E. Food – pharma convergence in medical nutrition – best of both worlds? [J]. PLoS One, 2013, 8 (12): 1 –11.

[280] Williamson J. Democracy and the 'Washington Consensus' [J]. World Development, 1993, 21 (8): 1329 –1336.

[281] Wirtz B W. Convergence Processes, Value Constellations and Integration Strategies in the Multimedia Business [J]. International Journal on Media Management, 1999, 1 (1): 14 –22.

[282] World Bank. Prosperity for All: Ending Extreme Poverty [R]. World Bank, 2014.

[283] Xing W, Ye X, Kui L. Measuring convergence of China's ICT industry: an input – output analysis [J]. Telecommunications Policy, 2011, 35 (4): 301 –313.

图书在版编目（CIP）数据

中国农村产业融合发展共享机制构建研究／田世野
著. --北京：经济科学出版社，2023.5
（马克思主义政治经济学青年论丛）
ISBN 978 - 7 - 5218 - 4730 - 7

Ⅰ.①中…　Ⅱ.①田…　Ⅲ.①农业产业 - 产业发展 -
研究 - 中国　Ⅳ.①F323

中国国家版本馆 CIP 数据核字（2023）第 075445 号

责任编辑：宋艳波
责任校对：靳玉环
责任印制：邱　天

中国农村产业融合发展共享机制构建研究
田世野　著
经济科学出版社出版、发行　新华书店经销
社址：北京市海淀区阜成路甲 28 号　邮编：100142
总编部电话：010 - 88191217　发行部电话：010 - 88191522
网址：www. esp. com. cn
电子邮箱：esp@ esp. com. cn
天猫网店：经济科学出版社旗舰店
网址：http：//jjkxcbs. tmall. com
固安华明印业有限公司印装
710 × 1000　16 开　14.25 印张　220000 字
2023 年 5 月第 1 版　2023 年 5 月第 1 次印刷
ISBN 978 - 7 - 5218 - 4730 - 7　定价：72.00 元
（图书出现印装问题，本社负责调换。电话：010 - 88191545）
（版权所有　侵权必究　打击盗版　举报热线：010 - 88191661
QQ：2242791300　营销中心电话：010 - 88191537
电子邮箱：dbts@ esp. com. cn）